中审网校
www.auditcn.com
考试用书系列

中审网校CIA考试教材

CIA考试辅导用书

U1012226

国际注册内部审计师
CIA 考试应试指南

3

内部审计业务知识

中审网校◎组编　邱银河◎主编

中国财经出版传媒集团
中国财政经济出版社

图书在版编目（CIP）数据

内部审计业务知识 / 邱银河主编. --北京：中国财政经济出版社，2022.4（2023.5重印）
国际注册内部审计师 CIA 考试应试指南 . 3
ISBN 978 -7 -5223 -1248 -4

Ⅰ.①内… Ⅱ.①邱… Ⅲ.①内部审计-资格考试-自学参考资料 Ⅳ.①F239.45

中国版本图书馆 CIP 数据核字（2022）第 042296 号

责任编辑：王 丽 责任校对：胡永立

内部审计业务知识
NEIBU SHENJI YEWU ZHISHI

中国财政经济出版社 出版
URL：http：//www.cfeph.cn
E-mail：cfeph@cfeph.cn
（版权所有 翻印必究）
社址：北京市海淀区阜成路甲 28 号 邮政编码：100142
营销中心电话：010-88191522
天猫网店：中国财政经济出版社旗舰店
网址：https：//zgczjjcbs.tmall.com
北京时捷印刷有限公司印刷 各地新华书店经销
成品尺寸：185mm×260mm 16 开 17 印张 342 000 字
2022 年 4 月第 1 版 2023 年 5 月北京第 2 次印刷
定价：65.00 元
ISBN 978 -7 -5223 -1248 -4
（图书出现印装问题，本社负责调换，电话：010-88190548）
本社质量投诉电话：010-88190744
打击盗版举报热线：010-88191661 QQ：2242791300

编 者 的 话

专业认证成为组织管理者衡量专业人员能力素质的标准之一。国际注册内部审计师（CIA）考试是由国际内部审计师协会（IIA）发起的面向全球内部审计人员的主要执业认证。

IIA 是世界范围的内部审计师组织。该协会 1941 年成立于美国纽约，在联合国经济和社会开发署享有顾问地位，是最高审计机关国际组织的常任观察员，是国际政府财政管理委员会、国际会计师联合会的团体会员。协会现有 196 个分会，分布在 100 多个国家和地区。中国内部审计协会于 1987 年加入该协会，成为国家分会。

自从中国内部审计协会于 1998 年 11 月首次将 CIA 考试引进中国，并在广州成功举办第一次考试以来，CIA 受到来自内部审计和其他相关行业的青睐，参考人数逐年增加。需要考生注意的是，CIA 考试由 IIA 命题和阅卷，本身只有考试大纲，并没有配套教材。此外，CIA 考试涉及的内容广泛，且与国内传统审计教材的审计程序和技术不大相同。因此，对 CIA 考生来说，转变传统的考试复习思维，选择一本目标清晰、针对性强、效果突出的考试用书进行学习就变得格外重要。

本书特色

本书由中审网校组织编写，并作为中审网校 CIA 考试培训课程的指定配套教材，旨在指导 CIA 考生在最短的时间内掌握 CIA 考试大纲所要求的知识，从而轻松地通过考试。中审网校结合多年的辅导经验，将 CIA 考试三个部分的相关知识和内容整理到本书的三个分册中，力求做到通俗易懂、简明扼要、突出效果。

★ 紧扣大纲

按照 IIA 的规定，中国考区自 2020 年起执行新的 CIA 考试大纲，按新考试大纲的安排，对考试科目的名称和内容进行了调整。新大纲中三个部分的内容关联性有所削弱，减少了不同科目串题、串知识点的情况。不过，本书三册中为保持知识体系的连贯，可能存在少量内容重合，这有利于仅参加其中一至两部分考试的考生学习，对于参加三部分考试的考生，这部分章节也存在知识侧重，有助于考生提高学习效率。

★ 贴近考试

除具备丰富辅导经验的网校老师和专业人士外，本书还邀请了中审网校近年来通过CIA 的优秀学员参与编写，力求更加贴近考生的需求，以发挥事半功倍的效果。

★ 实用至上

不讲过多理论，只讲 CIA 考试中要求的知识是编写本书的主导思想。因此，本书对很多未在考试中涉及的知识点叙述是浅尝辄止，这点请考生在阅读中加以注意。

★ 注重效果

根据 CIA 考试的特点，着力介绍国际共性的相关理论，结合西方思维模式，帮助考生理解要点，提高考生应试能力和技巧，以顺利通过考试。

主要内容

全书共三册。第一册对应 CIA 考试第一部分——内部审计要素；第二册对应 CIA 考试第二部分——内部审计实务；第三册对应 CIA 考试第三部分——内部审计业务知识。内容上以考试大纲结构为参考，下面对大纲进行简要介绍：

★第一部分：内部审计要素

考试题目：125 道；时间：2.5 小时（150 分钟）。

1. 内部审计基础（15%）
2. 独立性和客观性（15%）
3. 专业能力与应有的职业审慎（18%）
4. 质量保证与改进程序（7%）
5. 治理、风险管理和控制（35%）
6. 舞弊风险（10%）

★第二部分：内部审计实务

考试题目：100 道；时间：2 小时（120 分钟）。

1. 管理内部审计活动（20%）
2. 计划审计业务（20%）
3. 执行审计业务（40%）
4. 沟通审计结果和监督改进（20%）

★第三部分：内部审计业务知识

考试题目：100 道；时间：2 小时（120 分钟）。

1. 业务敏锐度（35%）
2. 信息安全（25%）
3. 信息技术（20%）
4. 财务管理（20%）

如何使用本书

本书的主要读者对象为参加 CIA 考试的考生，强烈建议与中审网校 CIA 课程配套使用。其中，参加第一部分——内部审计要素考试的考生请重点学习第一册；参加第二部分——内部审计实务考试的考生请重点学习第二册；参加第三部分——内部审计业务知识考试的考生请重点学习第三册。

本书每一章的最后都精选了若干道典型模拟试题，以帮助考生了解 CIA 考试的命题思路、试题特点，以提高考生解题技巧，巩固相关知识，从而能更好地适应 CIA 考试的要求。

如果为了更详细、更准确地理解《国际内部审计专业实务框架》关于内部审计的使命、强制性指南和推荐性指南的内容，建议增加阅读中审网校编辑出版的《〈国际内部审计专业实务框架〉精要解读——国际注册内部审计师 CIA 考试红皮书》。

为了帮助考生更好地掌握和巩固学习成果，中审网校同时还编辑出版了《国际注册内部审计师 CIA 考试新汇编 600 题》（一至三册）作为本书的配套习题册，按照本书各章的顺序安排习题内容，考生可以对应一至三册予以配套学习。由于受到篇幅、无法及时更新等条件限制，纸质习题并不能很好地满足高效通过考试的目标，建议考生尽量利用中审网校 CIA 课程中的最新资料，在线进行学习和训练。

关于 CIA 课程

1998 年始，CIA 考试正式引进中国并在广州开考；2002 年始，中审网校推出 CIA 课程。CIA 考试引进中国至今十余年，中审网校一直服务其中，为了提升品质，推出“中审网校”品牌。2012 年，中审网校学员汪洋获得 CIA 考试全球最高分学生奖。实践证明，中审网校 CIA 课程最能有效帮助考生一次通过 CIA 考试。中审网校 CIA 课程内容丰富、针对性强、效果突出，其主要内容包括：

★ 我的课程

体验全新的在线学习方式，及时、准确地提供最有价值的考试信息，解读最新考试大纲，把握最新变化，提高考生应试能力和技巧。

★ CIA 辅导讲座

重磅推出 CIA 考试专家辅导培训讲座，根据考试大纲和近年度的考试试题特点，提供 CIA 考试精讲讲座、重难点讲座和冲刺讲座，梳理知识要点，浓缩考试精华，分析考试重点、难点和疑点，并紧贴近年考试变化趋势，为考生提供极其珍贵的应试技巧讲解。培训讲座在 CIA 课程时效期内可无限次播放和收听。

★ CIA 精选题库

掌握好解题技巧是通过 CIA 考试最为关键的一步。通过精选大量的试题，配以最优参考答案和解题思路，让考生在最短的时间内全面了解 CIA 考试的命题思路和内容，培养以西方人的思维方式来思考问题和解决问题的习惯，减少因东西方思维方式不同而大量失分的现象，提高考生应试能力。这是通过 CIA 的必由之路。

★ CIA 模拟考场

按照最新考试大纲要求，模拟真实机考环境，提供模拟试卷和冲刺题，同时配以评卷分析（最优答案、解题思路、模拟结果、模拟纪录）等。

CIA 课程突破了时间、地域的限制，在有效期内具有支持重复点播、反复收听、无限次训练、无时间限制等优点。通过与本书进行配套学习，完美地将考试用书、辅导培训和题库训练结合起来，能有效地帮助考生在最短的时间内攻克学习中的重点、疑点、难点，全面掌握考试内容，起到事半功倍的作用，从而有效地保障考生顺利地通过 CIA 考试。

应试技巧

“方法不对、努力白费!”CIA 考试作为一种国际性考试，不同于国内其他考试。尤其是 CIA 考试没有教材，考试内容涉及审计学、会计学、管理学、经济学、金融学、法律法规、信息技术……且三部分考试内容并不是截然分开的，而是彼此有重合，所以掌握 CIA 考试的应试技巧，选择最有效的学习资料和运用正确的学习方法对顺利通过考试是至关重要的。

★ 巧用排除，选择最优

CIA 考试试题全部都是客观的单项选择题。部分试题可能存在一个或一个以上的有效答案，虽然IIA没有公布过评分细节，但根据经验判断，不同选项代表的分值可能有所不同。因此，考生在考试中一定要认真审题，领会题意，根据自己的判断在有效答案中运用排除等方法选择最优答案。

★ 选考中文，更易通关

CIA考试在国内采用中、英文两个语种，由报考者根据自己的实际情况任选其中一种。不论采用何种语种通过考试，都会获得由IIA颁发的国际通行的英文证书和由中国内部审计协会颁发的中文证书。中文资料较为丰富，如中审网校CIA课程（www.auditcn.com），这是英文资料所不能比拟的，因此强烈建议选用中文考试。但是，中文试卷在翻译方面存在一些小问题一直为考生所诟病，诸如某句话过长让考生拗口难懂、部分词汇词不达意，或因为直译而导致的理解偏差等，这就需要考生在平时注意多训练类似试题加以适应，同时在考试时集中注意力，多读两遍，准确把握考点。此外，在CIA机考中，选择中文考试也同样可以查看试题的英文版本。

★ 转变思维，轻松超越

再次强调，CIA考试中三部分的知识是相互关联的，考试中不要过分拘泥于科目间的界限，在复习中应注意根据大纲中涉及的知识点来进行突破。CIA考试中更多是考查考生运用已学的知识分析和解决问题的能力。考生应注意东西方思维的差异，在做题的过程中要注意别拿传统的做法或者是自己审计工作中的习惯和经验来作为判断依据。同时，要将自己的立场置于首席审计官（CAE）的高度来看待问题。

归结起来，IIA推崇的价值观包括：正直、诚实、重视信用、重视法律的力量、关注公共利益、环保意识强烈；利益冲突时先后顺序是：国家、社会公众（法律）、职业团体（职业准则）、企业（企业内部的规章）、个人（公德意识）；此外，还包括重视民主、平等、重视团队合作等。用以上基本要素作为背景来分析试题，十分有效。

★ 把握捷径，实现目标

由于国际考试大多采用题库出卷的方式，在考试中会出现往年考过的原题，重复不可避免。每位考生在平时应该尽量多地训练中审网校CIA课程中的题目，千万不要认为以前考过就不会再考了。越是临近考试的时候，做题越是有效果。考生应通过做题加深对知识点的理解。考生在学习过程中会遇到许多自己无法解决的问题，建议参加中审网校CIA课程辅导群（设有辅导员答疑）进行讨论，群内有来自各个行业、不同层级的学员，有效地扩展了看待问题的维度，通过讨论不仅可以沟通学习，互通有无，而且能够共同解决许多难题，把静态的学习变成了动态的讨论交流，从而提升学习的兴趣，也提高了学习效果。

中审网校在此提醒，CIA考试的三个部分必须在三年内全部通过方可领到证书，否则成绩作废。

写作团队

本书的顺利出版是一次成功的团队合作，本书编者均来自从事CIA考试研究和辅导一线的培训老师以及在内部审计领域具有丰富实践经验的国际注册内部审计师（CIA）、国际注册风险管理确认师（CRMA）、国际注册反舞弊师（CAP）、国际注册信息系统审计师（CISA）、公认反洗钱师（CAMS）、注册会计师（CPA）、注册税务师（CTA）、工商管理硕士（MBA）、高级审计师、高级会计师、高级工程师和咨询专家等，他们都具有CIA应试经验和丰富的教学经验，正是出于对推动我国内部审计职业水平事业发展的无私奉献，他们将自己宝贵的经验全部传授给读者。

全书由邱银河主持编写，负责拟定全书编写提纲。其他编委会成员包括：陈哲、林昱君、徐嘉伟、黄曼莹、李东宇。全书最后由邱银河、陈哲负责修改和统稿。

修订说明

为了使本书能紧跟国际内部审计的趋势，更好地指导广大考生有的放矢、事半功倍地通过CIA考试，《国际注册内部审计师CIA考试应试指南》自2001年面世至今，不定期地根据CIA考试大纲的最新变化和国际内部审计师协会IIA最新的职业发展要求进行修订更新。同时，充分吸收CIA考生对本书以往版本的学习反馈，并结合最近国际经济发展形势和管理理论革新对CIA考试命题趋势的影响等因素对本书进行了修订和完善。

本书的修订工作由中审网校负责组织，具体由邱银河、陈哲负责。

由于编写时间紧迫，编者的水平和经验有限，虽然参阅了国内外大量相关的准则、专著、教材、习题案例、论文及公开发表的其他文献资料，并力求严谨、准确，但书中难免存在欠思和不妥之处，敬请广大读者批评指正，我们将在下一版中修正、完善。

在阅读过程中有任何疑问，可以通过以下方式进行联系。

中审网校网址：https：//www. auditcn. com

本书作者E－mail：book@ auditcn. com

需要强调，应用中审网校CIA课程与本书配套通过CIA考试后，应多研读专业著作以提升专业水平。CIA是国际内部审计领域专家的标志，如果想真正成为内部审计方面的专家，重要的是在通过CIA考试后，提升自己的执业能力，把所学的知识和理念运用到实际工作中去，运用所学的专业知识和各种技能，提高处理实际问题的能力。希望每一位考生都能通过CIA考试真正达到“以学习促应用，以考试促提高”的目的。

最后，祝愿各位顺利通过CIA考试，早日成为国际注册内部审计师。

目　　录

第 1 章 业务敏锐度

本章要点

- □ 组织目标、行为和绩效
- □ 组织结构和业务流程
- □ 数据分析

第1章 业务敏锐度

在竞争激烈的市场中，需求增加和成本节约对组织的影响远远超过了竞争对手。顾客需求更多，并希望以更少的、有竞争力的价格获得多种优质产品和服务。组织需要检查每一个业务流程，着眼于提高质量和绩效，以满足客户不断增长的期望。投入到质量方面的一个关键长期利益是组织有很大的潜力来提高他们的收入和利润，因为他们可以从忠实客户那里获得再次购买。组织可以使用各种技术和概念，来帮助它们分析业务流程绩效，以提高竞争力。

1.1 组织目标、行为和绩效

组织行为是指个人和群体在组织环境中的行为模式。如果将组织视为具有相互依存部分的系统，那么文化和其他因素会影响个人和团队的反应方式，反过来，个人和团队动态也会影响组织动态。组织通过运营和激励措施来培养特定的行为，影响组织、团队、个人的动机和能力因素有很多，包括组织结构、管理风格、权力和影响力的发挥、组织文化、文化差异、沟通策略、员工认可和奖励制度。

内部审计人员需要了解组织行为，因为不同的控制在不同组织、不同环境中的呈现方式不一样。另外，控制缺陷产生的根本原因可能在于组织行为的失调，内部审计人员将从更广泛的组织行为视角中受益。

1.1.1 战略规划

从企业未来发展的角度看，战略表现为一种计划；从企业过去发展历程的角度看，战略表现为一种模式；从产业层次来看，战略表现为一种定位；从企业层次来看，战略则表现为一种观念。此外，战略还表现为企业在竞争中采用的一种计谋。战略的制定主要围绕目标进行，并通过发挥竞争优势来取得战略成功。

（1）目标设定

组织目标由组织来设定，大多数组织的总体目标是提高利益相关方的价值。组织的持续成功取决于组织目标的成就。目标不仅反映在组织的愿景和使命当中，还表明了组织在治理、风险管理和内部控制方面的预期。在设定或更新与组织目标、愿景和使命相关的陈述时，最佳做法是从组织的各个层面获得员工意见，以更好地获得支持。

①企业愿景。愿景是对企业期望成为什么样子的描绘。从广义上讲，就是企业最终想实现什么。因此，愿景宣言清晰地表达了组织希望在未来实现或成为的目标，它代表了组织在为利益相关方服务和增加价值的过程中最高的理想观点。愿景反映了企业的价值观和渴望，并且希望借助愿景抓住每一位雇员的心，最好也能影响到其他利益相关方。企业的愿景比较持久，而使命会根据不断变化的外部条件而变化。愿景的表述最好相对简短而精确，而且容易记忆。如麦当劳的愿景表述为：我们的愿景是成为世界上服务最快、最好的餐厅。

②企业使命。企业的愿景是其使命的基础。使命是指一家企业意图参与竞争的一个或多个业务，以及所要服务的顾客。企业的使命比其愿景更加具体。使命宣言充分体现组织的目的，包括其存在的原因以及它如何为客户和其他利益相关方增加价值。使命陈述作为日常指南或向组织中的个人阐述如何实现此目的的指导。它还可以作为组织目标和愿景陈述之间的桥梁。如麦当劳的使命表述为：世界上任何一个社区都成为我们的员工最好的雇主，在每一家餐厅为我们的顾客提供专业优秀的服务。从这点来看，麦当劳的使命表述与其如何成为世界上最快、最好的餐厅的愿景保持一致。

③价值和角色。组织的使命表达了该组织当前想要实现的目标。组织使命的一部分是为利益相关方提供并增加价值；另一部分是陈述并实践组织的价值观。组织需要将其使命与价值观、道德规范相结合，具体的方式是创建企业社会责任（CSR）或可持续发展计划。也就是说，一个组织不仅对短期的财务结果负责，还要对其所在区域、员工以及维护全人类的环境负责。随着可持续发展计划和实践的推进，组织还需要制定相关的绩效来衡量这些相关的活动。

内部审计人员审查可持续发展计划及相关措施，在其设计和执行的可靠性方面发挥作用。内部审计人员可以帮助评估组织对自身的定位，即组织是否准确评估其在全球化和竞争变化下的优势和劣势情况，并可以考虑进一步评估组织是否正在及时调整其战略，以便在外部因素快速变化时继续生存和发展。

首席审计官（CAE）履行与组织战略相关的职责，包括建立基于风险的计划，以确定内部审计活动的优先级，使内部审计活动与组织目标保持一致。CAE 必须咨询董事会和高级管理层，了解组织的战略、关键业务目标、相关风险和风险管理流程。此外，CAE 必须根据组织的业务、风险、运营、计划、系统和控制的变化，结合实际需要审查和调整计划。

(2) 目标类型

目标类型包括战略目标、运营目标、报告目标和合规目标。

①战略目标。战略目标由管理层设定，基本上是为利益相关方增加价值的长期目标。战略目标通过组织的战略规划来反映。战略规划是许多不同类型的确认和咨询业务

的重要来源，其他计划和目标也需要与战略规划保持一致。此外，战略规划也是一种有价值的沟通工具，可以为组织治理奠定基调。确保组织制定合理的战略目标和战略规划过程是有效治理的重要组成部分。

战略目标和战略规划对组织发展至关重要，是审计的关键领域。实际上这个领域往往被忽视，即战略规划仅用于制订审计计划，而不是从咨询角度把它当作增加价值的机会，例如改良战略规划过程，或者作为提供确认业务领域的覆盖范围，确保计划的有效沟通。

②运营目标。运营目标涉及运营的效果和效率。所谓效果就是实现组织目标的程度，比如组织是否能取得盈利、利润的多寡等。所谓效率，是指一定的资源投入所带来的产出量。资源包括人力、物力、财力和时间等，产出则指实际完成的产量、利润、工作量或其他可测量的成果。一定的投入量带来的产出越多，或一定的产出投入的资源越少，效率就越高。

③报告目标。报告目标涉及内部、外部的财务和非财务报告。具体目标可能包括可靠性、及时性、透明度、完整性。财务报告是综合反映组织经营效果和效率的文件，同时也是组织风险控制的重要依据，因此，财务报告应当是可靠和完整的。可靠一般指财务报告所反映的内容是真实的，这样财务报告才是真正有价值的。完整是指财务报告全面、详尽地反映了组织资产负债状况和组织经营的情况，而不是有所保留或有所遗漏。财务报告不真实、不完整往往是组织的重要风险之源。

④合规目标。合规目标涉及组织所遵守的法律法规、政策和程序。具体目标可能包括合同合规性、政策合规性、符合行业标准和最佳实践等。法律法规和合同的执行情况可以从多个方面反映组织的风险。一方面，违反法律法规和合同，可能给组织带来较高的违法或违约成本，如可能会面临索赔、罚款甚至停业的处罚。另一方面，违反法律法规和合同的行为，可能隐含着对组织资产或股东利益更为严重的危害，如转移资产和破坏组织信誉等。

(3) 产业分析

企业的发展离不开一定的产业环境，产业环境是指对处于同一产业内的组织都会发生影响的环境因素。产业环境只对处于某一特定产业内的企业，以及与该产业存在业务关系的企业发生影响。构成产业环境的主要因素有五类：同业竞争者、行业新进者、供应商、购买商以及替代产品。产业环境的分析主要包括两个方面：一是产业中竞争的性质和该产业中所具有的潜在利润；二是该产业内部企业之间在经营上的差异以及这些差异与它们的战略地位的关系。

产业分析是为企业制定科学有效的战略规划提供依据的活动，主要分析产业环境，找出影响企业发展的因素（见图1－1），具体内容主要包括：

- 同业竞争者的竞争强度；
- 行业新进入者的威胁；

- 供应商的议价能力；
- 购买商的议价能力；
- 替代产品的威胁。

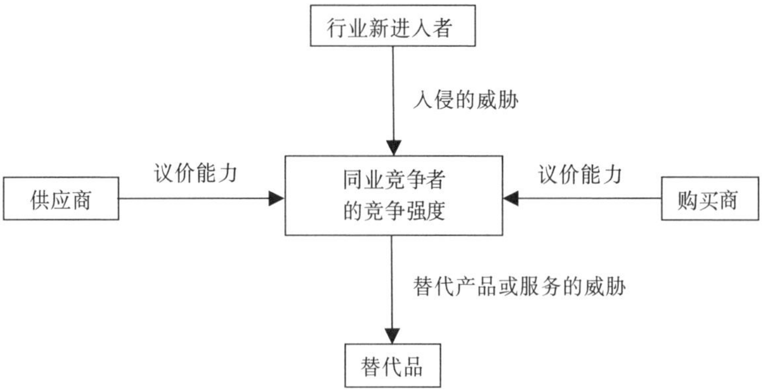

图1－1　决定产业环境的五种作用力

①同业竞争者的竞争强度。同业竞争者的竞争强度，是指行业现有竞争者之间的竞争程度。一个企业的特定行为可能会引来另一个竞争对手采取相应的行为。竞争也会令企业看到其需要改善地位的机会，以增强自身的竞争力。竞争强度取决于下列因素：

竞争者的数量：市场中的竞争者越多，就必有一定数量的企业为了占有更大的市场份额，取得更高的利润，不惜突破本行业约定俗成的行为限制，做出排斥其他企业的竞争行为。于是，竞争者之间越难进行有效的合作，竞争强度就越高。

行业增长率：如果行业增长缓慢，新进入者为了寻求发展，需要从其他竞争者那里争取市场份额，则竞争程度就会增强。此外，如果行业增长速度较为缓慢甚至停滞时，现有企业之间争夺既有市场份额的竞争就会变得激烈。

行业的固定成本：如果行业的固定成本较高，企业唯有寻求降低单位产品的固定成本或增加产量，结果将导致企业在价格上互相竞争。

产品的转换成本：如果产品缺乏差异性或具有标准化，购买商可轻易地更换供应商，则供应商之间就会相互竞争。

不确定性：当一个企业不确定同行业中另一个企业会如何经营时，便可能会通过制定更具竞争力的战略来应对这种不确定性。

战略重要性：如果企业最重要的战略目标是获得成功，则企业可能会采取具有竞争力的行为来实现目标。

退出壁垒：使现有供应商难以退出某个行业的障碍会令同行业的竞争激烈化。

②行业新进入者的威胁。新进入行业者越容易进入行业市场，当前行业的获利能力就越容易被削弱。新进入行业的企业会对现有的竞争者构成威胁，削弱现有企业产生理想财务回报率的能力，分割市场份额并激化市场竞争。新进入者通常会采取降低产品价格、引入有特色的新产品或提高服务质量等策略来赢得市场份额。新进入者的威胁力度和数量很大程度上取决于各种进入壁垒的高度。决定进入壁垒高度的主要因素有以下几

个方面：

规模经济：规模经济表现为，在一定时间内产品的单位成本随总产量增加而降低。规模经济的作用迫使新进入者以较大生产规模进入行业，并冒着被现有企业强烈反击的风险。新进入者也可以较小的生产规模进入，但要长期忍受产品成本高的劣势。这两者都不是新进入者所期望的。

客户忠诚度：在市场上存在了很长时间或拥有良好形象而获得的信誉会提高消费者的忠诚度，从而使新进入者难以建立品牌知名度并以此获得新的市场份额。

资本金投入：有些行业（例如，制药行业和科技行业）要求投入大量的资金来建立公司并进行研究和开发，因而与资金投入相关的投资风险就会阻碍新公司进入该行业。

转换成本：如果消费者从一个供货商转向另一个供货商的成本较高，那么无论是从时间、金钱还是从便利性方面考量，消费者改变购买意向的可能性都较低。

对销售渠道的使用权：新进入者想通过已有渠道来销售其产品和服务可能会遇到困难，因为这些渠道已经被现有的竞争对手垄断。例如，超市会优先将货架提供给知名品牌，新进入者在货架上获得一席之地来摆放产品进行促销的机会就会大大减少。

政府政策：政府可能会通过限制执照发放（例如，通讯和电视广播行业）和限制外资的方式来限制某些公司进入某行业。

现有产品的成本优势（与规模经济无关）：当现有公司对市场非常了解、拥有主要客户的信任、在基础设施方面投入了大量资金并且拥有专利产品技术、独占最优惠的政策、占据市场有利位置、获得政府补贴和经验曲线效应时，新进入者无论具有什么样的规模经济，都很难在市场中获得一席之地。

③供应商的议价能力。供应商是指那些向行业提供产品或服务的企业、群体或个人，也包括劳动力和资本的供应商。供应商的威胁手段有两类：一是提高供应价格；二是降低供应产品或服务的质量。这些手段可以使下游行业的利润下降。

许多因素会提高供应商在行业中的议价能力，从而降低公司在行业中的盈利能力，这些因素包括：

- 市场中没有替代品，因而没有其他供货商；
- 该产品或服务是独一无二的，且转换成本非常高；
- 供应商所处的行业有少数几家公司主导并面向大多数客户销售；
- 供应商的产品对于客户的生产业务很重要；
- 企业的采购量占供应商产量的比例很低；
- 供应商能够直接销售产品并与企业抢占市场。

④购买商的议价能力。购买商是指该行业的客户或客户群，包括：该行业的客户、寻求低成本以提高其自身利润或获取更好货源的分销商、希望为其消费者获得更多好处的政府机构或其他非营利性组织、希望以较低价格买入优质产品的个人消费者等。购买商可能会要求降低产品价格，提高产品质量，获得优质服务，其结果是使行业竞争更加

激烈，导致行业利润下降。

从本质上来说，购买商的议价能力与供应商的议价能力是相反的。在以下情况中，购买商处于有利的谈判地位：

- 购买商从卖方购买的产品占了卖方销售量的很大比例；
- 购买商所购买的产品对其生产经营来说不是很重要，而且该产品缺少唯一性，导致购买商不需要锁定一家供应商；
- 转换其他供应商购买的成本较低；
- 购买商所购买的产品或服务占其成本的比例较高，在这种情况下，购买商更有可能进行谈判以获得最佳价格；
- 购买商所购买的产品或服务容易被替代，在市场上充满供货商的竞争者；
- 购买商的采购人员具有高超的谈判技巧；
- 购买商有能力自行制造或提供供应商的产品或服务。

⑤替代产品的威胁。替代产品，是指可由其他企业生产的产品或提供的服务，它们具有的功能大致与现有产品或服务的功能相似，可满足消费者同样的需求。购买商所面临的替代产品越多，其议价能力就越强。因此，替代产品通过以下方面来影响一个行业的盈利性：设置价格上限（因为消费者可能轻易地转而购买可满足其相同需求的其他替代产品）、改变需求量和迫使企业投入更多资金并提高服务质量。

（4）竞争分析

竞争分析包括两个方面的内容：一是指对企业竞争力的分析；二是指对竞争对手的分析。

①企业竞争力分析。企业竞争力是企业自身为了实现其目标，动用其可支配的资源，采用各种可能的策略和手段，以压倒对方的能力。企业竞争力是由企业内部的各种经营因素决定的，它们包括企业的财务状况、组织机构、制造系统、职工状况、产品情况、营销状况、物资筹供、研究与开发等。

财务状况：主要用一系列财务指标来表明企业各种资源的经营效率和各种债务的偿还能力。这类指标有表明收益性的毛利率、经营利润率、投资收益率、自有资本收益率、每股盈利；表明清偿能力的流动比率、速动比率；表明企业资源利用程度的库存周转率、固定资产周转率；表明企业成长性的销售额增长率、利润增长率等指标。

组织机构：企业组织机构的管理效率包括主要机构的管理幅度、企业组织机构系统图、各方对横向职能机构的业务交叉、各纵向隶属关系权责分配以及组织机构的各组成部分之间对实现企业目标的合作气氛。

制造系统：企业生产线包括设备体系、厂房、库房及其他生产设施的性能、数量及其利用状况；企业生产管理系统的工作状况包括作业计划、生产调度、质量管理、技术管理、设备管理、运输管理及其他生产管理方面的工作情况。

职工状况：企业领导班子的人才结构（文化、专业、年龄）；中层干部和基层干部的人才结构；生产工人的平均技术等级及其与企业产品的工作物等级的适应程度；职工的一般工作态度；企业薪酬制度的效果。

产品情况：顾客对本企业产品质量、价格、交货期和售后服务等方面所反映的问题；各种产品的市场占有率及市场细分；产品市场是在收缩还是扩展。

营销状况：企业的产品和服务使用什么销售渠道；销售、服务、广告的组织情况；市场经营能力与企业产品生产的适应程度；市场研究的工作情况等。

物资筹供：一个企业的筹供状况包括器材供应的价格、交货期和稳定性、器材储备量的合理性、库房管理的科学性、企业的材料利用情况、废料回收和综合利用情况等。好的筹供状况，一方面可以防止原材料的供给被人控制，另一方面还可以获得低价投入，有的时候，甚至会导致纵向一体化。

研究与开发：一个企业的研究与开发能力主要取决于以下几个方面：企业从事研究与开发工作的人员及其结构情况；研究与开发的主要设施及其利用状况；研究与开发经费占整个销售额的比重；来自研究与开发投资的收益情况等。

②对竞争对手的分析。对竞争对手的分析，主要是对竞争对手的未来目标、自我假设、现行战略、能力和市场信号等要素进行分析。

竞争对手的未来目标：分析并了解竞争对手的未来目标，将有助于推断竞争对手对其自身地位及财务成果的满意度，从而可以推断其改变战略的可能性，以及对其他企业行为的敏感性。

竞争对手的自我假设：包括竞争对手对自身企业的假设和对所处行业及其他公司的假设。

竞争对手的现行战略：对竞争对手进行现行战略的陈述和分析，实际上就是看它正在做些什么？正在想些什么？

竞争对手的能力：对竞争对手的能力进行客观评价，是竞争对手分析过程的一项重要内容，因为能力将决定其对战略行动作出反应的可能性、时间选择、性质和强度。

市场信号：市场信号是指竞争对手采取能直接或间接反映其意图、目标或内部情况的行动。它有助于企业分析和预测竞争者的情况并制定自己的战略。市场信号是建立在上述对竞争对手的未来目标、假设、现行战略和能力已经进行调研的基础之上的。市场信号多种多样，采取何种形式主要依据竞争对手的行为及使用媒介而定。比较重要的市场信号形式有以下几种：

- 行动的提前宣告。这是竞争对手使用的正式的信息传递方式，表明它可能或不打算采取某种行动。这种信号有多种功能，主要是想抢先于竞争者占领有利地位。
- 行动的事后宣告。竞争对手经常在其行动开始或结束后才宣布消息，这就是事后宣告。其目的是让其他企业注意此信息而改变行为。
- 对产业情况的公开评论。竞争对手公开对产业情况发表评论，如对市场需求和价格的预测、对生产能力增长的预测、对原材料供应情况的预测等。这些评论可能正是它对产业的假设，发表评论是希望其他企业在同样的假设下运作，避免因看法不一而使竞争激化。

- 对自身行动的讨论和解释。竞争对手经常利用某些机会来讨论或解释自身的行动，目的是引导其他企业了解其行动的原因和结果，追随这一行动或不采取类似行动，至少能理解其行动。

（5）竞争战略

竞争战略是指在给定的一个业务或行业内，企业用于区分自己与竞争对手业务的方式，或者说是企业在特定市场环境中如何营造获得竞争优势的途径或方法。

在迈克尔·波特的《竞争战略》中根据公司在行业中的份额，将其分为领导者、挑战者、追随者和补缺者。市场领导者在整个市场中占有最大的市场份额，在价格变化、新产品开发、销售渠道、分销渠道、促销战略等方面对行业内其他公司起着领导作用。市场挑战者在行业中占据第二、第三或之后位置，有能力对市场领导者和其他竞争者采取攻击行动，希望取得市场领导者地位。市场追随者在产品、技术、渠道、促销等方面模仿市场领导者，通过观察市场领导者的新产品借以节约在产品开发、市场开发、信息收集等方面的经费，减小支出和市场风险。市场补缺者是指专门为市场规模较小不被大公司感兴趣的细分市场提供产品和服务的公司，由于其专一性也能形成较高的利润和发展。

波特认为企业有三种一般战略，即成本领先战略、差别化战略与重点集中战略。（如图1－2所示）这是企业可以使用的最高战略，当企业对一般战略做出了选择，这个战略应适用于企业所有的活动，而不仅仅适用于市场营销的活动。波特提出，企业只需要选择三种战略中的一种。如果企业选择了超过一种的一般战略，那么企业就很难冒尖，因为这会造成企业在集中化、成本领先或者差别化方面都没有特别的优势。此外，竞争战略能有效地抗衡决定产业环境的五种作用力模型中所识别的行业力量。它们可以被应用到市场中的广义或狭义领域。

		竞争优势的基础	
		低成本	差别化
竞争范围	整体产业	成本领先	差别化
	细分市场	集中成本领先	集中差别化

图1－2　竞争战略示意图

①成本领先战略。成本领先战略的目标是成为整个行业中成本最低的制造商。低成本可能并不会减少消费者从产品中获得的价值，即使是购买一件低成本的产品，他们仍

然愿意支付一个合理的价格。通过低成本生产，制造商在价格上可以与行业中的任一制造商竞争，并赚取更高的单位利润。

成本领先战略的优势主要包括以下几个方面：一是可以抵御竞争对手的进攻。低成本使企业可以制定比竞争者更低的价格，并仍然可以获得适当的收益。因此，即使面对激烈的竞争，成本领先者仍然可以有效地保护企业。二是具有较强的对供应商的议价能力。成本领先战略往往通过大规模生产或销售建立起成本优势，较大的购买量使这类企业对供应商往往具有较强的议价能力，从而进一步增加了其成本优势。三是形成了进入壁垒。成本领先战略充分利用了规模经济的成本优势，使得无法达到规模经济的企业难以进入该行业并与之竞争。因此，成本领先者有可能获得高于平均水平的投资回报。

成本领先战略主要适用于以下一些情况：

- 市场中存在大量的价格敏感用户；
- 产品难以实现差别化；
- 购买者不太关注品牌；
- 消费者的转换成本较低。

实现成本领先战略的资源和技能包括：

- 建立生产设备来实现规模经济；
- 采用简单的产品设计，通过减少产品的功能但同时又能充分满足消费者需要来降低成本；
- 采用最新的技术来降低成本或改进生产力，或在可行的情况下采用廉价的劳动力；
- 专注于生产力的提高，例如，通过改变生产流程来节省成本（如将生产阶段改成自动化）；
- 在高科技行业和在产品设计、生产方式方面依赖于劳动技能的行业中，充分利用学习曲线效应。企业通过比其他竞争对手生产更多的产品可以从学习曲线中获得更多的好处，并达到较低的平均成本；
- 将制造成本降到最低，例如，企业办公区域或厂房能提供大量的成本优势，如经营地点的适当定位能力为产品分销提供便利；
- 获得更优惠的供应价格。

采取成本领先战略的风险主要包括：

- 可能被竞争者模仿，使得整个产业的盈利水平降低；
- 技术变化导致原有的成本优势丧失；
- 购买者开始关注价格以外的产品特征；
- 与竞争对手的产品产生了较大差异；
- 采用成本领先战略者可能在细分市场取得成本优势。

②差别化战略。差别化战略是指企业针对大规模市场，通过提供与竞争者存在差异的产品或服务来获取竞争优势的战略。这种差异性可以来自设计、品牌形象、技术、性

能、营销渠道或客户服务等各个方面。成功的差别化战略能够吸引品牌忠诚度高且对价格不敏感的顾客，从而获得超过行业水平的收益。与成本领先战略主要用于提高市场份额不同，差别化战略有可能获得比成本领先战略更高的利润率。实行差别化战略可以从以下几个方面考虑：

产品质量差别化：指企业向市场提供竞争对手不具有的高质量的产品，通过高质高价获得比竞争对手更多的利润。

产品可靠性差别化战略：与产品质量差别化战略相关的一种战略，其核心就是要保证企业产品的绝对可靠性，甚至在出现意外故障时也不完全丧失其使用价值。

产品销售服务差别化战略：通过转变销售方式或者加强售后服务，建立服务的竞争优势。以服务取胜是许多成功企业采用的共同战略。

产品创新差别化战略：对于一些拥有雄厚研究开发实力的高科技企业，实行以产品创新为主的差别化战略，不仅可以保持企业在科技上的领先地位，而且可以增强企业的竞争优势和获利能力。

产品品牌差别化战略：通过创名牌产品、保名牌产品，使企业经营活动持续稳定发展的战略。其核心就是如何建立和保护产品的品牌，所以也叫名牌战略。所谓名牌产品就是具有较高知名度和市场占有率的产品，名牌不仅是社会对某一产品的评价，而且是对企业整体的评价。名牌是企业实力和地位的象征。一个产品一旦成为名牌，既可以给企业创造经济效益，也可以给国家带来荣誉。在市场竞争的条件下，名牌战略是企业进行竞争的锐器和取胜的法宝，只有勇创名牌的企业才能在竞争中取得胜利。

差别化战略主要适用于以下一些情况：

- 产品能够充分地实现差异化，且为顾客所认可；
- 顾客的需求是多样化的；
- 企业所在产业技术变革较快，创新成为竞争的焦点。

实施差别化战略应具备的资源和技能包括：

- 强大的研发能力；
- 较强的产品设计能力；
- 富有创新性；
- 很强的市场营销能力；
- 企业在质量和技术领先方面享有盛誉；
- 能够获得销售商的有力支持。

采取差别化战略的风险主要包括：

- 竞争者可能模仿，使得差异消失；
- 产品或服务差异对消费者来说失去了重要意义；
- 与竞争对手的成本差距过大；
- 采用重点集中战略者能够在细分市场实现更大的差别化。

③重点集中战略。重点集中战略针对某一特定购买群体、产品细分市场或区域市

场，采用成本领先或产品差别化来获取竞争优势的战略。采用重点集中战略的企业，由于受自身资源和能力的限制，无法在整个产业实现成本领先或者产品差别化，故而将资源和能力集中于目标细分市场，实现成本领先或差别化。重点集中战略一般是中小企业采用的战略，可分为两类：集中成本领先战略和集中差别化战略。

重点集中战略主要适用于以下情形：

- 企业资源和能力有限，难以在整个产业实现成本领先或差别化，只能选定个别细分市场；
- 目标市场具有较大的需求空间或增长潜力；
- 目标市场的竞争对手尚未采用同一战略。

实施重点集中战略的风险包括：

- 竞争者可能模仿；
- 目标市场由于技术创新、替代品出现等原因导致需求下降；
- 由于目标细分市场与其他细分市场的差异过小，大量竞争者涌入细分市场；
- 新进入者重新进入市场。

实施重点集中战略可以使企业避开在大范围内的竞争，增强相对竞争优势。实施重点集中战略的关键是要选好战略目标。在选择战略目标时应考虑目标市场的容量、增长速度、获利能力以及竞争强度等因素的影响；还要考虑消费群体之间在需求上的差异性；同时，也应关注目标市场上是否有其他竞争对手采用与本企业相似的战略，这些因素都会影响到企业进行目标市场选择的准确性。

实施重点集中战略虽然能在目标市场上保持一定的竞争优势，但也存在着一定的风险，有时其目标市场相对狭窄，会使企业的市场份额总体水平相对较低，使企业在取得市场份额方面存在局限性；如果目标市场过于狭窄，就难以支撑必要的生产规模，高成本会抵消与竞争对手成本上的差异，从而失去成本或差异优势。集中战略时，要对产品获利能力和销售量进行综合平衡，并对产品差别化与成本状况进行权衡，谨慎行事。技术进步、观念更新、替代品的威胁、消费偏好变化也会对重点集中战略的实施产生影响，使目标市场与总体市场的差异越来越小，企业依靠的基础逐渐消失。另外，竞争对手在较宽的外围市场采用同样的战略，或者在本企业的目标市场上再进行市场细分，也会使企业失去重点集中战略的优势。

（6）协同

管理人员的协同思维可以促进战略管理。所谓协同效应，就是当原来各自独立的内容组合在一起时，其组合的效应大于每个个体效应之和，即“1 +1 >2”的效应。企业中常见的协同类型包括：

①市场协同。在同一个市场中，各种产品或服务具有积极的互补效应，大型购物中心就是这种协同效应的一个典型例子。

②成本协同。成本协同以多种方式出现，如副产品的循环利用，或者存在于同一企

业其产品线的设计、生产、营销以及销售过程中。成本协同会导致成本的降低。

③技术协同。技术协同指的是在各种应用之间实现技术转移。例如，为军事目的开发的技术通常可以转为民用，如 GPS 定位系统的应用。

④管理协同。管理协同包括知识的转移。例如，一间公司可能雇用一位经理，该经理的技术经验是公司所缺乏并需要的。

1.1.2 全球化和竞争

组织制定战略时，要确定其想要成为的组织类型，以及这种类型的组织如何在它的环境中成长和发展，以保持组织的“生态系统”。例如成为一个能够快速适应变化的灵活组织或者能够通过规模经济降低价格的大型组织等。

组织战略的成功不仅取决于战略的有效执行，还与组织环境中存在的机遇和风险息息相关。全球化扩大了大多数组织的环境，同时也导致来自世界各地的潜在竞争风险增多。

（1）全球化竞争的优势

与竞争对手相比，组织应该具备一些竞争优势，即一个组织或国家相对于竞争对手的相对优势。成功的战略往往利用了组织的竞争优势。然而，竞争对手的策略也可能会依赖于他们自身竞争优势。因此，组织的战略旨在找到一种方法来利用相对优势、减轻相对劣势，以便成功地利用各种机会，如利用在线全球市场进行全球扩张；同时最大限度地降低风险，如竞争者占据市场份额的威胁。竞争优势的潜在来源包括：

①劳动力市场。获得低成本或高技能劳动力的渠道，拥有广泛的劳动力资源。

②供应商和原材料。以优惠价格获得原材料，与供应商建立良好或长期合作关系，对供应商有一定程度的所有权或控制权（或独立于供应商），与供应商关系密切等。

③客户基础。建立客户群或市场份额，拥有忠诚度和满意度高的客户。

④流程和方法成熟度。风险、控制、质量、变更管理、制造或其他框架的成熟度，以及达到成熟度的难度。

⑤供应链和运输。供应链的相对成本和速度，为客户提供的选择数量和便利程度。

⑥竞争对手的成熟度和市场准入的便捷性。如竞争对手的相对数量，竞争对手的成熟度，成为竞争对手所需的资本投资。

⑦技术。节省劳动力或饱含洞察力的技术、专有技术。

⑧区域经济、政治、文化、法律和监管环境。如区域经济繁荣，政治和税收相对有利，具有促进良好价值观的文化，有利的法律法规等。

（2）全球化竞争的利益

波特和其他学者指出企业之所以参与并争取全球化竞争利益，主要是因为：

- 比较优势，因为一个国家拥有另一个国家没有的优势资源，如劳动力或技术；
- 投资激励措施，这可能是国家为加强经济发展所提供的；
- 规模经济，使组织能够在更广泛的基础上为全球市场进行生产；
- 全球性的知识，会通过获取多个地区和国家的行业信息而增长；
- 节省成本，这来自共享生产、服务、营销、采购、技术和其他专有权的发展；
- 财务优势，是指在盈利的业务领域能支持利润较低或贫困地区的业务时带来的。

(3) 全球化战略定位

所谓战略定位就是具有攻击性的市场准定位。比如你打算打开市场，需要一个核心定位，就是全局的中心。在考量全球商业环境的竞争战略时，普遍会提及“全球—地方”困境。“全球—地方”困境是指在从一个全球参与的解决方案的一端连接到一个地区或区域参与解决方案的另一端时遇到的困境。全球商业环境中，有四种基本类型的全局战略定位，对比如表 1－1 所示。

表 1－1　　四种主要的全球战略定位对比

	全球战略	跨国战略	国际化战略	多元本地化战略
运营	母国和东道国主导，集中形成全球化定位	母国和东道国子公司紧密结合，集中式和分散式	母国总部主导，高度集中	东道国子公司主导，与母国总部合作
产品和服务	全球性产品，全球价值链（任何地方都可以是价值链的一部分）		全球性产品，总部价值链（母国生产）	本地化产品
标准化/定制	标准化，一些适应性的调整	标准化，基本没有适应性的调整		适应本地习俗文化
营销策略	最大化全球利润	全球范围内相似的营销技巧		有针对性的策略
优点	标准化，规模经济，发展快速	有比较优势形成成本和质量优势	更多的控制运营和较少的控制协调	为目标市场定制，运用当地资源，较少的协调
缺点	整合协调的复杂性	整合协调的高度复杂性	缺乏价值链定位的可能性	定制的高成本和规模较小

全球战略（A global strategy）：指一个组织可以在全球任何地方从全局位置产生产品或服务。该战略优点是产品或服务标准化、企业发展迅速、易形成规模经济，并拥有在任何地方找到价值链的能力。缺点是整合和协调的复杂性。

跨国战略（A multinational or transnational strategy）：指一个组织的母国和东道国都非常紧密相连的在全球范围内运作。跨国战略的优点是能够最有利的吸取国家资源并利用比较优势，在任何地方找到价值链，形成成本和质量优势。缺点是整合和协调的复杂性。

国际化战略（An intentional strategy）：指当一个组织控制本国的价值链，但仍然向全球生产和销售产品。国际化战略优点是易于整合和协调。缺点是缺乏经济效率，不能选择价值链的位置。

多元本地化战略（A multilocal or multidomestic strategy）：指组织在东道国控制附属公司，该附属公司为当地的国家和地区定制产品和服务。该战略优点是有机会自定义客户，根据客户需求来生产，充分利用本地资源优势，并易于协调。缺点是分化的高成本和小规模的生产。

除以上四种基本战略模式之外，也可将其整合，产生新的模式，如：

区域战略（A regional strategy）：国际化、跨国和多元本地化战略的各方面相结合。该战略应该考虑到生产区域产品与区域价值链吻合情况，而合作是在区域内各国之间。

"全球本地化"战略（A "global" strategy）：结合全球和本地战略，以产生一种新的战略，遵循创造了"全球思考，本地行动"。虽然这种策略可能会被认为是理想的，但在现实中却很难实现。

（4）进入全球化市场策略

如果一个组织确定有充分的理由全球化，将要认真考虑一个或多个的进入策略。组织一般开展国际活动的几种常用方法：

①出口。组织直接地或通过中介间接地销售产品或服务给国外顾客。

②进口。组织从国外购买产品、用品或服务。

③许可。组织和外国许可人之间的协议，例如，使用一种技术或专利。特许经营是一种类型的许可证，指整个业务的使用都获得许可。合同制造是另一种授权协议，指组织为国外市场制造产品。

④易货贸易（Countertrade）。各方之间进行的一种实物贸易，通常是通过贸易组织进行。

⑤战略联盟。来自不同国家的企业间协议，并由此开展业务。形成战略联盟的主要目的是克服障碍和降低风险。其他目的还包括利用优势和规模经济的潜力。有两种类型的联盟：一种是国际性的合资企业，组织成为一个独立的实体；另一种是国际合作联盟，这是根据组织作出的协议，并没有形成一个独立的实体。

⑥外国直接投资（FDI）。指一个国际性组织在其他国家拥有部分或全部的经营权。如果是一个全资子公司，那么该组织就有全部的国外经营权。

（5）平衡全球需求与当地需求

任何组织想要在全球商业环境中取得竞争的有利位置，必须能够良好地适应环境。当组织进入国际市场，该组织将面对多个国家的竞争。母国是组织总部所在的国家，而东道国为组织在该国开展业务的国家。通常来讲，母国领导人将影响组织文化及国际业务的方向。全球性公司的重点应该放在把全球整合与本地适应结合起来，使员工能做到"思维全球化，行动本地化"。

跨国公司的本地化程度取决于其自身的组织特性。根据跨国公司在国际人力资源管理方面的倾向，可分为以下几类：

母国取向型（Ethnocentric）：也称民族中心主义，其决策哲学是以本民族为中心，其决策行为主要体现母国与母公司的利益。公司的管理决策高度集中于母公司，对海外子公司采取集权式管理体制。这种管理体制强调公司整体目标的一致性，优点是能充分发挥母公司的中心调整功能，更优化地使用资源，但缺点是不利于发挥子公司的自主性与积极性，且东道国往往不太欢迎此模式。跨国公司发展初期，一般采用这种传统的管理体制。

东道国取向型（Polycentric）：也称多国取向型、多中心主义或多元中心型，其决策哲学是多元与多中心，其决策行为倾向于体现众多东道国与海外子公司的利益，母公司允许子公司根据自己所在国的具体情况独立地确定经营目标与长期发展战略。公司的管理权力较为分散，母公司对子公司采取分权式管理体制。这种管理体制强调的是管理的灵活性与适应性，有利于充分发挥各子公司的积极性和责任感，且受到东道国的欢迎。但这种管理体制的不足在于母公司难以统一调配资源，而且各子公司除了自谋发展外，完全失去了利用公司内部网络发展的机会，局限性很大。在跨国公司迅速发展的过程中，东道国在接受外来投资的同时逐渐培养起民族意识，经过多年的积累和发展，大多数跨国公司的管理体制从集权和本民族为中心转变为多元中心型。

区域取向型（Regiocentric）：地区中心主义，类似多中心主义，但是不同点在于每个区域反映出一个整体性的组织策略与工作结构。它强调管理人员国际化战略，主要目的是在整个跨国企业组织中，寻找最合适的人员担任重要的职务，不考虑员工的国籍，在实施的过程中通常出现第三国人员担任。

全球取向型（Geocentric）：也称全球中心主义，它既不以母公司也不以分公司为中心，其决策哲学是公司的全球利益最大化。相应地，公司采取集权与分权相结合的管理体制，这种管理体制吸取了集权与分权两种管理体制的优点，事关全局的重大决策权和管理权集中在母公司的管理机构，但海外子公司可以在母公司的总体经营战略范围内自行制订具体的实施计划、调配和使用资源，有较大的经营自主权。这种管理体制的优点是在维护公司全球经营目标的前提下，各子公司在限定范围内有一定的自主权，有利于调动子公司的经营主动性和积极性。

母国取向型和东道国取向型属于两个极端，前者高度强调全球整合，倾向于全球性的国际人力资源策略，从总部派遣管理骨干；后者则重视因地制宜，高度授权，雇用本地经理人员，更多地吸取当地的经验和做法。多数跨国公司由母国取向逐步转为东道国取向或者地域取向，最后向全球取向发展，将这些发展阶段用其首字母表示，称为EPRG 模式。

组织在国际上开展业务，必须努力平衡全球需求和当地需求，这显得特别重要，主要考虑社会发展趋势、政治环境、经济环境等方面。

(6) 全球思维

全球思维是指具有全球文化意识和全球视野的思维方式。全球思维认为全球环境、全球经济、国际企业管理是相互依存的。

①领导和管理。思想转变开始于组织，必须重视和促进多元文化的领导。领导人需要培育全球组织中学习到的知识和技能，鼓励在整个组织和全世界分享，领导者还需要评估自己和他国的组织文化，并了解其他文化。领导者可以通过设置和执行多样化政策培育多元的文化。

跨文化商务中心已建成评估全球思维能力的工具。个人能力包括领导、哲学、伦理、动机和敏感性。管理能力包括沟通、管理、团队建设、销售和谈判。

维持全球思维的关键是了解世界各地和国家的发展趋势。相当数量的报纸、专业杂志和网站，将对发展趋势和全球思维提供有用信息。

②文化智商。全球思维涉及发展文化智商，简称“文商”。定义为理解与跨文化有效沟通的能力，这就需要个人和组织不断学习。

③文化维度。文化维度是荷兰国际文化合作研究所所长霍夫斯塔德及其同事在对文化因素进行定量研究时采用的概念。1980 年，霍夫斯塔德在调查 66 个国家的 117 000 名 IBM 员工的工作价值的基础上，发展出基于西方文化的四个文化维度，即个人主义与集体主义、权力距离、不确定性规避、刚/柔性。在随后他与同事确立了第五个文化维度——长期方向。

个人主义与集体主义：表示个人与群体间的关联程度。个人主义文化注重个体目标，相反，集体主义文化则更强调集体目标。个人主义文化中，人们应当自己照顾自己和直系家庭，而在集体主义文化中，人们期望他们的内群体或集体来照顾他们，作为这种照顾的交换条件，他们对内群体拥有绝对的忠诚。个人主义没有圈内和圈外的明显差别，而集体主义却有明显的圈内和圈外的差别。

权力距离：表示人们对组织或机构内权力较少的成员对权力分配不平等这一事实的接受程度。权力距离大的文化成员视权力为社会的基本因素，强调强制力和指示性权力，而权力差距小的文化成员则认为权力的运用应当合法，重视专家或合法性的权力。

不确定性规避：表示人们对未来不确定性的态度。对不确定性规避程度较强的文化往往有明确的社会规范和原则来指导几乎所有情况下发生的行为，而规避不确定性程度较弱的文化的社会规范和原则就不那么明确和严格。

刚/柔性：表示人们对男性和女性社会角色如何分配的认识。阳刚型社会性别角色有明确的划分。阴柔型社会性别角色有所重叠。阳刚型社会的文化成员赞扬成就、雄心、物质、权力和决断性，而阴柔型社会的文化成员则强调生活的质量、服务、关心他人和养育后代。

长期方向：长期导向表示对待长期生活的态度。长期导向高的社会，人们倾向于节俭、积累、容忍和传统，追求长期稳定和高水平的生活。

④跨文化交际。跨文化沟通能力是企业管理的一个重要方面。跨文化交际能力在一个组织内部、区域和国际上是必须具备的。跨文化间的交流，很容易把我们带到误区。

⑤假设和态度。在全球范围内有效的沟通需要审视价值观、信仰和假设。

刻板印象是对别人的一个假设。例如，假设一个招聘经理有性别刻板印象，认为女性是被动的，并且过于情绪化，运用经理的假设，如果一个女性在领导地位，它可能会影响经理如何管理。负面成见可能会造成损害或者阻碍关系发展。

属性是通过言语或非言语信息参考个体的框架的解释方法。例如，一个团队的领导者的价值观是不允许迟到，因为团队领导者认为迟到是对团队目的或会议的不在乎。

⑥身体语言。准确地阅读身体语言很重要，手势、姿势或眼睛接触可能意味着在不同的文化领域有着不同的表达意思。

⑦空间利用。空间利用也被称为空间关系，这涉及空间和个人接触的礼仪。不同的社会有不同的形式，如问候、感谢等。

⑧时间。时间使用将反映文化的不同。比如个人主义文化的时间是围绕短期结果，集体主义文化时间是围绕长期的结果。

⑨语言。跨文化交际会被不同的语言困扰，学习一门语言有助于克服沟通障碍。对于重要的业务交易和谈判，可能会聘请翻译。根据沟通情境的不同文化，语言可被定义为低语境和高语境两类。低语境的语言是非常直接和明确的，所使用的词语就是想要表达的意思。高语境的语言是间接和含蓄的。字里行间很重要，因为单词可以有不同的含义，有些事情可能会没有直接说出。

整个文化可以被称为低语境文化或高语境文化。考虑到商业交易和谈判进程，这方面的知识尤其重要。

⑩权威。在相关文化维度中，集权文化是多层次的，而分权文化则相反，这对管理者和下属的适当沟通关系有很大的影响。例如，在集权文化中下属是不太可能批评一个更高级别的权力人物的。

⑪国家概况。许多资源提供与特定国家的信息沟通。

⑫员工发展。作为领导人确定的整体学习策略，有具体的方法来培养员工和提高他们的认识：

- 海外作业需使员工获得熟悉的文化和商业运作；
- 外派任务的结构；
- 文化吸取被用作一种方法，通过对所需文化的理解，如语言、习俗和法律实践；
- 多元文化的团队，帮助员工了解彼此的文化和规范；
- 提供持续或不定期的培训项目。

1.1.3 产业环境

产业环境是指对处于同一产业内的组织都会发生影响的环境因素。这里分别对零散型产业、新兴产业和夕阳产业进行分析。

（1）零散型产业分析

零散型产业是一种重要的结构环境，在这种产业中，产业集中度很低，没有任何企业占有显著的市场份额，也没有任何一个企业能对整个产业的发展产生重大的影响。在一般的情况下，零散型产业由很多中、小型企业构成。零散型产业存在于经济活动的许多领域中，如服务业、零售业、分销业、农产品等。

①形成原因。造成产业零散的原因包括：进入障碍低或存在退出障碍；市场需求多样导致高度产品差异化；不存在规模经济或难以达到经济规模。

以上三个方面的原因是从产业本身的经济特性角度归纳的。如果再考虑其他的因素，如政府政策和地方法规对某些产业集中的限制，以及一个新产业中还没有企业掌握足够的技能和能力以占据重要的市场份额等因素，也是导致产业零散的原因。

②零散产业的战略选择。零散产业中有很多企业，每个企业的资源和能力条件会有很大差异，因此零散产业的战略选择可以从多个角度考虑。如果从三种基本竞争战略的角度出发，零散产业的战略选择可分为以下三类：

第一类，克服零散以获得成本优势。零散产业的特点就是零散，企业无规模经济优势。但是，如果某一个企业能够克服零散，那么它的战略回报将会是很高的，其原因在于按零散产业的定义，进入这一产业的成本低，竞争者都较弱小，它们进行报复的威胁不大。根据造成产业零散的原因，克服零散的途径有：连锁经营或特许经营；技术创新以创造规模经济；尽早发现产业趋势。

第二类，增加附加价值以提高产品差异化程度。

第三类，专门化使目标集聚。

零散产业需求多样化的特点，为企业实施重点集中战略提供了基础条件。在零散产业中可以考虑以下几种专门化战略：

- 产品类型或产品细分的专门化；
- 顾客类型专门化；
- 地理区域专门化。

③谨防潜在的战略陷阱。零散产业独特的结构环境造成了一些特殊的战略陷阱。某些常见的陷阱应引起足够的警惕。在零散产业中进行战略选择要注意以下几个方面：

- 避免寻求支配地位；
- 避免过分集权化；
- 了解竞争者的战略目标与管理费用；
- 避免对新产品做出过度反应。

（2）新兴产业分析

新兴产业是新形成的或重新形成的产业。其形成的原因是技术创新、消费者新需求的出现或其他经济和社会变化将某个产品或服务提高到一种潜在可行的商业机会的水平。例如，电讯、计算机、家用电器等产业是创新技术的产物；搬家公司、送餐公司、礼仪公司等则是新需求的产物；典当行是新中国成立以前的老产业，随着改革开放的发展它又成为我国的一个新兴产业。

①新兴产业的结构特征。新兴产业在内部结构上彼此差异很大，但是仍有一些共同的结构特征。共同的结构特征包括：

- 技术的不确定性；
- 战略的不确定性；
- 成本的迅速变化；
- 萌芽企业和另立门户；
- 首次购买者。

②新兴产业的发展障碍。新兴产业在不同程度上面临产业发展的障碍。从产业的五种竞争力角度分析，这些障碍主要表现在新兴产业的供应者、购买者与被替代品三个方面，其根源还在于前述的产业本身的结构特征。

- 原材料、零部件、资金与其他供给的不足；
- 顾客的困惑与等待观望；
- 被替代产品的反应。

不难看到，上述障碍最终来源于新兴产业的技术与战略不确定、不稳定的产品质量、缺乏产品或技术标准以及难以避免的早期高成本等产业特征。

③新兴产业的战略选择。在新兴产业中，企业的战略自由度最大，一个战略的优劣对经营绩效的影响也会表现得最充分。在新兴产业中，发展风险与机遇共存，而风险与机遇都来源于产业的不确定性。所以新兴产业中的战略制定过程必须处理好这一不确定性。

塑造产业结构：在新兴产业中占压倒地位的战略问题是考虑企业是否有能力促进产业结构趋于稳定而且成型。这种战略选择使企业能够在产品策略、营销方法以及价格策略等领域建立一套有利于自身发展的竞争原则，从而有利于企业建立长远的产业地位。

正确对待产业发展的外在性：在一个新兴产业中，一个重要的战略问题是在倡导产业整体利益和追求自身狭窄利益之间做出平衡。企业为了产业的整体利益以及企业自身的长远利益，有时必须放弃暂时的自身利益。

在产业发展变化中占据主动地位：处理与把握好新兴产业的机会与风险，这是最具挑战性的战略问题。

选择适当的进入时机与领域：选择适当的进入时机在新兴产业中尤为重要。早期进入涉及高风险，但可以在关键市场取得“局内人的位置”，获得市场支配地位。

（3）夕阳产业分析

夕阳产业是指产品销售总量在持续时间内绝对下降，或增长出现有规则地减速的产业，其基本特征是需求增长减速或停滞，产业收益率低于各产业的平均值，呈下降趋势。

①夕阳产业的表现。供求关系：夕阳产业的产品价格弹性小，生产能力过剩，需求不足，无法满足追求利润最大化的企业最优定价规则即价格小于边际成本甚至平均成本，从而导致恶性竞争。

产业组织：产业衰退阶段，产业成长期和成熟期由企业内部分工分化为社会分工的产业链的各环节只得“重返娘家”，社会分工又转化为企业分工，即“市场容量限制劳动分工”（亚当·斯密语）。从而，产业组织呈“垂直一体化”。

国民经济：夕阳产业多为传统产业，其所提供的产值在GDP中的比重呈下降趋势，其产品市场不断萎缩。

上述三点特征是识别和判断某一产业是否衰退的主要尺度。但是，具有一点或两点的产业却不一定都是夕阳产业，尤其是在市场机制扭曲或行政机制替代市场机制的条件下。

②夕阳产业的创新战略。产业延伸战略：产业延伸战略就是企业本着相关相近的原则，突破原有的产业界限，使经营结构向产业左右侧、上下游延伸，通过延长产业链来获得新的价值链。如企业从食品制造业转向电子商务业。产业延伸战略有三个优点：一是降低产业转移过程中的交易成本；二是有利于巩固原有的顾客群体；三是有利于化解产业进入“壁垒”。缺点是转移速度慢，原有的经营结构障碍较大。需花费较长时间化解。

产业创新战略：产业创新就是突破既定的已结构化的产业局限，感知机遇、抓住机遇，构想新兴产业的轮廓，实施创新，使企业从衰退产业进入新兴产业的过程。产业创新战略的核心是引入生产要素“新的组合”，彻底改变原有的经营结构，其主要方式有：

第一，技术创新。通过对科技发展和市场需求的前瞻性预测，实现技术创新，为顾客提供一种全新的产品和服务。

第二，兼并、重组、联盟。通过企业产权重组实现资源优化配置，使经营结构向其他产业转移或融合。

第三，产业升级。处于衰退产业中的领先者为了不断打造竞争优势，往往自觉地进行产业升级，由一产业跨入另一产业。

产业撤退战略：产业撤退战略就是企业投资者和经营者一旦发现所处产业出现衰退的迹象，即撤出资本或出卖、转让产权，让后觉者承接，自己另寻投资和经营产业的行为。尤其是综合性企业，业务众多，主营产业随时都有可能转移，而且方式简单，只要减少原主营业务投资，增加有发展前途的业务投资，即可迅速完成转移。

利基战略（定位战略）：利基战略是指集中于产业中的小区域需求上，这些需求是稳定的，或者其衰退的速度比整个行业衰退的速度慢，当企业相对于这些残留强烈需求的利基还有独特的优势时，实行利基战略就很有意义。

收割战略：收割战略指企业为了控制成本和提高现金流量而减少在某一特定部门或方向上的投资，企业将由此增加的现金流用于满足企业新的或更具希望的部门的现金需要。企业通常在发现销售或市场份额比预期下降时才考虑该战略，而且希望损失的收益由降低了的成本来弥补。采用收割战略的企业要撤回在设备、广告、研发等上面的所有新投资。

1.1.4 常见绩效指标

内部审计人员可能需要评价组织的绩效评估系统或被审计领域的绩效评估系统，确定其是否有效率、有效果、能否衡量组织目标的实现、能否及时提供可靠信息以实现决策和控制等。评估绩效表现的基本考虑因素是：

- 确定相关的绩效标准；
- 评估绩效标准在解决组织和被审计领域目标方面的合理性；
- 将绩效与已确定的标准进行比较；
- 评估绩效差距（与标准的偏差或差异）。

绩效评估系统中最常见的缺陷是使用错误的关键绩效指标（KPI）或错误的指标数量。KPI 侧重于组织重视的成就或行为，是成功实现组织战略和使命的必需。如果 KPI 衡量正确的事情并使得管理层可以理解（并用它们来指导和改善绩效），它们就是有效的绩效指标。

(1) 组织绩效

可能影响组织绩效的事例包括：

- 行业和市场趋势；
- 产品生命周期和当前需求；
- 员工入职培训和技能培训；
- 跨文化沟通；
- 员工激励和奖励；
- 工作设计和工作团队设计；
- 管理风格；
- 团队效率；
- 个人和团队沟通；
- 组织动态，如期望、组织结构、政治、职业道德、变革和多样性等；
- 电子通信技术的进步；
- 组织在使用技术、流程、框架（如风险管理）、协作或其他领域的成熟度。

组织执行目标及实现结果的能力，是其在实现绩效目标方面总体获得成功的主要指标。绩效目标是与组织战略相关的、基于业务活动的目标。对于不同的组织而言，绩效成功的因素各不相同，但都涉及生产力和效果两个重要概念。

①生产力。生产力是生产产品或提供服务的能力，在组织中指产出（产品和服务）相对于投入（人力和物力）的数量。生产力是在竞争中获得成本和质量优势的一种方式。

质量是体现了组织在产品或服务产出方面的卓越标准，质量的意义因组织而异。产品质量因素包括特性、可靠性、耐久性、适用性、功能性和一致性。服务质量因素包括响应能力、信任和承诺、可靠性以及对客户关注点的觉察。与质量相关的衡量措施包括检查发现的缺陷或不合格品数量、客户投诉数量、修复错误或问题的响应时间、产品或服务满足客户需求的程度等。

效率是指在生产产品或提供服务过程中，与标准预期相比，尽量减少对资源的使用。通常用不同的比率来衡量实际使用资源和计划使用资源。其他效率指标包括周转率，如库存周转率，或每年销售和补充库存产品的次数。需注意，效率比率并不表示产出的质量水平。另外，需要评估效率参照的标准，以确定标准是否仍然准确和现实，且具有挑战性。

生产力也与盈利能力挂钩，但这只是一个因素。盈利能力是指赚取利润或实现经济利益的能力。生产力是一个短期指标，盈利能力则同时与短期和长期相关，并且需要考虑其他内部和外部因素。

提高生产力的基本要求是：

- 确定最需要改进的地方，明确优先级；
- 选择适当的衡量工具；
- 评估当前的生产力水平；
- 确定并分析影响生产力的关键因素；
- 制定新的改进标准（如最佳业务实践），提供资源（如资金、新技术）和支持；
- 必要时针对变革进行沟通或开展培训；
- 制定新工作的监督程序。

绩效指标用于提高生产力，如果产品或服务的质量或数量增加，或者产品和服务产出的等级、质量相同但需要的资源更少，组织的生产力就会提高。衡量生产力的具体策略包括：

- 对工作时间的研究，以确定工序涉及的时间；
- 运用抽样技术，使用来自流程产出的观察样本，来评估工作流程和质量；
- 运用产能规划，确定工作流程和产出的能力；
- 产量分析着眼于产品数量和满足产品需求的方法；
- 任务分析着眼于工作中涉及的任务，以及工作设计的适当性；
- 成本分析研究成本分配、成本效果、成本效益以及成本变化可能产生的影响。

还有其他系统的方法来监督质量并不断改进：

- 使用基准测试，将组织的实践与一个或多个可比组织的最佳实践进行比较；

- 使用持续质量改进方法，如全面质量管理（TQM）；
- 实施改进流程，例如，六西格玛，它寻求通过消除缺陷来改进流程；
- 精益（Lean），通过减少浪费来改进流程。

衡量非制造业和知识型行业（如金融或法律服务）的绩效更加困难，因为产出和价值创造难以衡量，可能还包括无形收益。在这些情况下，使用多个绩效指标非常重要。一个组织的一组 KPI 可能包括以下内容：

- 毛利率；
- 净利润和净利润率；
- 资产负债率；
- 员工生产力；
- 员工对价值观、道德规范和法规的遵守；
- 存货周转率；
- 营销支出回报；
- 客户获取成本；
- 完美的客户订单（零缺陷、正确和完整的项目、准时等）；
- 客户满意度。

②效果。效果与产出和组织目标的实现程度有关。生产力、质量、效率和盈利能力都是组织整体效果的组成部分。

组织需要适应和创新，以应对意外的内部或外部事件。组织的学习和知识管理很重要，从错误中吸取教训，制定最佳实践并分享知识的组织更有可能获得成功。组织的结构及其工作系统、程序和流程，对员工的积极性、适应力和创造力产生影响。组织的物理位置、外部环境、管理方式、资源和其他因素之间的相互关系，直接影响组织的效果。组织努力追求卓越，在高绩效文化中，员工不仅为组织的成功做出贡献，而且不断帮助组织改进。组织要鼓励和奖励员工进行更多的思考、提出新的建议、具有创新精神。工作团队的使用是高绩效文化的策略，协作办公通常会产生更好的问题解决和决策结果，组织中的其他人也更有可能接受团队结果。

其他可能使组织提高效果的方式有：

- 促进组织学习和知识共享；
- 鼓励持续改进；
- 培养互相信任的文化；
- 提供足够的工作空间灵活性；
- 重构管理和报告关系；
- 重新设计工作以反映内外部环境的变化；
- 组建战略联盟或外包；
- 改进技术和设备。

这些策略有助于衡量和监督组织的效果：

- 确定与绩效目标一致的关键成功因素；
- 确定衡量关键成功因素的方法；
- 使用可靠的数据进行测量、监督和控制过程；
- 利用信息技术和知识共享；
- 根据需要持续改进。

(2) 关键绩效指标

组织以及组织中的每个领域都需要注意确定适当的绩效衡量标准，这些衡量标准与实现组织目标所需的绩效保持一致，并针对其目标。下面以信贷部门为例，介绍建立有效的绩效评估流程。

①确定效果。关键绩效指标（KPI）的效果取决于 KPI 是否能够与业务领域目标的实现相关联，以及 KPI 向上汇总的指标是否与组织总体目标相关联。评估人员或业务领域的专家可以通过就满足 KPI 的完整性在内部达成一致，以确定使用哪些内容来构成有效果的 KPI，满足该领域和整个组织层面所需目标。另外，需要讨论 KPI 的数值，确定多少是该业务领域的正确数值，并努力达成。

对于客户信贷来说，相关的 KPI 数值可能包括：将违约率保持在可容忍水平、信贷是否足够宽松以吸引足够的新客户和回头客等。这些将指向与利润率相关的组织目标，并使可信赖、有利可图和忠诚的客户增长。

②识别关键内部、外部利益相关方。内部利益相关方可能包括董事会、高级管理层、运营和支持管理层、被审计领域的内部客户（如依赖于被审计职能领域产出的相关领域）。外部利益相关方可能包括监管机构、制定标准的机构、外部审计师、第三方供应商、客户、股东等。可以对利益相关方进行深入面谈和调查，有利于更清楚地了解利益相关方的需求和期望。

信贷领域的内部利益相关方：一个是销售职能领域，销售人员希望获得更多的客户认可；一个是财务部门，希望减少信贷支付的违约比率。在选择 KPI 时要考虑两方的利益，取得平衡。外部利益相关方可能包括希望获得信贷批准并能够及时还款的客户以及致力于确保信贷政策提供平等机会而非压榨他人的监管机构等。

③制定有效率和有效果的 KPI。KPI 对组织中的每个职能领域以及组织本身都是有价值的，它能使管理层识别执行中的缺陷，并规划纠正行动，还提供了职能领域向内外部客户展示价值的渠道。此外，KPI 还可以支持各职能所需资源的请求。由于 KPI 与重要利益相关方的期望之间存在密切关联，因此与某些利益相关方进行沟通（或至少了解）是非常重要的，这有助于确保 KPI 专注于与组织战略目标一致且有意义的绩效。

无论是内部审计人员在审查项目期间评估 KPI，还是查看组织范围的 KPI，都需要获得与效果和效率相关的几个问题的答案：

KPI 的设计是否有效果：

- 是否涵盖所有目标；

CIA

- 用户是否可以理解；
- 是否确保优先级较高的目标在决策中有足够的权重；
- 是否在保持效率的同时尽可能考虑其他优先事项。

KPI 的执行是否有效率：

- 是否有恰当数量的 KPI 来实现及时、有条理的决策；
- 是否及时并具有成本效益地收集、准备和分析数据；
- 在需要做出决定时，报告或分析是否准备就绪。

KPI 的执行是否有效果：

- 是否会导致实际绩效的积极变化；
- 计算是否准确；
- 信息来源是否可靠。

KPI 通常衡量的是结果（如销售、生产），有时衡量过程特征（如及时性、准确性）。KPI 可以是定量的（如全额信贷偿还的百分比），也可以是定性的（如评估信用批准或拒绝的临界客户时适当使用危险信号）。KPI 还可以衡量风险，例如拖欠率、错误率的趋势，这些被称为关键风险指标（KRIs）。KRIs 经常被用作风险的主要指标，如果 KRIs 的趋势上升到危险程度，或者超过了预先设定的阈值，管理层可以在实际损害发生之前识别并纠正根本原因。

④监督和报告结果。在提供与被审计领域 KPI 相关的确认或咨询服务时，重要的是验证是否对 KPI 进行了监控。KPI 作为质量改进的基础，需要按规定的频率，根据利益相关方期望的方式汇报，有时也与利益相关方进行深入的调查和访谈。内部审计人员还可以将被审计领域的 KPI 与竞争对手、特定职能的行业领先者、不同业务部门类似职能领域的 KPI 进行基准比较。

确认或咨询服务还可以评估：

- 所用数据的质量和准确性；
- 计算的正确性或计算比率使用公式的正确性；
- 是否正确地使用自动化来使数据收集和分析无缝进行（并且更有可能定期进行）；
- 分析和报告系统中的错误风险以及如何引入错误（例如，电子表格容易创建但也容易修改，即使在以前没有错误的电子表格中，也存在引入错误的重大风险）。

（3）平衡计分卡

平衡计分卡是 20 世纪 90 年代由哈佛商学院的领导力开发课程教授卡普兰和诺朗顿研究院的诺顿博士发明的一种绩效管理模式，后来，这一模式被延伸到组织的战略领域。

平衡计分卡将组织的目标、指标、目标值和行动方案有机地联系起来，通过明晰组织战略和要关注的关键绩效领域，使组织战略成为组织中每个人的工作。

简单来说，平衡计分卡是一个绩效考核指标体系，把战略分成四个维度的战略绩效目标，并依次在四个维度分别设计适量的绩效衡量指标。每一个维度都包含若干反映组织战略或战略目标分解的指标和各指标在考核中所占的权重。四个维度包括：财务、客户关系、内部流程建设、学习与成长（也叫学习与创新）。财务指标是一种滞后变量，用于衡量过去已经发生的事情和短期目标。客户关系、内部业务流程建设、学习与成长都是非财务维度，属于领先变量，关注价值创造或驱动因素，推动长期的行为，例如质量和服务。组织可以通过这四个维度审视自身的业绩，并进行绩效改进以及战略实施、战略修正。

平衡计分卡在传统的财务指标和与组织的关键成功因素有关的经营性（非财务的）指标间，长期目标与短期目标之间，外部和内部，结果和过程，管理业绩和经营业绩之间实现了平衡，充分反映组织整体的综合经营状况。因此，平衡计分卡系统不仅是一套测量系统，更是一套全面的管理系统，把绩效考核的地位上升到组织的战略层面，着眼长期目标，使业绩评价趋于平衡和完善，促进了组织的长期发展。

①财务维度。财务维度的目标是解决“股东如何看待我们？在财务上，我们应如何令股东满意？”这一类问题。财务维度一般可运用以下指标：利润、营业额、销售额、现金流、占用资金回报率、税后净利润和净资产回报率、经济增加值等，此外，与财务相关的数据，如风险评估和成本/效益的数据，也属于此类。在设计财务目标的时候，高级管理层应该考虑：对股东来说，哪些财务目标是最重要的，哪些财务目标和组织的战略最相符，企业如何为其股东创造价值。

②客户维度。客户是组织的利润来源，若在这一维度上表现不佳，也暗示了组织未来的绩效会下降。客户维度就是以客户看问题的角度来评估企业的产品或服务创造价值的方式。平衡计分卡中，最典型的客户维度通常包括：定义目标市场，从时间（交货时间）、质量、服务和成本几个方面关注市场份额，客户需求和满意度以及关注那些能够为组织带来更大利润的客户。常用指标为：目标市场的销售额或市场份额、按时交货率、新产品销售所占百分比、重要客户的购买份额、客户排名顺序、客户忠诚度、新客户增加比例、客户满意指数、客户利润贡献度等，这些被平衡计分卡的创始人称为滞后性指标。他们后来定义了几个与客户满意度相关的驱动指标：时间、质量、价格、可选性、客户关系和组织形象，称为领先性指标。

客户维度要解决“客户如何看待我们？为实现组织战略，应如何满足客户”的问题。因此在设计客户目标时，高级管理层应考虑：组织在目标市场的定位是什么？客户从芸芸的产品中为什么要选择你的？哪些目标最清楚地反映了组织对客户的承诺？如果这些承诺组织都做到了，那么在客户获取率、客户保留率、满意度和赢利率等几个方面会取得怎样的效果？

③内部业务流程维度。内部业务流程着眼于企业的核心竞争力，回答的是“我们的优势是什么”的问题。组织运用此维度评估企业业务过程运营的效率和效果。因此，应筛选出对客户满意度有最大影响的业务程序（包括影响时间、质量、服务和生产率

的各种因素），将其转化成具体的测评指标。这些指标应由对流程极其熟悉的人来设计，并能让管理层透过这些指标，清晰组织的运营情况，以及他们的产品和服务是否符合客户的需求，促使组织通过开发新产品和改善客户服务来提高生产力、效率、产品周期和创新。在设计流程目标时，高级管理层应考虑：组织要在哪些业务流程表现优异，才能成功实施战略，实现关键的财务和客户目标，满足股东和客户。

④学习和成长维度。学习和成长包括与个人和组织自我改进、完善有关的员工培训和组织文化。此维度可评估企业继续创造未来价值的能力，目标是要解决“我们是否能继续提高并创造价值”这类问题。组织只有持续不断地开发新产品，为客户创造更多价值并提高经营效率，才能有新的经济增长点，增加红利和股东价值。因此，学习和成长是平衡计分卡的基点，是所有战略的基础，能够在这个领域取得成果会有助于实现其他三个维度的目标和提高业绩。组织可以确定不同的产品创新、程序创新和生产水平提高的指标，如员工士气、员工满意度、平均培训时间、再培训投资和关键员工流失率、推出新产品的平均时间间隔等。

在设定目标时应考虑以下因素：发展核心能力；提高获取和使用信息的能力；改进组织文化以促进战略实施。具体可细化为：为了成功执行组织战略，组织的经理和员工应提高哪些关键能力才能改进核心流程，达到客户目标和财务目标；组织如何通过改善业务流程和提高员工团队合作、解决问题的能力及工作主动性，来提高员工的积极性和建立有效的组织文化；组织应如何通过实施平衡计分卡来创造和支持组织学习文化并加以持续运用。

需要注意的是，在管理绩效评价方面，也可采用平衡计分卡。当要确定一个经理人是否像预期的那样达到了特定的目标，平衡计分卡所涵盖的多样绩效评价方法就能很充分地给予全面的评价。这些评价的方法包括财务的和非财务的，例如，获利能力、客户满意度、创新、效率、质量和时间。

1.1.5 组织行为和绩效管理技术

组织行为是指组织的个体、群体或组织本身从组织的角度出发，对内源性或外源性的刺激所作出的反应。组织行为也指社会组织为实现其创立时的宗旨，自行产生动机、采取行动和取得效果的过程，它是动机、行动、效果的统一。绩效是指员工在一定时间与条件下完成某一任务所表现出的工作行为和所取得的工作结果。绩效表现的形式主要体现在：工作效率、工作数量与质量、工作效益。了解组织环境和人员动机对组织的影响是有效设计绩效管理技术所必需的过程。

（1）激励理论

一般把引发或维持人们行为的源头称为动机，动机是个人对奖励或目标的渴望或驱动力。动机与人的需求、价值、感觉相关，其中内在动机是由内部驱动的，例如当一个人的行动很重要或者与他的价值相一致，就会产生内部动机；外部动机是由外在因素驱动，比如金钱、认可或其他奖励因素等。

激励的方法有很多种，依照其作用发生的不同，可以将其分为内在激励和外在激励两大类。内在激励是指通过工作本身的趣味性、价值、挑战性以及完成工作的成就感等来激发员工的工作积极性。外在激励则是指借助于环境以外的物质奖励、表扬、晋升等引发员工的积极行为。

①需求层次理论。马斯洛的需求层次理论常常被管理者应用到员工激励方法当中，马斯洛需求层次理论认为人都潜藏着五种不同层次的需要，如图1－3所示：

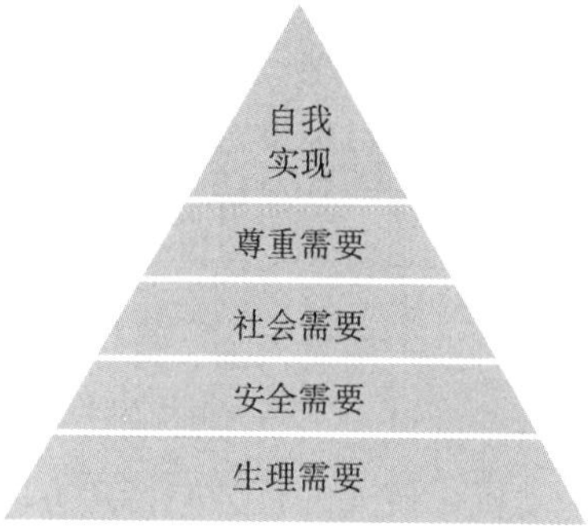

图1－3　马斯洛需求层次

人类的需要是以层次的形式出现的，由低级的需要开始，逐级向上发展到高级层次的需要。在不同的时期表现出来的各种需要的迫切程度是不同的。当一组需要得到满足时，这组需要就不再成为激励因素了。人的最迫切的需要才是激励人行动的主要原因和动力。

②双因素理论。赫茨伯格双因素理论也称激励—保健理论。他认为，使职工感到满意的都是属于工作本身或工作内容方面的；使职工感到不满的，都是属于工作环境或工作关系方面的。他把前者叫作激励因素，后者叫作保健因素。激励因素包括成就、赏识、挑战性的工作、成长和发展机会等；保健因素包括公司政策、管理措施、人际关系、工资福利、工作条件等。

③X理论和Y理论。麦格雷戈认为，传统理论是以对人性的错误看法为基础的，这种理论把人看作天性厌恶工作，逃避责任，不诚实和愚蠢等。因此，为了提高劳动生产效率，就必须采取强制、监督、惩罚的方法。麦格雷戈把这种理论称为“X”理论。与之相对的是“Y”理论，其基本观点是：人并不是被动的，人的行为受动机支配，只要创造一定的条件，他们会视工作为一种得到满足的因素，就能主动把工作干好。因此，对工作过程中存在的问题，应从管理上找原因，排除职工积极性发挥的障碍。麦格雷戈把这种理论称为“Y”理论。X理论更适用于专制的管理风格，而Y理论更适用于参与式管理风格，是一种更积极的激励方法。

④公平理论。斯塔西·亚当斯的公平理论认为，员工通常会思考自己的收入与付出的比率，并将其与相关他人（同事、朋友、自我）的收入付出比进行比较，若员工感

到不公平，就会试图去纠正。因此，员工的积极性不仅受到其绝对收入的影响，还受到其相对收入的影响。

⑤期望理论。维克托·弗鲁姆的期望理论认为，当员工感觉到努力与绩效之间、绩效与奖赏结果之间存在明确的联系，且个人由于他的绩效而获得的奖赏满足了与其目标相一致的主导需要时，他的工作积极性就会提高。

⑥成就动机理论。麦克利兰的成就动机理论也称三种需要理论或成就需要理论，把人的激励需求归纳为对成就、权力和亲和的需求。具有强烈成就需求的人希望将事情做得更完美，努力实现目标，从而获取成功。权力需求是指影响和控制其他人的一种想法或驱动力，对于高权力需求的人来说，认可和地位非常重要。亲和需求体现的是被他人喜爱和接纳的一种渴望，这样的人寻求接纳、发展友谊并与他人合作。

⑦目标设定理论。洛克和莱瑟姆的目标设定理论支持的观点为：目标设置具体、明确有利于提高绩效；目标越具有挑战性，越能够促使人们努力实现目标；定期的反馈有助于人们更加清晰自己的进展以及接下来的方向；让员工参与目标设定，能够使员工更深入地理解目标和执行任务，也有助于信息沟通，而不只是作为一种目标承诺的方式。

目标设定理论认为，工作目标的设定会直接影响到工作表现，目标本身就具有激励作用，能把个人的需要转变为动机，使人的行为向特定方向努力，并将自己的行为结果与既定的目标相对照，及时进行调整和修正，从而能实现目标。一个明确、具有挑战性的目标，配合合适的反馈，可以令个人的工作表现获得更大的提升。

⑧强化理论。斯金纳的强化理论是关于理解和修正人的行为的一种学说。强化指一种行为的后果（肯定或否定），在一定程度上决定了这种行为今后是否还会重复发生。强化包括正强化、负强化、惩罚和忽视四种类型。

正强化（积极强化）：就是奖励那些符合组织目标的行为，以便使这些行为得以进一步的加强、重复出现。

惩罚：当员工出现一些不符合组织目标的行为时，采取惩罚的办法，可以约束这些行为少发生或不再发生。惩罚是力图使所不希望的行为逐渐削弱，甚至完全消失。

负强化（消极强化）：负强化强调的是一种事前的规避。俗语“杀鸡儆猴”形象说明了两者的联系与区别。对出现了违规行为的“鸡”加以惩罚，意欲违规的“猴”会从中深刻地意识到组织规定的存在，从而加强对自己行为的约束。

忽视：就是对已出现的不符合要求的行为进行“冷处理”，达到“无为而治”的效果。

（2）环境因素

组织提高工作效率，实现整体组织目标，往往离不开积极主动和敬业员工的帮助。员工的动机来自每个个人，然而动机需要适当的环境才能茁壮成长。例如，为了使员工投入工作，需要有一种信任的文化和从犯错经历中学习的氛围。因此，组织环境、组织文化等对于与激励员工，促成员工的产出结果有很大关系。

①组织结构和文化。组织结构和文化是组织行为的基础，组织可以采用多种方式提供支持性的环境：

- 广泛、清晰地传达组织使命、愿景、目标和期望；
- 建立并定期重申坚持承诺、遵守组织核心价值观和道德行为准则的重要性；
- 培养鼓励员工参与的文化；
- 提供必要的资源，消除系统或流程障碍；
- 提供物理需求，如清洁、安全、符合要求的工作环境；
- 提供弹性工作时间表和健康计划选择等选项；
- 支持继续教育和职业发展。

②组织政治。组织政治描述了可用于实现各种目标的非正式权力和影响力，它可以使用未经批准的方法来实现目标，或在存在多个相互竞争的利益时找到解决方案或者是妥协。当目标或者实现目标的方式未经批准时，组织政治很容易变成组织治理、风险或控制问题。例如，经理的私利可能是为了获得权力、升职或奖金。当经理保留了组织大客户所需的资源，以此来提高自身部门的预算并获得奖金，那么组织就是输家。另外，参与组织政治的高级管理人员为了维持自身权力或达到其他利益，可能会修改控制或管理，故意产生缺陷。如果一个人达到了预期的组织目标，但完成的方式违反了政策程序，那么这就成了一个道德问题。

管理者必须了解组织政治的存在程度，并在设计绩效管理技术时考虑这一点，以便最大限度地减少治理、风险、控制或其他问题和后果。组织政治可以极大地影响控制环境，对此需要内部审计人员进行持续的控制环境评估。

(3) 绩效管理技术

在了解组织环境和组织行为的情况下，管理层可以设计有效的绩效管理技术，从而最大限度地降低组织风险。具体可以通过管理者、团队建设、工作设计、奖励体系、绩效评估来适当激励下属。内部审计人员可以评估绩效技术的质量和效果，以及是否会产生治理、风险或控制问题等后果。

①管理者。管理者经常由于工作需要与员工互动。一些研究表明，员工与领导的关系，对于员工对工作的态度和员工的持续保留非常重要。

当管理者设定很高的期望并创造积极的工作环境时，只要目标对于员工是可行的，员工就更有可能达到这些期望，反之不切实际的目标可能会令人失望。

管理者应该了解激励理论的概念和在工作中的应用，通过对过去表现出责任心强的员工委以重任，表达对这些员工的信心，建立信任的氛围，并提供促进员工实现目标所需的资源和反馈。通过这些可以建立员工的信心，同时增加工作团队的能力。

绩效反馈是激励的重要部分。管理者应该为员工持续提供建设性的反馈，以便员工纠正错误，学习和成长。同时应该找到机会赞扬、认可员工的成功，并以其他方式进行适当奖励。

②团队建设。越来越多的组织采用工作组和团队的形式来实现组织目标。团队成员有目标要实现，组织的奖励基于团队成果，同时团队还支持在工作场所环境中的员工关系和社会需求。

团队建设主要是通过自我管理的小组形式进行，每个小组由一组员工组成，负责一个完整工作过程或其中一部分工作。工作团队成员在一起工作以改进他们的操作或产品，计划和控制他们的工作并处理日常问题。他们甚至可以参与公司更广范围内的问题。

团队建设应该是一个有效的沟通过程。在该过程中，参与者和推进者都会彼此增进信任、坦诚相对，愿意探索影响工作团队发挥出色作用的核心问题。

团队建设的好坏，象征着一个企业后继发展是否有实力，也是这个企业凝聚力和战斗力的充分体现。

团队成员受组织行为的影响，团队中的规范、动态、沟通和其他问题可能影响个人动机和结果。例如，群体思维会导致团队成员在不考虑其他替代方案的情况下进行整合。

③工作设计。工作方式、任务组织方式会影响员工的积极性，工作设计包括工作任务的内容、执行顺序、工作方式、工作场所设计、工作与组织中其他工作的关系等。工作设计需要考虑的因素包括：

- 适当的方向引导和培训；
- 任务类型和挑战级别的多样性；
- 明确任务与组织结果之间的联系；
- 征求员工意见；
- 自主完成工作；
- 工作时间平衡，包括休息休假；
- 体力和精神消耗平衡；
- 绩效反馈的机会；
- 成就感。

工作设计的一个关键是可以随着时间的推移进行调整，以帮助员工提高工作满意度，主要的调整方式包括职位轮换、职位扩大化、职位丰富化三种。

职位轮换：更多的是水平方向的轮换，在一定程度上会拓展员工的工作领域而相应提高积极性，为高级管理人员的来源提供了更好的准备。但会增加培训成本，对短期决策也会造成一些问题（如无经验决策等）。

职位扩大化：增加职位范围，即增加职位所完成的不同任务数目，以减少职位循环重复的频率。提高了工作的多样性，但不一定能带来挑战。

职位丰富化：增加职位深度，允许员工对自己的工作有更大的自主权、独立性和责任，还可以对自己的业绩进行评价。会使员工的工作积极性和满足感得到提高。

④奖励体系。员工的行为受到内在和外在奖励的影响，组织希望结合以下指导原则

开发有效的奖励体系：

- 广泛宣传组织的奖励制度；
- 提供对个人有意义的奖励选项；
- 确保奖励与成就水平一致；
- 确保奖励随时可以派发；
- 在接近完成时分配奖励；
- 明确传达个人或团队奖励的理由；
- 尽可能实行长期奖励；
- 设置公平的政策；
- 公开赞美、私下奖励，避免员工认为不公平。

当管理者可以根据他们的权限，为员工定制奖励类型时，奖励体系是最有效的。例如，有小孩的人可能更希望有弹性工作时间表，以此作为实现年度绩效目标的奖励。初入职场的年轻员工可能会重视参加培训研讨的机会，作为实现业绩目标的奖励。

⑤绩效评估。许多组织使用绩效评估来鼓励员工产生期望的行为，并将工作绩效与奖励体系联系起来。传统上，绩效评估是按照正式的流程、既定的时间表进行的，评估的输入主要来自管理层。另一种替代的方法通常是根据激励的结果，以及员工和组织之间频繁的绩效反馈。无论哪种情况下，绩效评估的最佳用途都集中在管理者和员工之间的沟通上。但是，绩效评估来源也可以是员工的同事、客户、员工本人或搭档组合等，如360度反馈。

（4）团队发展阶段

布鲁斯·塔克曼提出了团队发展的阶段模型。需要注意，一些团队永远达不到执行阶段。一些团队达到执行阶段后，如果环境发生改变，可能又会退回到前一阶段。

①形成阶段。形成阶段的特点是组织的目标、结构和领导关系等都还不是很确定。成员都在不断摸索以确定什么样的行为是可以接受的。当每位成员都已经意识到自己已是团队中的一部分时，这个阶段就完成了。

②震荡阶段。在这个阶段，团队成员存在分歧、互相竞争。这是一个角色混乱、人际冲突的阶段。团队成员虽然接受了团队存在这一事实，但对于团体对个体施加影响的控制行为仍然存在抵触。进一步说，冲突的焦点在于谁将控制团队。当第二阶段完成时，团队内部将会产生一个相对明确的领导。

③规范阶段。团队成员适应了互相之间的交流和工作方式，在价值观和规则上达成了一致，变得更有动机。团队具有更大的自治性。

④执行阶段。在这个阶段，团队是合作、有效、有能力和自主的。团队中仍然有冲突，但能处理得很好。对于长期性存在的团队，执行阶段是团队发展中的最后一个阶段；对于临时性团队，执行阶段十分有限。

⑤解体阶段。这个阶段团队任务完成，团队解散。团队成员有一种失落感。团队的

领导或是主办单位可能会寻找新的团队目标。

1.1.6 管理层领导技能的效果

在评估管理者的效果时可以考虑许多因素，例如：

- 产生良好的结果，而不仅仅是良好的意图；
- 提供有价值的指导，激励员工致力于实现目标，并以积极主动和自我激励的方式开展工作；
- 有能力培养员工，以应对当前和未来的组织挑战。

管理和领导存在不同，但在技能组合上互补，管理和领导技能的培养，需要基于特定的理论基础。

（1）管理

管理是通过计划、组织和控制活动来实现组织目标的业务行为。管理者实施组织战略并为组织人员和日常运营提供必要的结构。管理者明智地分配和控制资源和下属，以便有效地完成目标。

①计划。计划是指通过规定长期、中期和短期的期望、目标和绩效来设定组织的行动方案。计划包括战略计划、战术和运营计划、短期计划和预测、项目管理的规划。

②组织。组织是指制定一个适当的组织结构、流程、政策、过程和实务，以协调组织各部分形成一个相互依赖的系统。组织活动包括人员配备、资源收集和团队建设。

③控制。控制是使用组织层次结构中的正式权力来指导或约束输入、过程或输出，此外还包括对组织人员的指导和约束。对控制的需求可以基于管理者的业务知识和直觉，也可以是更有条理的，例如使用观察、测量和分析与计划的差异。管理者除了应有的权威或合法权力外，管理工具还包括：奖励和提拔的权力、强制的权力（通过威胁惩罚或威胁撤销奖励或晋升）、控制组织人员获取信息的权力、控制步骤和流程顺序或任务的权力等基本权力。关键的一点是，以上的权力都有可能被滥用，导致难以实现组织目标。因此，优秀的管理者很少使用以上权力。

（2）领导

领导者是一个通过影响他人来实现组织目标的人。领导者负责传达组织的愿景，并提供一个激励环境，促进员工自愿跟随，激发员工的动力和热情去实现领导者设定的目标。领导和激励的成功将使员工感受到强烈的组织承诺，并将组织的目标作为员工的目标。一个有效的组织既需要强有力的领导者，也需要强有力的管理者，可以由同一人来实现，这两者之间的良好平衡可以激励他人实现组织目标。

激励追随者需要的技能，与成为一个好的计划者、组织者或控制者不同。与他人建立个人影响力是非常关键和重要的技能。个人影响力是与个人相关的力量，一个人拥有一定程度的正式权力可能更容易发展，但组织职位、地位带来的权力并不能保证拥有个人影响力。个人影响力可以通过不同的方式来建立，比如基于知识和经验做出明智公平的决定、使用理性说服技巧使目标既可取又能够实现。另一个要点是关系建设，建立动态的关系要求尊重下属、遵守自己所信仰的组织和社会价值观、信守承诺。这需要沟通技巧，如积极倾听、理解他人的观点、授权并与下属合作等。

要想成为一名能够影响和激励下属的领导者，还可以学习领导理论，找到行之有效的方法。对于不同的性格类型和不同工作环境来说，效果都会有差异。

1.1.7 领导理论

领导理论是管理学理论研究的热点之一，指的是研究领导效果的理论。领导理论研究的核心包括影响领导效果的因素，以及提高领导效果的方法。

(1) 特质理论

特质理论是指为了理解人类个性特征并归类而开发的各种理论。了解如何开发有效的绩效管理技术往往取决于所管理人员的类型。特质理论应用于一般员工，同时也有助于确定一个人是否会成为一个好的领导者。领导特质理论研究都着重在找出杰出领导者所具有的某些共同的特性或品质上，称为特性论（或品质论）。领导特质理论认为领导特质是天生的。

①五因素人格理论。五因素人格理论（大五人格模式），考虑了以下领导特质中的关键人格维度：

责任心：这是五因素人格理论中最重要的因素。表示一个人有责任感，对工作的敬业以及认真程度。

开放性：表示一个人对新事物开放的程度、宽阔的胸怀、想象力或好奇心。

外倾性：表示一个人外向、自信、愿意参与社交的程度。

宜人性：表示一个人合作、乐于助人、值得信任的程度。

神经质（情绪稳定性）：表示一个人能保持放松、安全、无忧无虑的程度。

②荣格的特质理论。心理学家荣格提出了另一种类型的特质理论，它描述了人们解决问题的四种方式：

感官—情感型（Sensation - feeling）：这类人倾向于人际交往和开放性沟通，擅长解决需要同理心和合作的问题。

感官—思维型（Sensation - thinking）：这类人注重技术、细节和逻辑，擅长解决需要精确、有序和可靠的问题，比如观察、回忆和准确执行。

直觉—情感型（Intuitive - feeling）：这类人极具洞察力、创造力、理想主义和与人相关的大局观，擅长解决需要想象力和优雅解决方案的问题。

直觉—思维型（Intuitive - thinking）：这类人倾向于整合和解释观点，运用逻辑和客观事实推测原因或结果，擅长解决问题、深入探究和发现问题。

(2) 行为理论

许多管理心理学家在调查研究中发现了领导者在领导过程中的领导行为与他们的领导效果之间有密切的关系，基于此，为了寻求最佳的领导行为，许多机构对此进行过大量的研究。领导行为理论集中研究领导的工作作风和行为对领导有效性的影响。这方面的主要研究包括由密歇根大学和俄亥俄州立大学开展的研究以及领导力方格理论。

①密歇根大学。密歇根大学研究确定了两种形式的领导行为，一种专注于工作，另一种专注于员工。以工作为重心的领导者专注于开展中的工作，指导员工完成任务；以员工为重心的领导者侧重于个人和团队绩效。

②俄亥俄州立大学。俄亥俄州立大学研究确定了两种维度的领导行为——关怀维度和结构维度。关怀维度是指领导者考虑员工感受，表现出关心的态度。结构维度是指领导者使用时间表、规定和其他手段确保员工完成工作。

③领导力方格。罗伯特·布莱克和简·莫顿创立的“管理方格”经常被引用到组织管理的讨论中。该模型经过修改后重新命名为“领导力方格”。领导力方格理论是研究企业的领导方式及其有效性的理论，这种理论倡导用方格图表示和研究领导方式。根据企业管理者“对工作关心的程度”和“对人关心的程度”进行组合，可以将领导分为五种类型（见图1－4）：

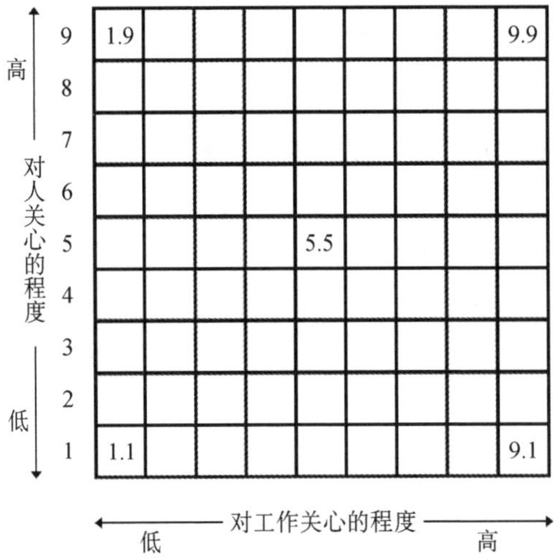

图1－4　领导力方格

贫乏型：“1.1”方格表示贫乏型的管理，对人和工作都很少关心，这种领导必然失败。实际上，他们已经放弃自己的职责，只想保住自己的地位。

乡村俱乐部型：“1.9”方格表示乡村俱乐部型的管理，重点放在满足职工的需求上，而对指挥监督、规章制度却重视不够。营造一种人人得以放松，感受友谊与快乐的环境，但对协同努力以实现企业的生产目标并不热心。

中庸之道型："5.5"方格表示中庸之道型的管理，对人的关心和对工作的关心保持中间状态。不设置过高的目标，能够得到一定的士气和适当的产量，但不是卓越的。

任务型："9.1"方格表示任务型的管理，重点放在工作上，而对人很少关心。作风专制，指挥和控制下属的活动，不能发挥下属的积极性和创造性。

团队型："9.9"方格表示对人和工作都很关心，能使员工和生产两个方面最理想、最有效地结合起来。既能带来生产力和利润的提高，又能使员工得到事业的成就与满足。

（3）权变和情境理论

权变理论学者们针对特质理论和行为理论研究的不足，在研究领导效果时把情境因素考虑在内。在一种环境中有效果的领导者不一定在另外一种环境中仍然有效。

①LPC 模型。弗雷德·菲德勒（Fred Fiedler）的 LPC 模型认为，领导力的效果取决于领导者的个性和情景的好坏。领导者的个性分为两种：

任务驱动型——领导者着重考虑任务的分解、落实。相应地，在领导过程中，领导者更倾向于应用权威进行命令式的指挥和根据目标随时进行强有力的控制。这种领导风格比较适宜于任务分工明确，组织稳定，内部关系清晰简单的组织状况。但是，此种领导方式要采取一定的措施以避免管理层凌驾于控制措施之上。

关系驱动型——领导者更加注重通过理顺组织关系，通过沟通和协调来调动成员的工作积极性和能动性来完成组织任务。这一领导风格更多地适宜于任务分工要求较强的协作关系、技术性强、组织中专业人士较多、人际关系相对复杂的组织条件。

LPC 模型还分出三项情景因素，领导者只有与这三项相匹配，才能进行有效领导。

上下级关系——领导者与员工之间的信任和关系，受到员工爱戴、尊敬和信任并愿意追随的程度。

任务结构——指的是工作任务的明确程度和下属的负责程度。任务越结构化和清晰，工作质量就越容易控制，员工的工作职责也更容易明确。非结构化任务需要更多的方向。

职位权力——指管理者因其职位而拥有的权力。一个明确的并且高的职位权力的领导更容易得到他人的追随，更有利于处理事情。

LPC 理论描述了一种方法来匹配领导个性和最佳情景，LPC 理论认为领导者的个性不会改变，所以应该被置于一个合适的情景中。

②路径目标理论。路径目标理论认为，有效的领导者通过以下方式激励员工：

- 明确结果和达成结果的路径；
- 清除过程中的障碍；
- 在过程阶段提供激励和奖励。

与 LPC 理论不同，路径目标理论认为领导者可以根据情况调整自身行为，提高效率和效力，并确定了四种领导行为：

- 指令性领导传达期望，给予具体指导，帮助员工努力提高绩效；
- 支持型领导关心下属员工，营造友好氛围；
- 参与型领导与员工沟通和协商，考虑员工的意见；
- 成就导向型领导设定具有挑战性的目标，并对下属员工的能力表示充满信心。

路径目标理论也与期望理论挂钩，即一个人相信自己的努力可以带来成功的结果和奖励，并且如果成功了奖励的是自己重视和渴望的东西，那么他或她就会更有动力。

③情境领导理论。情境领导理论认为，领导者应根据下属的成熟水平调整自己的风格。情境领导理论使用四种领导风格。

告知/指挥式：代表高任务、低关系，适用于工作水平低，工作意愿高的员工，这类员工需要被指导，同时领导者需要解释工作内容和方法。

说服/教练式：代表高任务、高关系，适用于工作能力水平低，工作意愿低的员工，领导者可以给员工更多信息和反馈，并给予鼓励。

参与/支持式：代表低任务、高关系，适用于工作水平高，工作意愿低的员工，领导者可以让员工参与决策制定，共同面对问题。

授权/观察式：代表低任务、低关系，适用于工作水平高，工作意愿高的员工，领导者可以将任务交给员工全权负责。

（4）影响力与权力理论

有效的领导者能够影响组织中的其他人接受变化，做出决定，并执行决策结果。影响力是指影响组织中思想、态度和行为变化的能力，权力则是指影响他人的能力。与其他类型的理论相比，影响力与权力理论显得更加以人为本。

①变革型领导。变革型领导可以影响或改变员工及其工作环境。拥有强大愿景并激励他人实现愿景的领导者能够更好地推动组织发展。员工更有可能追随那些充满热情、能够推销自身愿景的领导者。变革型领导还能帮助员工看到组织目标和组织全貌，激发个人对组织的贡献，促进合作，实现更大的利益。

②魅力型领导。魅力型领导通常与变革型领导相结合，体现领导者在人际交往方面的魅力。魅力型领导热情而积极地传达组织愿景，更有可能影响组织中的其他人。

③交易型领导。交易型领导更加注重通过组织结构和奖励系统来完成工作，这种类型的领导者使用奖励，采取纠正措施，并在必要时对员工进行训斥。

④权力基础。了解权力的基础有助于考虑组织中的关系，领导者通过多种方式影响组织中其他人的动机、态度和参与。社会权力的基础涉及以下几种：

法定权力——组织中的权威和地位所赋予管理者的权力，员工可能会服从，但不一定会有责任感。

奖赏权力——管理者拥有组织资源和有提供奖励的权力（包括升职），奖励必须是员工感兴趣且有价值的。

强制权力——管理者能迫使员工遵守，或者对不遵守的情形有执行处罚的权力，可能包括威胁惩罚、拒绝奖励或晋升。强制权力是最后的手段，通常只会导致短期服从，并可能引发怨恨。

专家权力——管理者或其他个人由于自己的特殊知识或技能而拥有的权力，管理者愿意在多大程度上分享他们的专业知识，可以自由选择。

参照权力——管理者因员工尊重和钦佩而拥有的权力，随着信任和尊重的增长，参照权力会随着时间的推移而增加。

(5) 领导风格

参与式领导鼓励员工参与组织决策，当领导者将解决问题和决策工作授权给员工时，员工会因为对自己的工作和影响组织的能力感到更有干劲。与参与式领导相对的是高度决策的专制领导。以下是介绍描述领导风格的理论。

①Likert 领导风格。伦西斯·利克特（Rensis Likert）确定了四种组织管理风格：

剥削—权威式——领导者拥有权威，做出决定，并采取使人恐惧与惩罚的方法，与员工几乎没有交流，也没有团队合作。

仁慈—权威式——领导者拥有权威，通过奖励来激励员工，很少有沟通或团队合作。

协商式——领导者对员工给予很大的信任，对员工的激励来源于奖励和一些共同参与，与员工有一定的沟通和一些团队合作。

参与式——领导者对员工有充分的信任，在相互讨论过程中设定目标和奖励，领导与下属员工有很多的沟通和团队合作。

②Lewin 领导风格。库尔特·卢因（Kurt Lewin）确定了三种领导风格：

专制型——专制型的领导做出所有决策，选择团队成员和任务，并且不参加工作小组。

民主型——民主型的领导鼓励团队决策，允许团队管理自己的任务，并与团队分享选择方案和想法。

放任型——放任型的领导允许团队在决策任务上有充分的自由，只在团队发出请求时才给予协助。

③Z 理论。威廉·大内（William Ouchi）引入的 Z 理论管理方法适用于组织层面，涉及企业文化。Z 理论组织的特征包括：

- 共同的文化价值观；
- 协作环境；
- 达成共识的决策；
- 长期的稳定就业；
- 内部晋升和缓慢晋升；
- 淡化头衔和等级；
- 拥有更多参与性工作团队的环境；

- 高度信任和员工忠诚度；
- 肯定个人贡献；
- 重视员工福利。

1.1.8 指导和辅导

指导和辅导是鼓励员工不断学习、规划职业发展、积极参与组织业务的技术，这种技术在学习型组织里最能体现其效果。

(1) 指导 (Mentoring)

指导是一个持续的过程，在这个过程中，由具有某些专长的人员担任导师，将专业知识分享给学徒。指导一般可以通过正式沟通或非正式的网络沟通来完成，这种导师—学徒关系通常是短期的，但随着组织的网络化，这种环境会更加鼓励导师—学徒关系的自发发展。实施指导的好处有：

- 共享组织的信息和最佳实践；
- 导师为学徒演示和示范；
- 学徒将有能力承担更高级别的职责和职位；
- 学徒可以被分配有挑战性的任务；
- 寻求对个人职业方向和发展的鼓励；
- 导师可能在这过程中发现新的观点，有新的成就感；
- 其他国家的导师可以提供不同的文化见解；
- 导师充当组织行为的楷模；
- 容易形成终身友谊。

安排指导的关键是找到人与人之间比较好的匹配方式，如果没有匹配好，可能这种关系会提早结束。一旦达成指导关系，导师和学徒便有了一定的职责：

①导师。导师需要有耐心，腾出空闲时间，适应自身和学徒之间的沟通方式。导师可以分享个人经历、甚至提供富有挑战性的学习经历。导师还需要评估学徒进度、持续反馈，并保持沟通的机密性。

②学徒。学徒需要接受意见和建议，对导师表示尊重、表达欣赏，保持和导师的会晤，让导师知悉自己的进度，接受具有挑战性的任务，从成功和失败的经验中吸取教训，并以保密方式对待双方沟通。

(2) 辅导 (Coaching)

在组织里面，辅导是指为新的学习项目或提高工作绩效提供具体的建议。虽然每个人应该为自己的学习和工作负责，但辅导有助于更快、更聪明地进行。管理层需要培养良好的辅导技能，使个人、团队表现有更积极的改变。有效的辅导包括：

- 协助设定目标和实现目标的途径；
- 提问和倾听技巧；
- 给予信任和授权；
- 演示如何执行任务；
- 给予正强化（积极强化）；
- 提供资源和帮助消除障碍；
- 提供具有挑战性的学习机会。

上司有责任帮助下属员工取得成功，员工应该定期受益于辅导和反馈，而不仅仅是在每周会议或绩效评估中接受帮助。

辅导的具体好处有：

- 促进员工自主学习；
- 提供解决问题的信息和技巧；
- 让人们走出舒适区；
- 鼓励和激励；
- 建立信心和信任；
- 形成组织结果。

其他辅导情境包括执行领导力评估和辅导计划、同伴辅导（如将新员工与经验丰富的员工匹配）、邀请内部或外部专家开展主题辅导。需要注意的是，辅导不应该被视为具有依赖性的咨询或治疗关系，需要心理咨询的个人应该根据自己的情况获取专业帮助。

1.1.9 冲突管理技术

冲突是指由于某种抵触或对立状态而感知到的不一致的差异。差异是否真实存在并没有关系，只要人们感觉到差异的存在，冲突状态就会存在。由于冲突在组织中无所不在，冲突管理技能也就自然成为管理者需要掌握的最重要的技能之一。

（1）冲突的观点

对组织中存在的冲突一般持三种不同的观点：

①传统的冲突观点。认为冲突是有害的，会给组织造成不利影响。冲突成为组织机能失调、非理性、暴力和破坏的同义词。因此，传统观点强调管理者应该尽可能避免和清除冲突。

②冲突的人际关系观点。认为冲突是任何组织无法避免的自然现象，不一定给组织带来不利的影响，而且有可能成为有利于组织工作的积极动力。既然冲突是不可避免的，管理者就应该接纳冲突，承认冲突在组织中存在的必然性和合理性。

③冲突互动作用观点。与人际关系观点只是被动地接纳冲突不同，互动作用观点强

调管理者要鼓励有益的冲突，认为融洽、和平、安宁、合作的组织容易对变革和革新的需要表现为静止、冷漠和迟钝，一定水平的有益的冲突会使组织保持旺盛的生命力，善于自我批评和不断革新。

(2) 冲突的原因

对于冲突的影响因素，普遍都认为引起冲突的原因主要有三类：沟通差异、结构差异、人格差异。

①沟通差异。指由于语义困难、误解和沟通通道中的干扰造成的意见不一致。人们常常轻易地认为大多数冲突是由于缺乏沟通造成的，但事实上，在许多的冲突中存在着沟通。很多人将良好的沟通与别人同意自己的观点错误的等同起来，初看起来人际冲突是由于沟通不畅而导致，但进一步分析则表明：不一致的意见是由于不同的角色要求、组织目标、人格因素、价值系统以及其他类似因素造成的。在冲突源方面，管理者常常会过分地注意不良的沟通因素而忽略了其他因素。

②结构差异。由于组织中存在着水平和垂直方向的分化，这种结构上的分化导致了整合的困难，其造成的结果常常是冲突。不同个体在目标、决策变化、绩效标准和资源分配上意见不一致，这些冲突并非由于不良沟通或其他个人恩怨造成，而是根植于组织的结构本身。

③人格差异。冲突可能由个体的特性和价值观系统而引发。一些人的特点使得别人很难与其合作，背景、教育、经历等因素塑造了每个人具体而独特的个性特点和价值观。其结果是有的人可能令人感到尖刻、不可信任或陌生，这些人格上的差异也会导致冲突。

(3) 冲突的管理

当冲突存在或很激烈的时候，管理者通常可以考虑采用以下的几种手段或技术来减弱冲突，由于每一种方法都有各自的优缺点，没有一种办法是放之四海而皆准的，管理者应当知道每一种方法能够起什么作用以及在何时使用效果最好。

①回避。从冲突中退出或抑制的办法。当冲突微不足道时，当双方情绪极为激动而需要时间使他们恢复平静时，当付诸于行动所带来的潜在破坏性会超过冲突解决后获得的利益时采用。

②迁就。把别人的需要和考虑放在高于自己的位置上，从而维持和谐关系。当争端的问题不很重要或希望为以后的工作树立信誉时采用。

③强制。以牺牲对方为代价而满足自己的需要。当需要对重大事件进行快速处理时，当需要采用不同寻常的活动时，当对于所采用的处理方式与其他人赞成与否无关时，采用强制会有好的效果。

④妥协。要求每一方都作出一定的有价值的让步。当劳资双方谈新的合同、冲突双方势均力敌时，当时间迫切需要采用权宜之计时可以采用。

⑤合作。一种双赢的解决方式，冲突各方都满足了自己的利益。当无时间压力时、当双方都希望赢的时候，当问题十分重要又不可能妥协的时候，合作是最佳策略。

（4）冲突的激发

在企业的冲突管理里面，有积极的冲突，也有消极的冲突。对于消极的冲突，可以采取管理，而对于积极冲突，则可以采取以下的方法来激发：

①改变组织文化。激发功能正常的冲突的第一步，是管理者向下属传递这样的信息：冲突有其合法的地位。管理者同时应用自己的行动给予支持，应该对那些敢于向现状挑战、提倡新观念、提出不同看法和进行独创思考的人给予大力支持和奖励，如晋升、加薪等。

②运用沟通。模棱两可或具有威胁性信息可以促进冲突。如要进行公务员改革、公司变革、公司业务方向改变等都会增加人们的危机感，激发他们更加努力地工作等。

③引进外人。改变组织或单位停滞、迟钝等状态所普遍采用的方法是通过从外部招聘或内部调动的方式引进背景、价值观、态度、管理风格与当前群体成员不同的个体。

④重新构建组织。结构变量是冲突源之一，使决策集中化、重新组合工作群体、提高规范化及增强组织单位之间的相互依赖关系都是结构机制的变化。这样做打破了现状，提高了冲突水平。

⑤任命一名吹毛求疵者。吹毛求疵者，是那些有意与大多数人的观点或做法背道而驰的人。其作为一个检察员，可以阻止小团体思想或“我们这里从来都是这样”之类的辩护。其一方面可以提高决策的质量，但另一方面会延长决策过程。

1.1.10 谈判技巧

谈判的内容极其广泛，很难用一两句话准确、充分地表达谈判的全部内涵。从谈判的形式、内容和特征等方面入手，对谈判的内涵进行分析，谈判的基本概念包括：

- 谈判总是以某种利益的满足为目标，是建立在人们需要的基础上的，这是人们进行谈判的动机，也是谈判产生的原因；
- 谈判是两方以上的交际活动，只有一方则无法进行谈判活动；
- 谈判是寻求建立或改善人们的社会关系的行为；
- 谈判是一种协调行为的过程（谈判的开始意味着某种需求希望得到满足、某个问题需要解决或某方面的社会关系出了问题）；
- 任何一种谈判都选择在参与者认为合适的时间和地点举行。

谈判是双方或多方互换商品或服务并试图对他们的对换比率达成协议的过程。常见于组织日常工作的各个方面，如劳资关系调整、合同协议签订、同事与上下级之间的冲突解决、组织变革的推动等。由于谈判是一种谈判双方或各方为了己方的利益最大化而进行的讨价还价的过程，在这个过程中，通过各种“赢—赢”或“输—赢”方式的选择以及在各种方法中的多个回合来实现对组织的增值。

为了能够更加顺利合理地解决问题，常用的谈判方法主要有两种：

(1) 分配谈判

分配谈判又称零和谈判，也就是说，人们所获得的任何收益恰恰是他们所付出的代价，反之亦然。在进行分配谈判时，谈判方的战术主要是试图使对手同意自己的具体目标点或尽可能接近它。这种谈判的过程是申诉各自的目标是公正的，并试图激发对手感情用事使他觉得应对你慷慨，从而达到目标。分配谈判一般会使一方成为失败者，并使得那些需要不断发展共同合作的人隔离得更远，只是基于一种短期的合作关系。

(2) 综合谈判

综合谈判也称原则式谈判或双赢式谈判，是一种产生双赢的解决办法，即至少有一种处理办法能得到双赢的结果。综合谈判主要是基于双方或多方之间的长期的关系并推进了将来的共同合作，它将谈判各方团结在一起，并使每个人在离开谈判桌时都感到自己获得了胜利。但是，要想获得综合谈判，就必须具备一些条件，如：信息的公开和双方的坦诚；各方对另一方需求的敏感性；信任别人的能力；双方维持灵活性的愿望。由于许多组织文化和组织内在的环境并不是以开放、信任和灵活为特点的，因此谈判常常是建立在为赢而不惜代价的动力基础上的。

(3) 谈判技巧和方法

开发以下的技巧和方法，有利于进行有效的、增值的谈判：

①研究对手。尽可能地获得有关对手兴趣和目标方面的信息。了解这些信息会帮助谈判者更好地理解对手的行为，预测他对谈判条件的反应，并按照他的兴趣来构建解决方案。

②以积极主动的表示开始谈判。以积极主动的表示开始谈判，也许一个小小的谈判让步，就可以得到对方同样或更多的让步报酬。

③对事不对人。把谈判的重点都放在谈判的目标上，不要用针对个人的观点来分析和判断对手，特别是当谈判陷入僵局的场面的时候，更加要有客观的态度。

④不要太在意最初的报价。不要太在意最初的报价，仅仅把最初的报价作为一个谈判的出发点。

⑤寻找共赢的解决办法。在各种条件都许可的情况下，采取对双方都有利的，能够为双方带来最好的结果的谈判方案。

⑥营造开诚布公、信任的氛围。

⑦求助于中立方。如果谈判进入到了非常棘手的时候，就要分析是否需要求助中立方来进行和谐沟通，达到和解的程度，虽然并不一定能够为双方达成共识，但也能够避免双方的谈判继续僵持不下。调停人能够帮助各方取得和解，但不强求达成协议；仲裁

人则听取各方的争论，最后强加一种解决方法；和解人则更为不正式，其扮演着沟通管道的作用，在谈判各方之间传递信息、解释信息并澄清误解。

另外要努力避免谈判中常见的错误，包括：

- 不要认为谈判必须得出解决方案；
- 避免在谈判中执着于某个特定问题；
- 不要认为对方由于经验丰富而拥有决定一切的力量。

1.2 组织结构和业务流程

任何组织都是由许多要素、部门、成员根据一定的联络形式组合而成的。组织结构是组织内部各个有关要素发生相互作用的联系方式或形式。组织管理就是通过建立组织结构，确定岗位和相应的职能，明确责权关系，以使组织中的成员相互配合协调，共同实现组织目标的过程。组织管理是管理活动的一部分，也称组织职能。组织根据其目标和规模确定适合自身发展的组织管理形式。组织的业务让组织内不同职能部门发生联系，业务流程对实现组织目标有一定的影响，因此需要关注业务流程的风险和控制情况。

1.2.1 组织结构的类型

组织需要经过设计，重点考虑如何最好地促进有效沟通和协调，以实现业务目标。无论组织结构在形式上是什么样的，有效的组织结构设计意味着：

- 反映组织的规模和活动性质；
- 确立正式的权力范围和关键的职责范围；
- 建立报告关系；
- 明确个人、团队和部门之间的关系；
- 协调组织的各种任务；
- 将职责分配给特定的工作内容和部门；
- 协调、安排和分配组织的资源。

组织管理形式是指组织根据其目标和规模确定适合自身发展的组织管理形式。大体可划分为三种结构：

（1）机械式组织

机械式组织的制度严格，有一条正式的职权层级链，有很强的官僚色彩，所以也称“官僚行政组织”。机械式组织的沟通方式一般比较正式，常以命令和控制的形式进行。此外，机械式组织的工作任务明确，弹性很小。

①职能型结构。职能型组织结构又称为多线性组织结构，是将管理工作按专业化原则进行划分，分别由不同的职能部门或人员来实施。职能型组织是按职能来组织部门分工，即从企业高层到基层，均把承担相同职能的管理业务及其人员组合在一起，设置相应的管理部门和管理职务。职能型组织的最大优点是简便易行，主要适用于中小型的、产品品种比较单一、生产技术发展变化较慢、外部环境比较稳定的企业。缺点是由于分工较细，每位员工的区域视角较窄，员工之间协调也变得困难。

②分部型结构。分部型，又叫事业部制或分权制，是在职能型的基础上演变而成的一种现代企业组织方式。按照“集中政策，分散经营”的原则，组织根据业务种类、地区或顾客群等为依据划分若干个相对独立的经营单位，分别组成事业部。每个事业部都几乎具备完整的部门设置，实施设计、生产、技术、销售、服务等业务活动，在经营管理上有很强的自主性，实行独立核算，可以说，事业部相当于一个完整的企业。因事业部规模小，产品单一，故内部设置一般仍采用职能制结构。事业部制与职能型结构相比，主要区别在于其企业最高层领导下的第一级部门是按照事业部制分设还是按照职能制分设。这种结构可能会造成更狭隘的观点，以及对规模经济的缺失。

（2）有机式组织结构

有机式组织结构相对于机械式组织结构所具有的“刚性”特征来说是恰恰相反的，它是一种松散、灵活的形式，结构弹性很大；能适应变化；以参与的形式沟通；工作任务不明确，弹性很大；所要求的技能很多；比较适应不确定的环境。

①简单结构。简单结构组织又称直线制，组织内部是垂直管理，自上而下形成一条直线，不设专门的职能机构。适用于规模较小或业务活动简单、稳定的企业，在所有者和经营者合一的小企业中被广泛采用。

②矩阵制。矩阵制是由纵横两个管理系列组成，一个是职能部门系列，另一个是为完成某一临时任务而组建的项目小组系列，横纵两个系列交叉，构成矩阵形式。矩阵式组织结构往往用于将不同层级和不同部门的人员组织到一个项目小组中完成某一特定的任务。任务完成后，这些成员再回到原位。这种组织结构适用于一些没有一个特定的正式组织对其负责的项目上。

矩阵制的最大特点是项目小组成员要接受双重领导，既要受小组负责人的指挥，又要受原所在部门的管理。矩阵制能在不增加机构和人员编制的前提下，把各个部门的专业人员迅速组织起来，完成特定的工作任务，使组织内的专业人员得到最大限度的运用。矩阵结合了技术和市场特点，实现资源的有效利用，但双重报告可能导致员工混淆以及管理层的冲突。矩阵结构的存在可以是短期的，也可以是长期的。

③网络结构。组织内只保留核心业务部门，大部分职能如制造、分销、营销或其他关键业务的经营活动都通过合同方式外包给其他组织，鼓励远程工作。网络结构在很大程度上取决于通信技术，并且可能需要更多的监督或项目管理人员。其特点是非常的快速、灵活，运营成本少，能够充分发挥综合优势和协同作用，但缺点在于外包职能业务

的控制、质量保证、信息保密等都会受到损害。

(3) 其他组织结构

近年来，随着很多企业缩减机构规模，使组织结构向扁平化发展，通过创建事业单位，使用团队组织，一批新的组织结构类型由此而生。

①沙漏型组织。沙漏型组织分为三个层次：一是战略管理层，他们负责确定组织的战略目标。二是中间经理层。这个层次主要负责协调各种下级跨职能的事务，人数很少，都应该是通才，他们不单纯是简单的信息通道，因为计算机系统的运用就能使经营信息即时传送到最高层，经理层承担更多的是协调的工作，因此需要其具备卓越的沟通和协调能力。三是技术专才层，他们具有专业的技术能力，是某一领域的专才，获得部分授权，一般都是自我管理，几乎无法晋升，但组织可通过横向调动、分配其具有挑战性的工作、新技能的培训和绩效考核来进行激励。

②从集式组织。这种组织是一群不同的团队构建的，当组织需要时，就由某一团队来负责，以实现短期目标。这种组织对沟通和团队构建的要求很高，团队技能也至关重要。

③虚拟组织。虚拟组织也称虚拟结构、虚拟网络，作为核心的公司与各种外部组织一道形成合作伙伴关系，共同提供专业服务。虚拟组织是通过互联网、电子邮件、传真以及电话等连接在一起，强调的是速度和稳定，强调跨职能的团队作用，组织需要保持持续的学习。同时，可能需要联网计算机和协作软件，以实现无缝操作和通信。

1.2.2 不同组织结构的风险和控制

组织结构是指组织内部的机构设置、职责与权限划分、责任机制、信息传递方式和相应的人员配备。组织结构往往是决定组织内部控制系统的基本条件。决定某组织的组织结构的主要因素包括组织内部分工、部门设置、管理层级与跨度、责任与权限。

组织内部的部门设置是根据工作特征进行分工的结果。工作分工越细，所需要的部门越多，责任越明确。但部门设置过多，不仅增加管理成本，而且增加部门之间的协调难度。在工作任务不饱满的情况下，会造成人浮于事的低效率状况。如果部门过少，会造成部门内部二次分工，增加管理的层级数，使信息传递失真的可能性增加，指挥效率降低。所以组织机构的设置应当以整体效率为主要决定因素。

(1) 指挥链

指挥链是一条从组织最高层贯穿到最基层，明确规定谁向谁汇报工作的不间断的职权线。它有助于员工回答诸如“有了问题我找谁”或“我究竟对谁负责”一类的问题。为了相互间的协作，每个管理岗位在指挥链中都有自己的位置，为了完成自己的工作职责，每位管理者都被授予一定的职权。统一指挥原则有助于保持职权链条的连续性和完整性，它意味着一名下属应该有且只有一位直接上司。

(2) 管理层级与跨度

管理层级是指组织中的各指挥级别，一般可划分为高层管理、中层管理和基层管理。不同的组织可能具有不同的层级设置。组织越大，层级可能越多。

管理跨度是指某一管理者或管理层直接指挥的下属人员或部门的数量。直接指挥的人数多，部门多，通常称为管理跨度较大。直接指挥的人数少，部门少，通常称为管理跨度较小。管理跨度取决于管理者的能力、偏好和组织特征。管理跨度与管理层级为相互影响的反向关系。相同的员工数和相同的业务量，管理跨度越大，需要的层级就越小，组织结构呈扁平型；而管理跨度越小，需要的层级就越多，组织结构呈金字塔型。

管理跨度的现代观认为，有许多因素影响着一个管理者能既有效率又有效果地管理下属人员的合适数量。这些因素包括管理者和下属人员的技术和能力，以及所要完成的工作的特性。比如，员工的训练程度越高，经验越丰富，他们所需要的直接监督就越少。所以，领导这些训练有素、经验丰富的员工的管理者就可以保持较宽的管理跨度。其他的决定合适跨度范围的权变因素还有：

- 下属工作任务的相似性；
- 任务的复杂性；
- 下属工作地点的相近性；
- 使用标准程序的程度；
- 组织管理信息系统的先进程度；
- 组织文化的凝聚力；
- 管理者偏好的管理风格。

(3) 集权与分权

在有些组织中，高层管理者制定所有的决策，低层管理人员只管执行高层管理者的指示。另一种极端情况是，组织把决策权下放到最基层管理人员手中。前者是高度集权式的组织，而后者则是高度分权式的。

集权化是指组织中的决策权集中于一点的程度。如果组织的高层管理者不考虑或很少考虑基层人员的意见就决定组织的主要事宜，则这个组织的集权化程度较高。相反，基层人员参与程度越高，或他们能够自主地作出决策，组织的分权化程度就越高。

集权式与分权式组织在本质上是不同的。在分权式组织中，采取行动、解决问题的速度较快，更多的人为决策提供建议，所以，员工与那些能够影响他们的工作生活的决策者隔膜较少，或几乎没有。

企业所必须制定的主要战略决策与其结构的集权或分权程度有关。这通常取决于企业所处的特殊行业、环境和采用的技术。

集权式组织的优点主要有以下几个方面：一是易于协调各职能间的决策；二是对报

告线的形式进行了规范，比如利用管理账户；三是能与企业的目标达成一致；四是危急情况下能进行快速决策；五是有助于实现规模经济；六是这种结构比较适用于由外部机构（比如专业的非营利性企业）实施密切监控的企业，因为所有的决策都能得以协调。

与此同时，集权式组织的缺点亦是比较突出，主要有以下几个方面：一是高级管理层可能不会重视个别部门的不同要求；二是由于决策时需要通过集权职能的所有层级向上汇报，因此决策时间过长；三是员工参与度低，对级别较低的管理者而言，其职业发展有限。

分权式决策的趋势比较突出，这与使组织更加灵活和主动地作出反应的管理思想是一致的。在大公司中，基层管理人员更贴近生产实际，对有关问题的了解比高层管理者更详实。分权的优点是灵活性和适应性，决策和响应速度更快，因而容易收到因地制宜的功效，同时也有利于培养民主精神、主体意识和员工热情。缺点是可能破坏指挥的统一，出现各自为政的失控现象，从而损害组织的整体目标和功能，同时可能出现规模经济损失，减少对生产力和效率的控制等。

（4）部门化类型

组织内部的部门是组织分工和协调的结果，是为了更好地实现组织目标和组织单位的目标而提出的要求。通过分工，把相同、相近或相关的工作交给一个团队来完成，并给每一个团队安排一个管理者，由其全权负责，统一协调团队内的所有工作，整个团队就叫部门。组织越大，分工越细，部门就越多越复杂。由于受认识和信息处理能力的制约，管理者的有效协调人数有一个客观的限度，即管理跨度。管理跨度的有限性导致了组织层次的产生，进而又产生了层次之间的协调问题，这就是部门化。划分部门的方式有五个基本类型：

①职能部门化。职能部门根据所执行的活动进行分类。例如，生产制造、市场营销、金融。职能部门的结构很受欢迎，因为它让那些具有类似技术专长的员工在同一个部门工作，但其缺点是各部门往往只关注自身的利益，而忽略组织的整体利益。

②产品部门化。在产品服务部门分类中，统一的主题是产品或服务，而不是工作职能。理想的情况是，产品服务部门要有广泛的业务方向，而不是狭隘的功能定位。产品服务部门的一个缺点是可能发生因重复而造成高昂浪费和效率低下的情况。一个产品部门化战略对企业推出多种产品可能是有益的。

③地区部门化。地理位置决定了组织的结构和形式，该部门强调管理层要“进一步负责执行事务”。其优点在于能够充分了解当地企业和客户，缺点在于多部门之间需要大量沟通交流。设置地理位置部门的驱动力是全球化竞争。

④客户部门化。客户有不同的需求和不同的类型（如商业与住宅、零售与批发、工业与商业）。组织为客户分类背后的基本原理是，为了更好地满足每个客户不同类型的需求。

⑤过程部门化。过程部门化又称流程部门化，是指组织按生产过程，工艺流程或设

备来划分部门。过程部门化的优点是能取得经济优势、充分利用专业技术和技能、简化了培训；过程部门化的缺点是部门间的协作较困难、只有最高层对获利负责、不利于培养综合素质人员。

(5) 组织结构与风险

组织结构为组织的计划、执行、控制和监督活动提供了框架。结合COSO风险管理框架来看，组织结构将影响以下领域：

制定目标和子目标：首先战略目标要与组织目标保持一致，然后开发适用于部门和员工的具体目标，所有的目标应该能够明确传达，并且能够实现绩效衡量。

事件识别：事件可以是风险，也可以是机会。机会回到了战略或目标设定过程。风险贯穿风险管理流程的其他部分。

风险应对：风险应对包括避免、接受、减少和分担风险。风险应对应当与组织的风险容忍度和风险偏好所决定的剩余风险保持一致。

控制活动：必须设置政策和流程确保风险管理行动被有效执行。

信息和沟通：两者是人们有效执行、管理和控制运营所必需的。

监督：为了组织对于变化能够动态响应，需要持续监控。为了确认这些组成部分设计良好而且运行有效，需要单独的评价。

1.2.3 一般业务流程的风险和控制

常见的业务流程通常按职能部门划分，如人力资源（HR）、采购、销售、营销、产品开发、生产、物流、财务和质量保证等。另外一些业务流程作为项目处理，可以跨职能、跨区域。这些流程被组织直接管理或外包，都可能有不同的控制和风险。内部审计人员需要采取一定的方式发挥对组织业务的监督作用，这就包括：

(1) 了解业务流程

为了确定职能部门审计业务的强度水平和重点领域，内部审计人员需要了解业务流程。包括：业务目标；与组织战略、使命和愿景的相关性；为业务流程设定的长期战略和年度目标。

审计人员可以通过文档审查（如政策和程序手册、相关部门的组织结构图、职位描述、业务领域的计划和预算、关键绩效指标等）来了解战略和年度目标。其中流程图和相关的文字叙述特别重要，流程图可以揭示一个流程与其他流程的关联性或影响，这是了解各种风险和控制对流程影响的关键，还可以帮助区分关键流程和支持流程。如果没有流程图，审计人员可以在流程负责人的协助下创建流程图。文档审查方面可以包括外部文档，如果业务文档缺失，这本身可能是一种风险，它会对新员工的发展产生负面影响，使岗位职责的解释不一，从而难以评估业务效率，也难以评估风险和控制，因此需要关注。

对于每个业务流程，内部审计人员可以咨询流程负责人，帮助确定以下内容：

- 这个流程为什么存在；
- 它支持哪些职能和业务领域目标；
- 能否与实现组织整体目标相关联；
- 有哪些政策和程序来指导员工的执行；
- 由于需要与其他职能领域进行合作和沟通，其投入和产出是什么，以及这些是否存在困难；
- 流程是否给管理层带来了其他重要好处。

了解流程重要部分的一种方法是问“工作的哪一部分让您最满意?”“什么类型的犯错最会危及组织成功?”

在了解业务流程、目标及其流程之间相互影响后，下一步是了解影响业务流程当前的风险状态，以便对审计计划的优先排序提供指导。

（2）分析和评价业务流程风险

评估业务流程风险可以借助组织采用的风险管理框架进行。内部审计在制订年度审计计划时，由首席审计官（CAE）来确保至少每年进行一次风险评估。在确定特定业务流程的风险和控制影响时，内部审计人员可能需要更详细地评估风险，确定哪些风险可能对关键业务流程产生负面影响，并识别某些变化可能带来的新风险。这些都有助于内部审计人员确定确认业务的深入程度，以及需要优先关注和审查的领域。

在确定哪些风险会影响业务流程、相关流程或子流程时，可以使用按流程排列的风险矩阵。矩阵的行表示每一项流程，矩阵的列表示风险，这样可以用来表示业务流程与对应风险的关系，或风险是如何影响流程的。

（3）评估已识别风险的内部控制

业务流程评估的最后一步是确定组织的内部控制是否在设计层面上解决了已识别风险或优先级高的风险。可以创建风险影响和控制矩阵，矩阵表的列可能包括业务目标、关键风险、风险的可能性、风险的影响程度、业务活动内容和相关的控制（现有和需要的）。

除了确定现有控制是否能够充分解决优先级高的风险之外，内部审计人员可能还需要确定控制的有效性，才能进一步确定哪些控制需要改进，哪些控制需要优先关注。可以创建风险控制图来满足需求，其中一个坐标轴代表风险的重要性，另一个坐标轴代表控制的有效性。控制图或其他分析技术还可以用来识别某个业务流程的控制是否过多，对于有些低可能性或低影响的领域，删除一些不必要的控制能够使整个过程的运行更有效。

1.2.4 营销定价

组织生产的产品或提供的服务，最终是需要投放到市场以用来实现其价值。在组织制订新的市场推广计划时，会通过一些小范围的、试验性的营销活动来测试目标消费者对于新产品的设计、名称和价格等要素的接受程度，这被称做测试营销。

出现以下几种情况时，需要组织为产品制定价格。一是新的产品投放市场，通常新的产品需要经过详细的市场调查，确定具体的客户群，从而能够制定更贴切的价格以期达到最大的利润；二是产品需要进入新的市场，现有产品开拓新的市场，为了市场的占有率、品牌知名度等原因，也需要重新制定产品的价格，以达到组织在新的市场中制定的目标；三是产品参与投标时，组织需要根据这次投标的目的而制定对应的价格。而组织在定价时，都会受到一定的主观因素或客观因素的影响。

(1) 影响定价的因素

能影响组织定价的主要因素有：客户（市场需求）、竞争者、产品成本以及其他因素。组织对一些定价较透明的产品，不能采用复杂的定价结构，复杂的定价结构容易导致客户不满。

(2) 定价的目的

在组织内部来说，定价是为了组织的生存、为了获取最高的利润。追求最高利润，是组织的定价目的的最主要部分，获取利润是组织生存和发展的先决条件，也是组织经营的最终目的和动力。有一些全球化的组织，对各地区不同税率的子公司之间的产品定价，通过高税率的公司以低价甚至低于成本价的产品价格转移到低税率的公司，从而躲避对利润的征税。

当组织面临生产力过剩、激烈竞争或消费者的需求改变时，它们把维持生存作为其主要目标，这时候的定价通常偏低，以期维持组织的正常运作，把生存放到了第一位，一些有着财务危机的组织，在不得已的情况下，需要根据可产生的现金流恰好能弥补边际成本来制定产品定价。

制定产品价格的目的，对于组织外部来说，是组织追求产品的市场份额、最高销售额以及品牌战略。有些组织认为，市场份额越高，未来的盈利机会就越大，因此组织会制定尽可能的低价来占领市场；而在某些时期，组织会为了提高销售额而制定一些特殊的价格来达到这个目的。更多的组织相信塑造一个好的品牌，创造具有高质量、品位和地位的产品，才能更好地发展下去。因此在打造品牌期间，产品的价格很多时候会因组织的品牌营销计划而进行调整。

（3）定价的方法

定价方法是组织为实现其定价目标所采取的具体方法，可以归纳为成本导向、需求导向和竞争导向三类。

①成本导向法。以营销产品的成本为主要依据制定价格的方法统称为成本导向定价法。这是最简单、应用相当广泛的一种定价方法，但这种定价往往忽略了客户的需求，而导致和客户预期价格产生差距。

②需求导向法。需求导向法是一种根据市场需求状况和消费者对产品的感觉差异来确定价格的定价方法。

需求价格弹性是指需求量对价格变动的反应程度，是需求量变化的百分比除以价格变化的百分比。

需求收入弹性是指在价格和其他因素不变的条件下，由于消费者的收入变化所引起的需求数量发生变化的程度大小。

③竞争导向法。组织通过研究竞争对手的生产条件、服务情况、价格水平等各种因素，依据自身的竞争实力，参考生产成本、服务提供的水平以及产品的供求状况来确定产品价格。这种定价方法就是通常所说的竞争导向定价法。

（4）定价策略

在组织的营销活动中，除了要考虑上述的情况，还要利用更多灵活的定价策略进行产品价格调整以应付市场多变的营销环境。主要有如下策略：

①新产品定价策略。新产品定价策略一般有三种：一是撇脂定价策略，所谓撇脂定价是指在产品生命周期的最初阶段，把产品的价格定得很高，以攫取最大利润；二是渗透定价策略，所谓渗透定价是指组织把其创新产品的价格定得相对较低，以吸引大量客户，提高市场占有率；三是满意定价策略，满意定价策略是一种介于撇脂定价策略和渗透定价策略之间的价格策略。其所定的价格比撇脂价格低，而比渗透价格要高，是一种中间价格。

②折扣定价策略。折扣定价策略是组织为了让客户尽快付款、大量购买或者淡季时制定的促进产品营销的定价策略，包括有现金折扣（鼓励即时支付）、数量折扣（鼓励大量采购）、功能折扣（按销售过程中的不同职能给予不同折扣）和季节折扣。

③地区定价策略。地区定价策略是组织对于卖给不同地区客户的某种产品，选择制定不同的价格，还是制定相同的价格，包括 FOB 原产地定价、统一交货定价、分区定价、基点定价、运费免收定价。

④心理定价策略。心理定价策略是指组织有意识地利用客户的心理，把产品的价格定得高些或低些，以满足消费者生理上、心理上、物质上或精神上的多方面的要求。心理定价策略一般包括尾数定价法、整数定价法、声望定价法（或叫品牌定价法）、习惯定价法、招徕定价法等。

⑤差别定价策略。差别定价策略也称价格歧视，指企业按照两种或两种以上不反映成本费用的比例差异的价格销售某种产品或服务。差别定价主要有四种形式：顾客差别定价、产品形式差别定价、产品部位差别定价和销售时间差别定价。

⑥产品组合定价策略。产品组合定价策略是指对于生产经营多种产品的组织来说，由于各种产品之间存在需求和成本上的联系，有时产品之间也存在某些功能重叠，因此，定价应着眼于整个产品组合的利润实现最大化，而不是单个产品。

产品线定价：通常组织生产的系列产品存在需求和成本的内在关联性时，为了充分发挥这种内在关联性的积极效应，需要采用产品线定价策略。在定价时，首先，确定某种产品价格为最低价格，它在产品线中充当招徕价格，吸引消费者购买产品线中的其他产品；其次，确定产品线中某种产品为最高价格，它在产品线中充当品牌质量象征和收回投资的角色；最后，产品线中的其他产品也分别依据其在产品线中的角色不同而制定不同的价格。

系列产品定价：有时组织向顾客提供一系列相关的产品和服务，如宾馆既为顾客提供住宿、餐饮服务，也提供娱乐、健身服务，那么，可考虑将住宿、餐饮的价格定低些，以吸引顾客，而将娱乐、健身的价格定高些，以获取利润。

互补产品定价：互补产品是指两种或两种以上功能互相依赖、需要配合使用的商品。具体的做法是：把价值高而购买频率低的主件价格定得低些，而对与之配合使用的价值低而购买频率高的易耗品价格适当定高些。如将数码相机的价格定得适当低一点，存储卡的价格提高些；电动剃须刀架的价格定低一些，而刀片的价格适当提高；手机的价格可适当降低，电池的价格可适当提高。

副产品定价：对一些是在生产一种或多种其他产品期间产生的、相关的次重要的副产品，它的产生不需要额外的成本，只要其价格在存储和运输成本之上即可以接受。它使得销售商可以降低主要产品的价格，令主要产品更具竞争力。

选择品定价：许多企业在提供主要产品的同时，还会附带一些可供选择的产品或特征。例如，许多酒店的酒价很高，而食品的价格相对较低，食品收入可以弥补食品的成本和酒店的其他成本，而酒类可以带来利润，这也就是为什么酒店的服务生会极力推荐顾客买饮料的缘故。但也有的酒店会将酒价定得较低，而对食品或其他的选择品定价较高，以吸引爱饮料的顾客。

分部定价：服务性企业经常收取一笔固定费用，再加上可变的使用费。例如，电话用户每月都要支付一笔最少的固定费，然后还要再交使用费。游乐园一般先收门票费，如果游玩的地方超过规定，就要再交费。

1.2.5 渠道管理

营销渠道系统是指商品从生产领域转移到消费领域所经过的各个环节和营运通道紧密联合的有机组织体系。企业必须决定每个渠道层次使用多少中间商，可供选择的有专营性分销、选择性分销和密集性分销（也称普遍性分销）三种策略，同时根据经济性、可控制性和适应性三个标准进行评估从而确定渠道方案。

(1) 传统营销渠道系统

传统营销渠道系统由生产商、批发商和零售商组成。在进行产品分销的过程中，每个成员作为一个独立的企业实体追求自身利润的最大化，即使以损害渠道整体利益为代价也在所不惜。在这个系统中没有一个渠道成员对其他成员拥有控制权。最终导致渠道效率降低，产品销售不畅，因此其他类型的渠道系统应运而生。

(2) 垂直营销渠道系统

垂直营销渠道系统是由生产商、批发商和零售商组成的一个联合体。在这个联合体中，某个渠道成员拥有其他成员的产权，或者是一种特许经营关系，或者这个渠道成员拥有相当实力，其他成员愿意合作。垂直营销渠道系统可以由生产商支配，也可以由批发商或零售商支配。这种方式克服了传统营销渠道系统各成员间相持不下的缺点，而由渠道主导者主持，渠道各方各抒己见，最终达成统一目标，提高分销效率。垂直营销渠道系统有三种类型：公司式、管理式、合同式。

①公司式垂直营销渠道系统。垂直营销渠道系统中某公司同时拥有生产企业和部分渠道中间商的大部分股份，企业生产的大部分产品的销售就在公司下属的渠道中介中进行，或者是某公司同时拥有大部分生产企业的股份和全部的渠道中介的股份，因而该渠道中间商就称之为该生产企业的承销者。由于产品生产与销售的控制权同属一个主体，因而生产商和销售中介之间的利益分配比较容易解决。

②管理式垂直营销渠道系统。管理式垂直营销渠道系统中生产企业与渠道中间商分属不同的所有者，但其生产与分销由规模大、实力强的渠道成员出面组织、协调、管理。在该系统中各渠道成员的关系相对松散，但对渠道系统有一定的依赖，所以各渠道成员也能“听从”渠道强者的指挥。名牌产品的制造商通常具备这样的能力。

③合同式垂直营销渠道系统。合同式垂直营销渠道系统是一种以合同为基础形成的营销渠道系统。通过合同来协调渠道成员之间的利益分配，统一渠道成员的行动，以取得最大的经济和销售效果。因为是合同，所以渠道成员都非常明确自己和他人的权利和义务，这样就可以大大避免渠道成员之间的无效竞争和冲突。同时，也可以在认同的合同基础上迅速扩大渠道网络，吸纳更多的成员参与渠道的运作。

(3) 水平营销渠道系统

水平营销渠道系统由两个或两个以上没有关联的企业联合起来，共同开发新的营销机会，通过合作，各企业将资产、生产能力或者营销资源结合起来，以达到单一企业不可能达到的经营成果。企业可以与竞争者联合，也可以与非竞争者联合；可以暂时合作，也可以长期合作，还可以建立一个新企业。例如某银行在某商店里设立了储蓄办事处和自动取款机。银行用了很低的成本就迅速进入了市场，而商店可以为其顾客提供更为便捷的服务。

水平营销渠道系统甚至可以用在国际市场的营销。例如：雀巢公司凭借其在全球优良的业绩，与通用面粉公司合作，销售其在北美以外的谷类制品；可口可乐与雀巢建立合资公司，在世界范围内经销速溶咖啡和茶饮品。可口可乐公司提供在全球经营和分销饮料的经验，雀巢公司提供两个著名的品牌——雀巢咖啡和雀巢奶茶。

(4) 营销多渠道系统

过去，许多企业通过单一渠道进入单一市场。今天，随着顾客细分市场和新的渠道不断出现，越来越多的企业采用营销多渠道系统。当一个企业利用两个或多个营销渠道以接触一个或更多的顾客细分市场时，就形成了营销多渠道系统。

通过营销多渠道系统企业可以得到一个好处，就是增加了市场覆盖率，赢得机会调整产品和服务以满足各种消费者细分市场的需要。但是这种混合渠道系统很难控制，当越来越多的渠道相互竞争消费者和销售时，还会产生渠道冲突。

1.2.6 项目管理

项目是指具有相对独立性和系统性，并对全局具有一定影响的事务性工作。项目管理是管理学的一个分支学科，指在项目活动中运用专门的知识、技能、工具和方法，使项目能够在有限资源限定条件下，实现或超过设定的需求和期望。

项目管理的基本挑战包括：

- 与项目目标保持一致；
- 在限定的约束条件内完成；
- 达到期望的绩效或质量水平；
- 通过有效分配和整合所需的投入，满足预先设置的目标。

尽管每个项目的复杂程度和持续时间各不相同，但大多数项目都有以下特征：

- 项目是一系列有明确目标的任务和活动；
- 它满足了组织的一些需求；
- 它有目标，也有实现目标的路径；
- 它有一个明确的开始日期、时间线和目标完成日期；
- 它有资金或预算限制、专用的资源（这些资源包括材料、能源、空间、供应、通信、质量、风险等）。

(1) 项目生命周期

项目的生命周期是描述项目从开始到结束所经历的各个阶段，尽管周期细节因行业而异，但基本包含以下阶段：

①构想或项目启动。标志着项目诞生以及项目目标的确定，在这个阶段获得高级管理人员的支持是至关重要的，因此要明确项目利益相关方的期望。同时，该阶段需要选择项目经理和项目团队成员。与构想或项目启动相关的项目任务如下：

- 分析项目，在可衡量的目标中阐明组织需求；
- 对当前的运营情况进行审查；
- 完成项目的概念设计；
- 准备财务分析、成本效益分析和预算；
- 准备承担职责、风险和障碍的清单；
- 选择利益相关方，包括用户和支持人员，并了解利益相关方的期望；
- 制定项目章程，包括目标、任务、可交付成果、时间表和成本；
- 获得项目章程的批准，并获得资金支持。

②规划、设计和排程。这个阶段对项目进度进行概述，并分配资源。与规划、设计和排程相关的项目任务如下：

- 定义工作要求；
- 确定工作数量和工作质量；
- 确定和分配所需资源；
- 制定主要的时间表、主要里程碑；
- 定义可交付成果（包括但不限于可行性研究、范围说明、项目计划、沟通计划、问题日志、资源管理方案、项目进度表、项目状况报告）；
- 建立绩效评估基础；
- 生成项目管理计划并获得正式批准，包括批准所需资源。

③执行和生产。这个阶段就是实际工作发生的时间。与执行和生产相关的项目任务如下：

- 启动项目管理计划；
- 确认是否有充分和适当的项目资源；
- 记录工作团队详情；
- 团队开展工作，更新项目状态，并生成可交付成果；
- 项目经理领导、指导和控制；
- 管理层和利益相关方收到进度报告并审查行动计划，纠正计划与实际的差异。

④监督和控制。项目经理负责监督正在开展工作的质量、项目计划的进度以及项目资源的使用情况。项目控制体系使项目按时、按预算进行，需要评估每个项目所需的适当控制水平。内部审计人员可以帮助确定特定项目对组织底线的重要程度、现有的控制类型以及任何必要的附加控制。与监督和控制相关的项目任务如下：

- 跟踪进度，尤其是执行期间以及计划期间；
- 比较实际和预测结果；
- 分析影响；

- 进行调整，以达成项目目标和验收标准。

⑤完成和评估。此阶段通常涉及一些最终事件，如新系列软件的启动。评估工作通常包括在流程结束时对项目有效性进行的评估，相关管理活动包括归档文件记录所吸取的经验教训。与完成和评估相关的项目任务如下：

- 根据验收标准获得客户验收；
- 安装项目可交付成果；
- 完成项目文档，如项目的经验教训；
- 完成评估/实施后审查，如衡量利益相关方的满意程度；
- 发布最终项目报告并交流经验教训。

（2）项目团队组成

项目计划和执行的成功，离不开管理层和实施项目的团队。建立有效的团队对于任何项目的成功都是至关重要的。项目通常会包括以下角色：

①项目利益相关方。积极参与项目，或者其利益可能因项目执行或完成而受到影响的个人和组织（包括内部和外部）。关键利益相关方可以包括项目经理、客户或最终用户、项目执行人员及其他人员。

②项目发起人。希望项目得以实施、支持项目、为项目提供现金或实物等必要财务资源的个人或团体。

③项目经理。项目经理（项目负责人）协调和整合多个职能部门的活动，以降低整体失败或范围蔓延的风险。范围蔓延是指由于外部因素影响而扩展了项目目标，导致项目范围、时间、成本和质量条件的增加超出计划之外。项目经理通常是客户代表，必须确定和实现客户需求。

④项目团队成员。为一个特定的项目聚集在一起，然后在项目结束时解散的一群核心成员。

（3）项目管理三角形

项目通常在“项目管理三角形”的框架下执行和交付，三角形三条边（时间、成本、质量和绩效）形成一种相互约束的关系，其中任意一条边都无法在不影响其他边的情况下改变（见图1-5）。

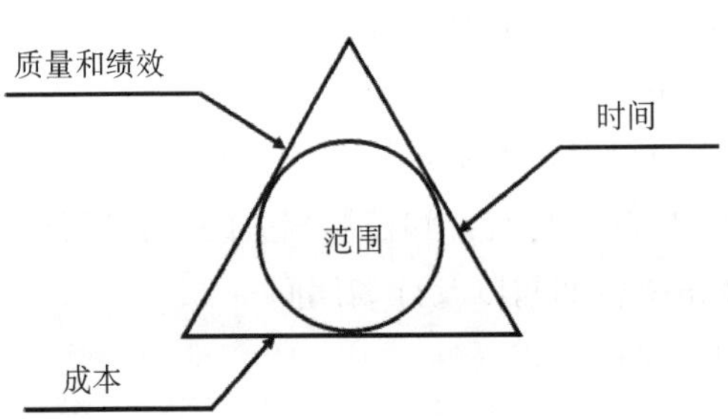

图1-5　项目管理三角形

①时间。项目时间指完成项目的可用时间。它被分解为完成项目的每个组成部分所需的时间，再进一步分解为完成每个组成部分的具体任务所需的时间。

②成本。项目成本指项目可用的预算金额。它取决于诸如人工费率、材料费率、风险管理、工厂、顾问费率、设备和利润等变量。

③质量和绩效。最终结果的质量和绩效是项目范围的主要组成部分。投入到单个任务上的时间量和花费在资源上的成本量会影响结果的整体质量。在一个大型项目过程中，要达到某个规定的质量水平，会对项目时间和成本产生显著的影响。通常，组织从一开始就要确定质量应该是什么样的，从而固定三角形这一侧边的大小，并调整其他约束项，以满足客户接受根据标准确定的需求。

④范围。范围意味着必须做什么才能产生项目的最终结果。在项目管理三角形中，它可以表现为三角形的面积，意思是范围受到项目时间、成本和质量的强烈影响。因此，项目范围是对项目应该完成的内容的总体定义，以及对最终结果应该是什么或怎么去完成的具体描述。

上述几个约束项是相互影响的，当项目范围或质量增加，通常意味着时间和成本的增加，如果时间紧迫，可能需要增加成本或者缩小范围，预算紧张可能伴随着时间的增加和范围的缩小。项目管理用到的工具和技术，就是使项目团队能够有效组织和开展工作，以满足上述几个约束项。

（4）项目管理工具

项目管理是围绕具体项目的任务和目的进行的绩效监督、人员配备、激励和组织实施的过程。常见的项目管理工具包括甘特图和两种类型的网络分析——关键路径法（CPM）和项目计划评审技术（PERT）。这些工具背后的原理是：在项目期间，某些活动（称为“顺序”或“线性”活动）需要按特定次序完成，每个阶段在下一个活动或任务开始前完成。另外一些活动不依赖于任何其他任务的完成，可以在时间线的任何阶段完成。这些被称为非依赖性任务或“并行”任务。

①甘特图。甘特图也称为水平条形图、里程碑图表、活动图表，是一种比较简单的项目控制方法，它不显示各项活动之间的内在联系并且忽略了对事件成本的计算，同时，该图也不一定显示贯穿网络的关键路径，仅仅显示项目周期各项活动，并对实际和计划时间加以比较，项目管理者可以清楚地了解实际进度与计划进度的差别，从而进行调整（见图1-6）。

项目经理在创建甘特图时，需要绘制项目的步骤、顺序和持续时间，包括每项任务的开始时间和结束时间，可以体现耗费的时间长度，以及不同任务是并行还是顺序进行。

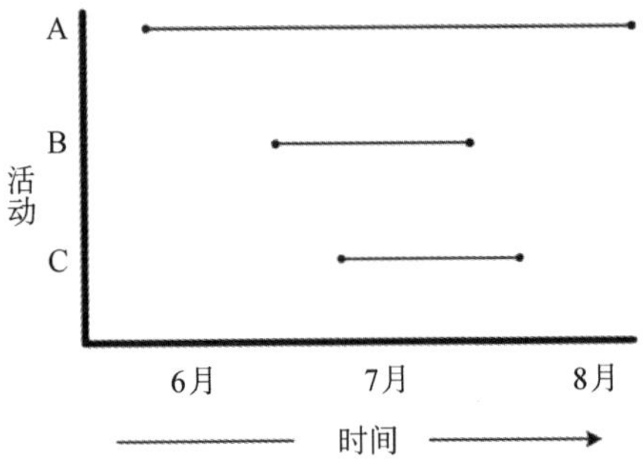

图1-6 甘特图

甘特图的作用包括：

- 有助于计划需要完成的任务；
- 为计划何时执行任务提供了依据；
- 有助于计划完成项目所需的资源分配；
- 有助于确定需要在特定日期之前完成的项目的关键路径；
- 适合安排内部审计时间，因为审计过程通常不需要次序修改。

②网络分析。关键路径法（CPM）是一种基于数学计算的项目计划管理方法，是网络图计划方法的一种，属于肯定型的网络图。关键路径法将项目分解成为多个独立的活动并确定每个活动的工期，然后用逻辑关系将活动连接，从而能够计算项目的工期、各个活动时间特点（最早最晚时间、时差）等。关键路径法是现代项目管理中最重要的一种分析工具。

关键路径法是建立在达到主要里程碑的基础上。里程碑是指一个具有特定重要性的事件，通常代表项目工作中一个重要阶段的完成。因为里程碑是在完成一个阶段的工作后，可以看到部分结果的检查点，所以在里程碑处，通常要进行检查。

如图1-7所示：字母代表项目作业的工序，箭头代表工序方向，数字代表工序所需时间。关键活动是指必须在固定时间做的活动，这些关键活动形成了网络中连续的路径，称为关键路径。这一路径决定了整个项目的周期。以C工序为例，只有当A-C和B-C均完成，C工序才能继续往D工序前进。A-C只需要4天，而B-C则需要5（3+2）天，因此A往C可以迟一天开始，或者完成后等待1天。在此基础上，同时可以明确A-B、B-C路线上是不能有任何延误的，否则会影响整个项目的进度。用同样的方式分析工序D，即可以得出整个项目中，不能延误的关键路径，在网络图中，关键路径是最长的路径（如图1-7中A-B、B-C、C-D）。

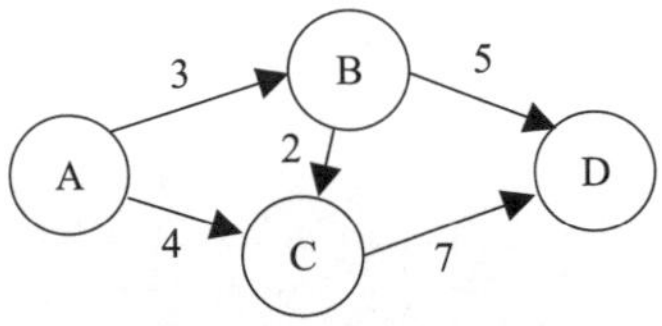

图1-7 关键路径法

当分析出项目的关键路径后，在项目进度安排过程中，如果增加资源到关键路径上，便可以缩短整个项目的时间，这个过程被称为“赶工”。

关键路径法中对“松弛”的定义是：不会影响整个项目工期的某项作业的延误时间。路径的松弛时间 = 最长可允许时间 - 预计最早时间。总松弛则是表示在不妨碍整个项目完成的情况下，某个路径可以被推迟的最长时间，关键路径上的松弛时间都为 0。以上各段作业的松弛参数如表 1 -2 所示。

表 1 -2　松弛时间的计算

作业	作业时间	预计最早时间	最长可允许时间	松弛时间
A—B	3	3	3	0
A—C	4	4	5	1
B—C	2	5	5	0
B—D	5	8	12	4
C—D	7	12	12	0

项目计划评审技术 PERT 是用于规划大型复杂项目管理的一种网络分析技术。它帮助决策者了解项目的关键领域，合理分配资源，防止出现各部分配合中的瓶颈现象。

PERT 与 CMP 的差别在于 CMP 需要假定活动的周期是固定的，而 PERT 却使用概率周期。所谓概率周期，是指产品或事项在某一个环节的处理时间并不固定。但可以通过统计的方法来确定完成工作所需要的时间的概率分布。

在 PERT 中，通常做如下定义：

T_o：乐观时间（表示在理想条件下完成活动所需要的时间）；

T_m：最可能时间（表示在正常情况下活动的持续时间）；

T_p：悲观时间（表示在最差的条件下完成活动所需要的时间）；

T_e：期望时间（乐观时间、悲观时间和 4 倍的最可能时间之和除以 6）；

T_σ：标准差（将悲观时间与乐观时间之差除以 6）。

在项目意外延迟或时间紧迫的情况下，项目经理可以使用 CPM/PERT 图表来协助确定如何缩短项目时间，具体方法如下：

• 考虑前置时间。前置时间指的是计划的任务在其前一个任务完成之前就开始的时间。例如，一个广告手册的原始时间线可能要求插画作者在文字作者完成文字初稿后完成。然而，如果插画作者在文字初稿完成日期前两周就收到所需的图形素材，插画作者就有两周的时间来完成插画，并将能够在文字作者完成文字初稿的同时交付它们。

• 确定松弛时间。松弛时间是一个活动在不延迟项目完成日期的情况下可以消耗的额外时间。关键路径上的所有活动都没有松弛时间，其他非关键路径上的活动通常会有松弛。

• 分配其他资源。根据项目情况，可以增加与关键路径相关任务的资源，比如原来交给一个人的工作，现在让两个人来完成，将完成时间缩减一半。

- 安排加班。通过安排项目团队成员加班来缩短任务完成时间。这种做法可能会产生新的关键路径。

(5) 范围控制

除了运用上述计划和进度管理工具之外，项目管理技术还包括用于控制项目范围的变更管理。一个项目如果允许利益相关方增加需求，但不追加资金、时间、人力或物力资源来完成额外的工作，就可能出现严重的问题。未经授权的情况下导致的范围增加被称为范围蔓延，这样做不仅会消耗项目团队的时间和其他资源，而且会使计划陷入混乱，导致很多项目最终失败。

为了防止范围蔓延所导致的项目失败，组织需要建立和实施严格的变更管理流程。所有的利益相关方需要事先了解申请变更所需的流程，范围的变更需要在项目章程上签字并得到批准才能生效。项目团队成员需要接受培训，避免开展计划外的工作。正式的变更管理流程包括项目经理或项目的变更控制委员会首先评估变更部分内容的技术优势，包括它如何影响任何相互关联的部分。然后评估变更对进程、预算以及其他约束项（如质量）的影响。如果认为变更是具有技术价值的，项目经理必须坚持要求项目发起人批准变更所需的额外资源。在没有其他资源的情况下，项目经理可以拒绝变更。

1.2.7 质量管理

质量管理又称质量控制，是保证组织目标得以实现的管理手段。质量管理保证企业以最小的成本向市场提供尽可能多的合格产品或服务。它确定质量方针、目标和职责，包括对质量体系中的质量策划、质量控制、质量保证和质量改进的所有管理职能活动。

(1) 全面质量管理

全面质量管理是根据组织向顾客提供最优产品或服务的原则制定的长期战略性措施，是通过诸如质量策划、质量控制、质量保证和质量改进而实施的全部管理活动。全面质量管理的特点是组织以质量为中心，以全员为基础。

全面质量管理的基本组成包括：

- 管理流程；
- 质量小组（质量周期）；
- 质量委员会；
- 持续培训。

全面质量管理包含三个基本原则：

- 追求顾客最大限度的满意；
- 不断地改进产品或服务的质量；
- 全员全过程地参与。

全面质量管理取得成功的关键是：

- 要有最高管理层强有力和持续的领导；
- 每个岗位的员工都要对本岗位的质量管理目标和要求具有明确的认识；
- 要开展全员教育和培训。教育的重点是敬业精神、主人翁责任感、增强凝聚力，培训的重点是岗位所需的知识和技能；
- 要有严格的数量观念和数据分析基础；
- 树立质量即利润的观念。

当执行全面质量管理时，我们应该避免下列几种现象：

- 过分强调技术工具而忽视了管理者的问题；
- 在没有确认需求时就试图运用技术工具；
- 质量改进急着赶进度；
- 将全面质量管理看做是砍预算的手段或提高员工生产力的方法；
- 在全面质量管理的辅助系统还没有建立前就大规模培训员工。

当实施全面质量管理时，企业的管理方式也随之发生变化，例如组织中层次变得更平坦、更有弹性和官僚色彩更少，上下级关系变得更协作、更信任，员工注重团队合作，管理层将劳动力作为资本进行培训投资等。这和传统的企业管理效果差别很大。

(2) 业务流程再造

业务流程再造（BPR）也被称为业务流程重组，是20世纪90年代得到迅速发展并被广泛实施的一种管理思想，从根本上重新审视和重新设计业务流程，从而使诸如成本、质量、服务和速度等具有时代特征的指标获得显著的提高。

业务流程再造借鉴了许多全面质量管理的理念，如以市场和客户为中心、改进业务流程、强调团队合作与员工授权。业务流程再造与全面质量管理的区别在于它强调业务流程的根本性变化，彻底抛弃以往的旧流程，跳出传统的框架，重新设计流程，创造出一种全新的工作方法，而全面质量管理强调持续改进，是在组织的所有领域，不仅仅是某一个流程。业务流程再造一般分为以下几个阶段。

①构思设想。这个阶段的主要目的是为企业的流程再造项目做准备。首先要得到高层领导的支持，通过对企业流程的理解及发展战略和信息系统支持流程再造的潜力，确定需要进行再造的流程。

②项目启动。建立流程再造小组、制订项目实施计划和预算，通过设立标准、客户需求分析及成本效益分析，确定目标。

③分析诊断。对目前的流程和子流程建立模型，并描述各个流程的属性，通过确认流程的需求和客户满意情况，分析目前流程存在的问题及其产生的原因，确定非增值的活动。

④流程设计。在这一阶段要完成新流程原型的设计以及支持新流程运营的信息系统的详细设计方案。

⑤流程再造。主要是确保新流程的平稳过渡。在这个阶段，需要建立信息技术平台和信息系统，完成员工的培训，以及组织结构运行机制的转变。

⑥监测评估。监测和评估新流程的绩效，确定是否满足预定的目标。

（3）质量成本

成本管理都需要付出代价。这种代价用数量或财务的语言表达出来，就是质量成本。质量成本用于鉴别需要进一步改进的领域。质量成本包括两个部分：一是为保证产品合格而产生的成本，包括预防成本和鉴定成本；二是失败成本，即为达到质量标准而产生的废品成本、损失成本、改正错误的成本等，包括内部失败成本和外部失败成本。

①预防成本。包括所有为预防不合格产品而发生的费用。其中典型的包括监管费用、采购费用、质量培训费用、质量设计费用、技术与工艺指导费用、质量奖励费用、质量改进措施费用、质量管理专职人员工资及福利费用等。

②鉴定成本。包括测定、评价和审查产品是否符合生产标准或项目要求的费用。其中比较典型的费用包括供应商的鉴别与资格评审费用、设备精度检测费用、运输和保管的过程与标准审查费用、质量审计费用等。

③内部失败成本。指产品出厂前，因未满足规定的质量要求所发生的损失，包括废品成本损失、返修损失、停工损失、事故分析处理费用、产品降级损失等。

④外部失败成本。指产品出厂后，因未达到规定的质量要求，导致用户索赔、修理、召回、更换等发生的损失或信誉损失，包括诉讼费用、索赔费用、退货损失、保修费用、产品降价损失、因质量问题使组织信誉与品牌遭受的损失等。此外，还包括对顾客重新提供服务的各项费用，如培训费、检测费和系统维修费等。

（4）质量管理技术

质量管理的方法包括所谓的“老七法”和“新七法”。“老七法”包括日常检查单、直方图、散布图、帕累托分析图、流程图、因果图和控制图。

日常检查单：用于系统地收集日常数据。检查单需要填写的内容根据不同的产品或服务而定。但所有的检查单都需要全面、真实地填写检测结果和各种影响因素，如对产品的长度、宽度、产品合格率、问题、产品的批次、加工人员姓名或编号、材料来源、送达时间、加工设备、气温等因素要尽可能详细地进行记录。日常检查单所收集的数据将广泛用于其他的分析方法，如直方图、散布图等。因此，检查单的填写是否真实全面，直接影响到质量分析与控制的结果。

直方图：记录某种现象发生的频率的分布图。这种现象在不同时期出现的频率用柱形框表示。应当注意的是，直方图不同于柱形排列图，前者只是记录同一事件在不同时间的表现，而后者则记录某一现象随另一现象出现的情况。

散布图：又称为散点图或关联相关图。它是将一种现象随另一种现象出现的情况用点的方式记录下来的分析工具，用于观察两种现象之间的关联程度。

帕累托图：是一种柱形排列图，它用柱形的大小标识某一现象随其他现象出现的比率，并通过比较分析影响这一现象出现的主要原因。帕累托图是基于20/80规则进行分析的。其基本含义是，往往80%的质量问题是由20%的影响因素造成的。通过帕累托图找出影响最大的20%的因素，以便集中解决。

流程图：用来记录某种现象每天的发生情况，为寻找现象发生的周期性和规律性提供直观的依据。流程图既可以用来作为全局性的分析，如全公司每天的合格品数量和比率，又可以用来分析某一具体的控制过程，如车间的湿度、某种特定的质量问题现象的情况等。流程图是ISO9000质量标准的基本要求。

鱼骨图：也称因果图，是一种发现问题“根本原因”的方法，把对产品质量有影响的问题加以分类并条理化，用箭头的形式反映其因果关系。

控制图：是把实际发生的状态与计划状态相比较的一种图形表达方式。在图中，同时标记计划状态（平均状态或理想状态）和实际状态，以观察执行过程与计划之间的差距。这种方法便于掌握质量偏差的趋势和严重程度，从而及时采取措施，保证质量的稳定性。

“新七法”包括亲和图、树形图、PDPC法、矩阵图、交互箭形图、优先矩阵图和活动网络图。

亲和图：又称为亲密图、分层法或KJ法，是日本学者川喜田二郎开发推广的一种质量管理方法。亲和图针对某一问题，充分收集各种经验、知识、想法和意见等语言、文字资料，通过分层图进行汇总，并按其相互亲和性归纳整理这些资料，使问题明确起来，这样会容易形成统一认识，便于协调工作。这种方法有利于问题解决。

树形图：是一种结构分析图，它首先列出影响质量问题的几个主要的方面，然后在这几个主要方面进一步分析各种具体的因素，从而对某种质量问题的深层原因进行分解剖析。

PDPC法：它是通过过程决策来防止某种问题发生，并能够在这种问题万一发生的情况下使影响降到最低的一种质量管理方法。从这个意义上来说，PDPC法也是一种意外防范工具。

矩阵图：运用决策表来分析两组意见之间的相互关系的质量管理工具，它适用于全面系统的关联分析。质量功能扩展图是矩阵图的一种扩展形式，它能把顾客与企业之间的意见联系起来，从产品的设计到营销服务等全方位进行协调。

交互箭形图：也叫内部关系图，它将一组意见用箭头相互联结起来。其中只有箭头指出而无箭头指向的意见被称为“根本事项”，将被作为改进系统的重点分析对象。交互箭形图常常与亲和图配合使用。

优先矩阵图：它帮助决策者将各种决策因素按重要性进行排列，以便对其中重要的因素进行进一步的分析。

活动网络图：是一种项目管理的图表工具，它标明在众多的活动中，什么活动是必须执行的，在什么时候执行，其结果应当是什么。活动网络图类似项目管理中的关键路线图，但结构较简单，因而不需要太专业的训练即可以使用。

1.2.8 合同形式和要素

合同是两个或两个以上当事人之间具有法律约束力的书面或口头协议，如果合同任何一方未能履行或遵守在合同中规定的条款、条件、责任或工作范围，则该合同可以提供法律追索权。合同的种类很多，例如采购订单、销售订单、劳动协议和许可协议。合同将明确各方的权利和义务，以及如果不遵守合同条款和/或条件而导致的后果。如果一方或多方未能履行职责，通常会受到严厉的处罚。

在建立审计范围时，内部审计活动的一项考虑因素是组织应建立适当的内部控制，以确保所有各方都遵守合同的规定。作为一名内部审计人员，重要的是要了解与每份合同相关的后果，并辨别哪些合同对组织实现其目标的能力构成重大风险，这将有助于确定哪些合同应得到优先审计。

(1) 合同的特定风险

合同的一个主要风险是与一方或另一方所认为的违约行为相关的诉讼风险。当合同的措辞允许不同的当事人对产品或服务需求作出不同的解释时，就会产生重大的误解。诉讼费往往是昂贵的，甚至一个成功的结果可能比获得的利益更昂贵，还可能导致严重延误或声誉受损。合同存在以下几种固定风险的情况。

①明示和暗示。明示合同是指条款以口头或书面形式表达的合同，暗示合同则不以文字表达。非正式的口头协议可以像书面合同一样具有约束力和法律效力。风险点在于一个组织可能被发现无意中签订了一份明示或暗示的合同。

②双边和单边。在双边合同中，双方都要作出承诺。在单边合同中，一方作出承诺（如保险或奖励合同）。风险点包括：

- 对承诺的工作履行责任，这些工作的成本可能高于协商的付款金额，或无法履行（如在发生灾难的情况下）；
- 接受质量不合格的产品或服务；
- 另一方违约、延迟交货或延迟付款。

③无效、可撤销和不可执行。无效合同被认为不存在（如基于非法目的的合同）。可撤销合同是指其中一方有权终止合同（如与未成年人的合同）。不可强制执行的合同是指任何一方都不能强制执行另一方的义务（如违反法律）。风险点在于签订了这样一个无效、可撤销和不可执行的合同。可以通过使用合同语言对这项风险进行控制，如果发现一个要素无法执行，合同的其余部分仍然有效。

一个有效的合同通常需要几个要素，确保这些要素齐备可以降低合同风险：

- 合意——必须有明示或暗示的协议，证明双方理解并同意合同的细节、权利和义务；

- 对价——双方交换有价值的东西（现金、货物或承诺做某事）；
- 行为能力——双方必须有能力理解合同条款；
- 目的合法——合同必须具有合法目的；
- 相互纠正的权利——双方必须有平等的权利来纠正另一方违反条款的行为。

虽然口头合同也可以强制执行，但确保这些要素的存在可以降低合同的风险。

(2) 合同业务

合同规范了对外业务关系的日常活动，是描述、确定和将责任和风险分配给所有各方的方法。按业务划分的主要合同类别包括：

①产品合同。产品合同是销售或购买产品的合同。这些合同通常比服务合同或同时包含产品和服务的合同更简单。建议在购买产品合同时，限制潜在的争议并对潜在风险后果进行管理。此外，产品合同应明确规定符合业务目的的交付条款，并应围绕保修和绩效要求设定边界。产品合同有助于确定知识产权指南（如发明、专利、产品和服务名称、技术和商业信息、计算机程序、艺术品、徽标、地理标志来源、工业设计等）。知识产权需要像实物产权一样得到保护，但它实现起来比较困难。进出口合同作为一种独特的产品合同，必须包含来自多个地区或国家的法规规定。此外，不同客户和供应商的存在，让进出口关税、税收、清关文件、许可证和许可证支付等问题变得更加复杂。

产品合同的终止和纠正通常结合在一起，当合同因某种原因而终止时，往往会实施共同的纠正措施。终止条款很重要，可能需要包含的更多细节，甚至包括组织认为不符合需要的细节。

②服务合同。服务合同相对简短，至少应该包括在供应商组织内提供服务的人员。此外，服务合同也应该涉及要执行的工作范围和开发过程，包括设计、开发、安装和测试，以及可接受的延迟和可恢复损坏的处理。服务合同相关的一个重要问题是可能存在责任限制，以及它可能产生的影响。通常，买方和卖方对责任的看法完全不同，要让双方达成平衡具有一定的挑战性。最后，服务进度的里程碑和付款方式也应该包含在服务合同中。

③解决方案合同。解决方案合同意味着比产品或服务合同更高的可交付标准。解决方案合同不同于其他类型的合同，因为买方还购买卖方在需求分析、设计、工程或咨询领域的专业知识。买方希望在他们购买的产品中包含指导和故障排除功能。解决方案合同包括但不限于系统或网络集成或管理；优化和管理客户资源、设施或网络；一个或多个管理系统的实施和操作，例如营销、计费、分发或库存。这些合同要求买方和卖方之间建立更多的合作伙伴关系，以及组织之间更加无缝的信息流，以有效地实现解决方案。

④交钥匙合同。买卖双方签订的以成套工厂设备和技术转让为标的的买卖协议。卖方承担为买方建设某个工程（工厂、车间）项目的全部工作，包括工程项目的设计、施工、运行试验等，最后把随时可以使用的工程交给买方。交钥匙合同又称启钥契约、

一揽子合同。合同的组成部分包括系统或设施验收的条款和条件，以及付款方式和时间。合同还必须确定系统或设施的要求，以及买方取得所有权所需的系统或设施的功能，以满足运营要求。一旦满意，卖家就可以获得付款。

⑤外包合同。外包提供了将绩效责任、日常运营控制和费用从组织中转移的机会。一方面，供应商或服务商在一定时间内负责相关的业务服务，执行商定的控制和程序；另一方面，组织管理人员仍对控制的质量、有效性以及供应商关系管理负全部责任。外包起源于信息技术（IT）领域，目前已应用于物流、建筑设施管理、人力资源、行政后勤、会计服务等领域。

外包的优点包括利用组织规模和能力，降低管理复杂关系的风险，以及将更多的精力投入到有关投资、创意的领域。缺点包括可能失去控制、数据和内部技能缺失、成本增加、缺乏处理组织内部变化的灵活性、客户不满意、广泛的争议和冗长的处理流程、缺乏适当的故障补救措施等等。

外包合同引入了一系列产品、服务或解决方案合同不常见的问题，包括但不限于劳动法、数据所有权、数据保护和安全法律、长期变更管理、公司政策和程序遵守、所有运营国对政府法规的遵守问题。

(3) 合同类型

从成本和合规角度评估合同的合理性是内部审计人员的重要工作。适当的合同类型将有助于确保组织成功实现战略目标，避免与成本过高、项目延迟和质量问题相关的风险。合同包括以下几种类型：

①固定价格合同。要求承包商履行合同并以预先商定的价格交付产品或服务。当产品/服务能够在合同中描述得足够详细，确保双方充分理解合同要求和固有的执行风险，无不确定因素，成本可以估计时，固定价格合同是恰当的。由于合同中已明确固定了总的价格，因此在审计中应重点关注的是可能引起的额外费用的合同变更，以及长期性合同在执行过程中可能出现的复杂情况。在审计固定价格合同时，内部审计人员要考虑下列风险因素：

- 接受了劣质产品或服务，用质量较低的材料进行替代；
- 不充分的竞争；
- 不充分的保险和合同覆盖面；
- 在工程实际完工前就认定工程已完成；
- 为没有收到的设备或没有完成的活动支付费用；
- 加价条款（针对特殊情况，如因物价上涨而增加费用的条款）；
- 对增加权利和修改权利的授权；
- 单独支付的经费支出；
- 变更订单；
- 没有对照条款进行充分检查。

②成本加成合同。成本加成合同也叫成本补偿合同，主要是在要求非常复杂、成本不容易确定和评估时使用，一般用于存在风险的项目。在这类合同中，承包商得到超过规定费用的补偿，额外费用通常是基于初始成本加固定费用或基于成本百分比的费用。当使用增加成本百分比费用的方式时，承包商通常有提高成本的动机。由于成本的不确定性，这种类型的合同对于客户来说是高风险，而对于承包商来说是低风险的。作为关键控制，合同中应包含对成本的限制以及激励提前完成合同的条款。在实施成本加成合同审计时，内部审计人员要考虑下列风险因素：

- 经费成本直接列入账单；
- 缺乏对承包人充分的成本控制，没有努力争取最适当的价格；
- 为承包人自有设备或闲置租用设备支付不合理费用；
- 雇用过多人员；
- 将超出承包人成本的费用记入账单；
- 缺少对折扣、退款和回收废料的审核和批准；
- 总部与工作现场之间存在重复劳动；
- 对工作现场的监督和检查不足；
- 与总部的沟通和总部实施的后续检查工作不足；
- 成本核算和成本报告不可靠；
- 违反合同，将检查工作视为劳动力成本记入账单；
- 租赁来的设备闲置；
- 工作操作不熟练；
- 工程质量较差；
- 材料和补给材料的过度使用和提前到货；
- 使用标准规格太高的材料或设备；
- 缺乏对材料或设备良好的保护；
- 缺乏对雇员缺席和超时的控制；
- 不在乎成本的提高。

③单位价格合同。适合大量相同的产品或服务（如大量印刷的小册子）。合同规定了单位成本，合同总额为完成的工作量与单位成本的乘积。内部审计人员应着重对已完成的工作数量进行评测。在审计单位价格合同时，内部审计人员要考虑下列风险因素：

- 支付的进度款过多；
- 不正确的单位完成量报告；
- 与实际成本无关的价格，或不适当的单位价格增加、上涨；
- 原始合同的更改不当。

④合资企业合同。通常以成本、收入、利润分配、盈亏分配为基础。审计业务目标一般是评估财务和非财务条款以及条款的遵循性。财务条款可包括：成本分配、计费系统及数据的可靠性；收入管理和分配的可靠性。非财务条款可包括：保护资产（包括

信息、声誉和品牌)；适当治理、遵守法律法规以及与第三方的合同义务（如公司的社会责任政策和程序)；非财务信息的可靠性；预算和预测的合理性。

⑤其他合同。工期和材料合同：服务的固定费率、材料成本费用加上手续费。

信函合同：允许承包商在合同定稿前开始工作的初步文件（仅适用于紧急情况)。

无限期交付合同：一般是在合同签订时不知道未来应交付服务或货物的日期时采用。

1.3 数据分析

数据分析是对数据进行收集和研究的过程，利用这些数据所提供的信息，组织可以制定更好的决策，并实施相关政策和程序。从首席审计官（CAE）的角度来看，数据分析更精确的定义是使用运营、财务和其他数据来量化和突出潜在风险和机会的过程。数据分析也被认为是可重复的自动化过程，比如通过使用脚本来搜索模式和识别异常。

1.3.1 数据分析的应用价值

内部审计可以访问组织内多个领域的数据，因此在开展数据分析功能上具有独特的优势，可以将数据转换为对组织有价值的信息。数据分析的应用在未来的内部审计职能领域将变得更加普遍。通过在内部审计中采用数据分析，有以下好处：

- 减少数据准备、数据规范化或数据计算的时间，提高增值性分析时间；
- 对以前的手工审计测试可以实现完全或部分自动化，并对总体中的更多或全部项目执行这些测试，减少了对随机或主观抽样的依赖；
- 更好地避免结果中的误报或漏报；
- 设置规则，如发票金额的阈值；
- 通过使用分析来计划审计，从而更好地理解哪些领域或流程将从审计中获得最大好处；
- 更有效地识别、分类、划分优先级、监控和管理风险；
- 更有效地检测舞弊、错误、低效和异常。

(1) 数据四维度 (4V)

要让数据变得有用，数据的“4V”必不可少，包括数量（Volume)、速度（Velocity)、多样性（Variety）和准确性（Veracity)。

数量（Volume）是指数据量，由于技术的发展，我们获取数据的能力在不断增强，因此数据量比以往任何时候都要大得多。

速度（Velocity）可以定义为可使用的设备数量增加或从各个渠道大量收集数据。

信息正以越来越快的速度从任何地方收集。

多样性（Variety）是指被识别、捕获和存储的众多类型的数据。这可以包括分类，例如针对特定类型的软件或针对特定功能区域（如财务）的规范化数据。一个广泛的分类是结构化与非结构化数据。结构化数据是为便于使用而规范化的数据，例如列和行，与有序的电子表格非常相似，包括来自数据库和信息系统的数据。非结构化数据是未规范化的数据（即不易分类或制表的数据），非结构化数据可能占据了所有企业数据的大部分，包括来自社交媒体、博客、电子邮件、文字处理文档、法庭诉讼等数据。

准确性（Veracity）是数据的真实性。准确性是关键，只有当底层数据准确完好时，数据分析才能有效。否则往计算机输入一堆垃圾数据，输出的也一定是一堆垃圾数据。不过准确性通常是数据分析中最容易被忽视的方面，如果缺乏准确性，组织就会面临错误决策、不完整记录、输入错误或数据不一致的风险。

(2) 数据分析框架

一个有效的数据分析框架应该回答类似“组织面临的主要问题是什么”或“审计如何更多地增加价值”之类的问题。回答这些问题有助于建立一个可实现的、渴望成功的框架，并可以由显示实现长期目标进展的较小里程碑来确定这个框架。

在构建数据分析框架时，组织会开发愿景，然后确定如何在构建数据分析功能方面取得进展，包括应采取哪些措施来提高绩效。这个过程的一部分包括评估当前的功能，并识别人员、流程和技术以增强这些功能。这可能包括在两个关键领域进行投资：人才，如培训和人员配备；技术，如硬件和软件。

一旦建立了数据分析框架，组织就应该执行和监控这一项新计划，分阶段去处理实施问题，以免压垮现有的资源。监控角色有两个作用，评估每个受影响部门的采用程度，并作为独立的一方去帮助其他领域改进数据分析。当组织执行数据分析框架并且得到发展时，组织的战略也应该向前推进，以满足这些变化。

(3) 数据治理

数据治理涉及组织的政策、流程、控制及信息技术，其中信息技术是与数据的收集、使用、存储、可用性（如为了便于使用而规范化）、分析、删除和保护相关的。保护数据包括确保数据的可用性（防止丢失）、完整性（防止损坏）、访问（对敏感组织或客户数据的角色限制访问）以及遵守相关法律法规（如隐私）。

数据治理更为简短的定义是：它是一种确保和不断改进数据质量的方法。管理层将开发、授权、指导、管理和监控组织的数据治理，以确保与组织的战略、目标、使命、愿景和道德声明保持一致。例如，管理层可能关心的是确保数据分析能够支持及时作出决策，让员工高效工作，并利用数据实现利润最大化。

与所有类型的治理一样，董事会及其相关委员会对组织的数据治理计划和活动进行监督。董事会对组织的利益相关方负有信托责任，因此必须了解他们与数据治理相关的需求。同时，数据治理是管理层的日常职责，内部审计人员在评估数据治理活动的有效性方面也发挥着重要作用。

1.3.2 数据分析过程

数据分析使审计人员能够将重点放在那些风险较高的项目上，进而开展更高级别的确认业务。数据分析流程使用以下五个步骤：

(1) 定义问题

第一步是确定分析人员可能获得的预期成果。实现目标的一种方法是制定一个需要回答的靠谱问题。例如，内部审计的一项职能可能是确定组织潜在舞弊所涉及的区域和当事人，这时通过提问“我们如何识别潜在舞弊发生的位置，以及涉及哪些方面?”有助于建立良好的起点，并提供了一个可以从多角度考虑，提取多个数据源的基础。

(2) 获取数据

第二步是信息发掘，它是获取所需数据访问权的过程。获取数据并使这些数据可用一般是难度和成本较高的，获取数据是将数据分析纳入内部审计职能的最大挑战。

(3) 清理和规范化数据

清理数据包括识别和删除重复数据，以及识别不同系统内相同名称的数据字段的含义是否相同。规范化数据是组织数据的过程，为的是减少冗余的可能性，以便将数据用于特定的目的。规范化还可以识别异常，这些异常可能代表实际的问题或潜在的机会。

(4) 分析数据

在清理和规范化之后，应该对数据进行分析。分析过程可能因数据类型而异。然而，一旦进行分析，就应该解释所有数据：

- 是否出现了模式；
- 是否在特性、系统或流程上发现了异常错误；
- 高层管理人员是否意识到这一特性及其后果。

数据分析可以提供初步结果，并帮助确定异常是否反映了错误，以及违反公司政策或舞弊的危险信号。

(5) 传达结果

最后一步是将结果传达给董事会和高级管理层。由于数据分析结果往往包含大量的数值和数据表，因此将数据分析结果用可视化或图形化方式呈现，是帮助高层理解信息并改进决策的极佳方法。

1.3.3 数据分析方法

随着数据分析方法的不断进步，内部审计对数据分析的应用范围也在不断扩大。以下主要介绍数据分析的基本类型、内部审计应用领域及其他分析方法。

(1) 数据分析的基本类型

数据分析主要包括描述性分析、诊断分析、预测分析和规范性分析。无论数据来源简单直接还是更加复杂，都可以用到数据分析上。

①描述性分析。描述性分析收集信息并使用后见之明来确定“发生了什么”。这是最简单的分析，但也提供了最少的信息价值。描述性分析也可以用于异常检测，即识别需要进一步检查的·组数据中的异常、重复或缺口。例如，一家公用事业公司的内部审计人员使用数据分析来生成关于司机燃油使用情况的自动报告，并且异常报告自动通过电子邮件发送给司机的经理，这大大减少了每周的异常数量。异常检测也可以采用预先开发的脚本的形式，这些脚本能够针对标准数据集运行（经过适当培训的内部审计人员可以为非标准数据集定制脚本）。这些脚本也可以运用数值分析。

②诊断分析。诊断分析使用后见之明，检查特定数据或内容，以揭示“为什么会发生这种情况”这一问题的答案。它通常使用诸如数据发现、数据挖掘等相关性技术。

③预测分析。预测分析使用洞察力将数据转化为可操作的信息，以确定“将会发生什么”，即事件、情况或结果发生的概率。

④规范性分析。规范分析难度最高、价值也最大。它围绕不同的目标和场景，结合数据特征、业务规则和数学模型来确定事物的内在联系和逻辑关系，从纯理论上演绎推导出结论。

(2) 内部审计对数据分析的应用

内部审计最常使用数据分析来评估合规性、运营绩效、舞弊检测和调查、内部控制分析。

①合规性用途。数据分析有助于评估用于确定合规性的数据是否合理，或是否包含质量或完整性问题。另一个用途是评估费用报告，例如采购订单或供应商发票等项目中的趋势或异常情况。数据分析还可用于评估监管要求，例如通过关键词搜索。

②运营绩效用途。数据分析可能有助于识别以下类型的错误和/或效率低下问题：

- 重复付款；
- 放弃付款折扣或未能评估逾期收款罚款；
- 库存周转缓慢或库存数量过高；
- 合同中不寻常或不允许的成本上升。

数据分析还可以突出更好的关键绩效指标（KPI）或帮助类似领域融合最佳 KPI。

③舞弊监测和调查用途。数据分析可以通过查找应该存在的各种记录中的空白来检测“幽灵”员工。同样的方法也可以用来检测假冒供应商或服务提供商。通过数据分析可以创建异常报告，这些异常报告中最有可能给组织带来财务或声誉风险的将得到优先处理。在发现舞弊行为后，数据分析相关的系统还可以进行一些根本原因分析，回答问题或提供与谁、在哪里、在什么时间、做了什么有关的简短列表。

④内部控制分析用途。数据分析可用于分析适当的用户访问权限、适当的职责分离或控制是否有效。其中异常检测是一个强大的工具，可以用来发现控制缺陷或故障的区域。

(3) 其他类型的分析

数据分析可在某些专业应用领域发挥作用，如网络分析和文本分析。

①网络分析。网络分析是指对复杂的工作活动按照一个网络的相关活动进行数学分析。这可能与网络中所有因素的组成以及它们的依赖性有关。

②文本分析。文本分析包括从各种不同来源的文本中提取机器可读的事实，并从大量电子和印刷文档的汇编中创建结构化数据集。这个过程将数据分解为更小、更易于管理的数据。组织可以使用文本分析作为数据驱动方法管理内容的起点。这对于自动化流程，如决策制定、产品开发、营销优化、商业智能等具有促进作用。

1.3.4 预测分析技术

预测是指运用现代科学技术手段，事先依据一定方法，对自己的活动可能产生的后果及客观事物的发展趋势作出的科学分析。预测分析技术可分为两类：定性预测和定量预测。两者的区别在于：定性预测技术的数据很难量化，更多依靠人的主观判断；定量预测技术则是以可量化的事实数据为依据，通过统计或数学模型来建立。

(1) 定性预测

主要的定性预测技术有：德尔菲法、专家判断、场景描述、直觉法。这里主要介绍德尔菲法，其他方法只需要明确是定性预测技术的一种即可。

德尔菲法又名专家意见法，是依据系统的程序，采用匿名发表意见的方式，即团队成员之间不得互相讨论，不发生横向联系，只能与调查人员进行联系，以反复的填写问卷，以集结问卷填写人的共识及搜集各方意见，可用来构造团队沟通流程，应对复杂任务难题的管理技术。德尔菲法的具体实施步骤如下：

①组成专家小组。按照课题所需要的知识范围，确定专家。专家人数的多少，可根据预测课题的大小和涉及面的宽窄而定，一般不超过 20 人。

②向所有专家提出所要预测的问题及有关要求，并附上有关这个问题的所有背景材料，同时请专家提出还需要什么材料。然后，根据专家书面答复要求进行资料补充。

③各个专家根据他们所收到的材料，提出自己的预测意见，并说明自己是怎样利用这些材料并提出预测值的。

④将各位专家第一次判断意见汇总，列成图表，进行对比，再分发给各位专家，让专家比较自己同他人的不同意见，修改自己的意见和判断。也可以把各位专家的意见加以整理，或请身份更高的其他专家加以评论，然后把这些意见再分送给各位专家，以便他们参考后修改自己的意见。

⑤将所有专家的修改意见收集起来，汇总，再次分发给各位专家，以便做第二次修改。逐轮收集意见并为专家反馈信息是德尔菲法的主要环节。收集意见和信息反馈一般要经过三、四轮。在向专家进行反馈的时候，只给出各种意见，但并不说明发表各种意见的专家的具体姓名。这一过程重复进行，直到每一个专家不再改变自己的意见为止。

⑥对专家的意见进行综合处理。

德尔菲法同常见的召集专家开会、通过集体讨论、得出一致预测意见的专家会议法既有联系又有区别。德尔菲法能发挥专家会议法的优点，即：

- 能充分发挥各位专家的作用，集思广益，准确性高；
- 能把各位专家意见的分歧点表达出来，取各家之长，避各家之短。

同时，德尔菲法又能避免专家会议法的缺点，即：

- 权威人士的意见影响他人的意见；
- 有些专家碍于情面，不愿意发表与其他人不同的意见；
- 出于自尊心而不愿意修改自己原来不全面的意见。

德尔菲法的主要缺点是过程比较复杂，花费时间较长。另外，德尔菲法限制了团队成员的沟通。

（2）定量预测

定量预测技术可以分为时间序列分析法、回归分析法、高低点法、判别分析法、敏感性分析法、模拟模型法、因果预测法。

①时间序列分析法。时间序列分析法是对将来的值进行预测的一种方法，其核心是确定数据的变化是由哪几部分构成的。根据传统，可以把它们分为四类：趋势、季节性、周期性和随机波动。趋势是指变量的长期增加或减少。例如，中国人口的时间序列呈上升趋势，而濒危动物，如华南虎，则呈下降趋势。季节性是指定期发生的变化。如雪橇的销售量在秋天和初冬增长很快就是季节性的一个例子。周期性是指变化是周期性循环的。商业周期就是属于这一类。随机波动是指变量的、其他的、不遵循任何可识别模式的变动。时间序列分析法可以分为两类：趋势推测法和指数平滑法。

趋势推测法：最常用的预测方法之一。这种方法是建立在这样的假设基础上，即在一个时间序列数据中存在着一种可识别的变化趋势。例如，根据过去五年10月份销售额，来预测第六年的销售额。趋势推测法可以使用简单平均法（各期数据加总再除以期数求平均值）；几何平均法（各期数据相乘再开方）；加权平均法（各期数据乘以某一个权数，再加总，权数之和为1)。

指数平滑法：又称指数光滑法。是一种时间序列预测技术，它是赋予近期的观察数据以更大的权值，所有权值之和等于1。指数平滑法与加权平均法的区别在于后者的权值设定依靠主观判断，而前者是使用如图1－8中的数学计算得出。指数平滑法允许较近期的数据有较大的权值。如果数据呈明显的趋势，用它进行预测就不太准确。如果时间趋势为正值，根据指数平滑法作出的预测就可能偏低，如果时间趋势为负值，作出的估计就会偏高。只有当在数据中没有明显的时间趋势时，用简单指数平滑法做预测才是合适的。

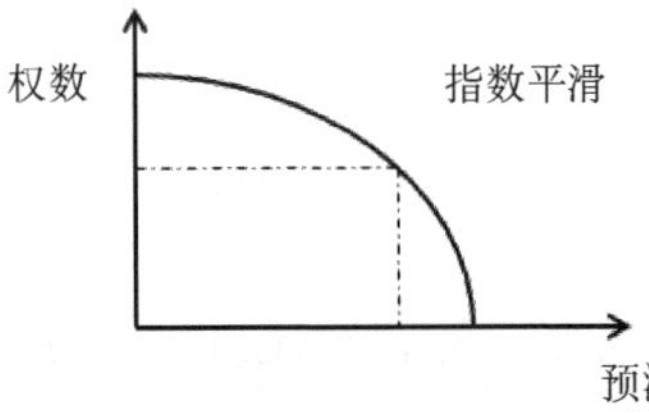

图1－8　指数平滑中权数与预测期的关系

②回归分析法。回归分析法是在掌握大量观察数据的基础上，利用数理统计方法建立因变量与自变量之间的关系函数表达式（称回归方程式）的方法。当研究的因果关系只涉及因变量和一个自变量时，叫做简单回归分析；当研究的因果关系涉及因变量和两个或两个以上自变量时，叫做多元回归分析。

③高低点法。适用于资金的预测，指根据企业一定期间资金占用的历史资料，按照资金习性原理和 $y=a+bx$ 直线方程式，选用最高收入期和最低收入期的资金占用量之差，同这两个收入期的销售额之差进行对比，先求 b 的值，然后再代入原直线方程，求出 a 的值，从而推测资金发展趋势。

④判别分析法。判别分析又称“分辨法”，是在分类确定的条件下，根据某一研究对象的各种特征值判别其类型归属问题的一种多变量统计分析方法。

⑤敏感性分析法。敏感性分析是指对决策中考虑的某一因素变化时给预计结果带来的影响进行分析。对解线性规划问题，其做法是：改变目标函数或约束条件中某一个成分；重新求解，然后比较答案的变化。

⑥模拟模型法。模拟可以演示出一个问题的动态过程，它模仿在一定时期内的实际运行情况，是建立动态模型的方法之一。模拟的主要特征是其对运行过程的模仿，从而演示出问题的动态特征。可以比喻说，模型是系统在某些确定时点上的快照，而模拟模型是系统在某段时间内的录像。

模拟的目的在于通过对一段时间中系统运行的模仿，收集相关信息，从而可以得到实际的、但却是人造的结果。

⑦因果预测法。根据事物之间的因果关系来预测事物的发展和变化，通过对需求预测目标有直接或间接影响因素的分析找出其变化的规律，并根据这种变化规律来确定预测值。

1.4 典型模拟试题

1. 组织结构与生产技术间的关系揭示，在使用大量生产技术（如汽车制造）的组织中，最好的组织结构是：

A. 有机式，强调宽松的控制和灵活性。

B. 矩阵式，员工既向产品经理报告，也向职能经理报告。

C. 机械式，高度正规化，强调严格的控制。

D. 综合性，强调部门之间的合作。

2. 在平衡计分卡方法中，了解客户看问题角度的目的在于：

A. 评估企业如何为其股东创造价值，以及股东如何看待企业。

B. 评估企业业务过程的运营效率和效果。

C. 评估企业继续创造未来价值的能力。

D. 评估企业的产品或服务创造价值的方式。

3. 下列哪种组织的营销渠道系统对管理渠道冲突提供了最小的能力？

A. 多通道的。　　B. 传统的。

C. 垂直的。　　D. 水平的。

4. 以下哪些陈述正确？

Ⅰ. 期望理论认为复杂奖励方案可能提高员工的努力程度；

Ⅱ. 激励保健理论认为对员工给予表彰可以大大提高工作满意度；

Ⅲ. 公平理论认为受到不公平待遇和相对较少奖励的员工将更加努力工作以追求公平；

Ⅳ. 目标理论认为，应在员工参与的前提下设定具体而现实的目标。

A. Ⅰ和Ⅲ。　　B. Ⅱ和Ⅲ。

C. Ⅰ和Ⅳ。　　D. Ⅱ和Ⅳ。

5. 以下哪项特点是大数据最常见的特点？

A. 可见性、有效性、脆弱性。　　B. 速度、种类、数量。

C. 复杂性、完整性、恒久性。　　D. 持续性、控制度、便利性。

1.5 典型模拟试题参考答案及解题思路

1. 参考答案：C

解题思路：

A. 不正确，宽松的控制和灵活性不利于生产技术的准确利用，不是最好的组织结构。

B. 不正确，不适用于大量生产的制造商。

C. 正确，组织结构与生产技术之间的关系是：技术越常规，结构越标准化，技术越是非常规，结构就越会是有机式的（控制和协调方法因技术类型而异）。大量、大规模生产更适合于机械式的组织结构，单件生产和连续生产采用有机式更为有效。

D. 不正确，不存在综合性组织结构。

2. 参考答案：D

解题思路：

A. 不正确，属于平衡计分卡的财务维度。

B. 不正确，属于平衡计分卡的内部流程维度。

C. 不正确，属于平衡计分卡的学习与成长维度。

D. 正确，属于平衡计分卡的客户关系维度。

3. 参考答案：B

解题思路：

A. 不正确，参照题解 B。

B. 正确，传统的营销系统有一个或多个独立的生产商、批发商、零售商组成，其中每一个都是独立的利润最大化的企业。每一个渠道成员独立的利润目标就不可能作为一个整体来实现系统的利润最大化，同时，传统的营销系统也没有手段来控制渠道的冲突。

C. 不正确，参照题解 B。

D. 不正确，参照题解 B。

4. 参考答案：D

解题思路：

Ⅰ. 不正确，期望理论认为当员工感觉到努力与绩效之间、绩效与奖赏结果之间存在明确的联系，且个人由于他的绩效而获得的奖赏满足了与其目标相一致的主导需要时，他的工作积极性就会提高。

Ⅱ. 正确，赫茨伯格双因素理论，也称激励—保健理论。他认为，使职工感到满意的都是属于工作本身或工作内容方面的；使职工感到不满的，都是属于工作环境或工作关系方面的。他把前者叫作激励因素，后者叫作保健因素。

Ⅲ. 不正确，公平理论认为，员工通常会思考自己的收入与付出的比率，并将其与相关他人（同事、朋友、自我）的收入付出比进行比较，若员工感到不公平，就会试图去纠正。因此，员工的积极性不仅受到其绝对收入的影响，还受到其相对收入的影响。

Ⅳ. 正确，目标理论认为，目标的实现者同时也是目标的制定者，主张由上下级在一起共同商讨确定目标。目标是人们行为的最终目的，是人们预先规定的、合乎自己需要的“诱因”，是激励人们有形的、可以测量的成功标准。

5. 参考答案：B

解题思路：

A. 不正确，参照题解 B。

B. 正确，大数据包括体量（Volume）、速度（Velocity）、多样性（Variety）和准确性（Veracity）四个维度。其中，数量（Volume）是指数据量，由于技术的发展，我们获取数据的能力在不断增强，因此数据量比以往任何时候都要大得多。速度（Velocity）可以定义为可使用的设备数量增加或从各个渠道大量收集数据。信息正以越来越快的速度从任何地方收集。多样性（Variety）是指被识别、捕获和存储的众多类型的数据。这可以包括分类，例如针对特定类型的软件或针对特定功能区域（如财务）的规范化数据。一个广泛的分类是结构化与非结构化数据。结构化数据是为便于使用而规范化的数据，例如列和行，与有序的电子表格非常相似，包括来自数据库和信息系统的数据。非结构化数据是未规范化的数据（即不易分类或制表的数据），非结构化数据可能占据了所有企业数据的大部分，包括来自社交媒体、博客、电子邮件、文字处理文档、法庭诉讼等数据。

C. 不正确，参照题解 B。

D. 不正确，参照题解 B。

读书笔记

第2章

信息安全

本章要点

- □ 信息安全管理
- □ 信息安全措施
- □ 信息安全政策
- □ 数据隐私法
- □ 新兴技术实践

第2章 信息安全

信息是一种资产。信息安全是大多数信息技术（IT）控制的基础，它包括数据安全和基础设施安全两个方面。数据安全通过基于角色的访问控制等手段，保证信息不被非授权的用户所访问，并通过日志系统保留用户活动的审计踪迹。安全基础设施则是应用安全的系统基础，包括其主机和服务器系统，通过各种安全软件保证基础系统不被非法侵入。

2.1 信息安全管理

信息安全管理一般包括制定合理的信息安全方针与策略、风险评估、控制目标与方式选择、制定规范的操作流程、对员工进行安全意识培训等一系列工作，通过在安全方针政策、组织安全、资产分类与控制、人员安全、物理与环境安全、通信与运营安全、访问控制、系统开发与维护、业务连续性管理、法律法规要求等领域内建立管理控制措施，为组织建立起一张完备的信息安全“保护网”，来保证组织信息资产的安全与业务的连续性。

2.1.1 物理安全控制

物理安全指通过物理手段或过程手段来保全公司资产并确保使用者的人身安全。物理安全风险包括自然的和人为的，如台风、洪水、地震、电力故障、操作错误、盗窃和设备故障等。

物理安全控制包括物理访问控制、环境风险控制和防火防水等，其手段包括烟雾报警器、电子安全门禁、运动传感器、摄像头、不间断电源、设置禁入区域、信息中心选址的风险评价、生物统计访问系统等。对于使用租赁线路的网络应保证设置在各营业场所的传输线路的安全，以防止非法访问网络。

（1）物理访问控制

物理访问控制是用来保护组织免受非授权访问的一种措施，包含很多的检测设备、防御设备和控制措施。在物理访问控制的限制下，只有经过管理层授权的人员才能进行访问。有些授权是明确的，如管理层授权某员工拥有锁门的钥匙；有些授权是隐性的，如在岗位职责描述中说明没有员工必须访问的敏感性文件。通用的物理访问控制如下：

①螺栓门锁。需要使用传统的金属钥匙才能进入。这类钥匙应贴上“请勿复制”的标记，并且应在严格的管理控制下进行存放和发放。

②组合门锁。组合门锁（密码锁）使用数字键盘或拨号盘进入，通常在机场登机门和较小的服务器机房可以看到。这种密码组合应定期进行更改，或者在具有访问权限的员工出现调动、被解雇或受到纪律处分时进行更改。这样可以减少未经授权人员得知密码组合的风险。

③电子门锁。采用磁性或基于芯片的嵌入式塑料卡式钥匙或令牌，将其插入传感器读取设备以获得访问权限。传感器读取设备在读取了卡片或令牌存储的特殊代码后激活锁门机制。与螺栓锁和密码组合锁相比，电子门锁具有以下优势：

- 可以通过特殊的内部代码将卡片分配给可识别的个人；
- 可以通过特殊的内部代码和传感器设备，根据个人的独特访问需要来限制访问权限；
- 可针对特定的门或一天中的特定时间指定限制；
- 难以复制；
- 在与员工终止雇佣关系或者卡片丢失或被盗时，可以轻松禁用卡片访问权限；
- 如果尝试在未经授权的情况下进入，可自动激活无声警报或有声警报。

卡式钥匙的发放、审查和回收属于管理流程，应当谨慎控制。员工离开公司时，回收卡式钥匙是一个很重要的事项。

刷卡通行中经常采用的一种技术就是门禁卡。门禁卡是一种物理控制技术，它将塑料卡片与包含编码数据的磁条结合使用，从而提供对受限或安全位置的访问权限。编码数据可由槽式电子设备进行读取。刷卡后，连接到槽式电子设备的应用程序将会阻止对敏感位置进行未经授权的物理访问，同时还会对试图访问安全位置的所有卡片用户进行记录。

④生物特征识别。生物特征识别是验证用户身份的最佳方法，基于唯一的可测量特性或遗传特征来验证一个人的身份。使用个人的独特身体特征（如声音、视网膜、虹膜、指纹、面部识别、手部几何特征、签名等）来激活。此系统在必须对极其敏感的设施（例如军事领域）进行保护时使用。

使用生物特征识别通常会用到读取设备，用来在允许授权访问之前解读个人的生物特征。然而，这个过程并非完美无瑕，因为某些生物特征会发生变化（例如疤痕指纹、签名不规则以及声音发生变化）。因此，生物特征识别访问控制系统并不总是同样有效且易于使用。将用户的生物特征输入系统中，是通过存储用户特定的生物特征这样一个登记过程来实现的。

⑤密钥卡。密钥卡（key card）可由程序设置并自动生成用户密钥的一卡一密访问卡片，可使用刷卡或射频标识符来识别和验证用户身份。

⑥物理安全密钥。相对于电子密钥卡而言，物理安全密钥是指包含识别身份信息的一种设备，可用于更安全的身份验证。

⑦人工登记日志。所有的访客必须留下记录，例如姓名、单位、事由和探访人员等，登记表一般放置在接待处、计算机机房、数据中心等入口。访客需要提供能证明其身份的证件。

⑧电子登记日志。一种借助于电子和生物特征的安全系统，所有出入均自动登记，当有不成功的进入企图时，会有警示信息提示。

⑨身份识别卡。所有工作人员必须佩戴并出示的一种身份的识别卡，卡上可印上照片。访客识别卡和员工识别卡必须采用不同的颜色予以区别。该卡可进一步采用电子卡片刷卡方式。卡片的发放、申请与取得必须在严密的控制下进行。

⑩摄像监控。在重要的地点设置摄像头监控设备，并由负责安全的警卫人员监视。摄像头还可以进一步升级为移动追踪监控。监控记录必须保留以备查。

⑪安全警卫。设立警卫人员，并配合摄像头与门禁设备，是一种很有效的安全措施。当警卫人员由专业保安公司派出时，保安公司必须为警卫人员提供担保，以保护组织免受损失。

⑫访客的出入控制与陪同。进入组织的访客可以安排人员陪同。访客包括员工的朋友、维修人员、第三方合作伙伴（如软件开发商、计算机零售商、顾问、外部审计师）等。

⑬人员担保。第三方服务机构必须对其派出的人员进行担保，如保洁人员、技术服务人员等。这些措施虽无法直接增强物理安全，但可以降低组织的潜在财务风险。

⑭双重门设计。双重门（deadman doors）通常用于敏感性设施和设备的保护，如计算机房、数据中心、文档室等。双重门由两个门构成，在操作第二个门时第一个门必须关闭上锁，仅有一人能在中间地带操作，这样可以降低未授权人员尾随授权人员进入管理区域的风险。

⑮不公开敏感性设施位置。敏感性的建筑物或部门（如数据中心）的位置指示只需概略的说明，不要被他人轻易看见或公开标示，可以考虑不设计窗户或不设置指示标志。

⑯计算机终端设备锁定。终端设备（如办公电脑）可进行桌面锁定，以防止非法打开电源，或使键盘的输入失效，以防止非法使用。

⑰在单一入口处设置专人监控。所有人员均限制在一个单一入口处进出，在此入口设置前台接待人员。太多的入口会增加非法进入的风险，对不必要的入口要予以取消或锁死。

⑱警报系统。对于没有启用的入口需要连接警报系统。无人值守时，应启动移动探测器。对于单向出口门、单向进口门中的反方向人员移动进行报警。当警报启动时，警卫人员必须能听到警报声。

（2）物理环境控制

为了减轻自然灾害、电力故障、设备故障、温度、湿度、静电等环境带来的风险，常见的环境通用控制措施如下：

①报警控制面板。报警控制面板应当包括：与建筑物中的防盗系统或安全系统相分离；负责防火的部门员工随时可以访问；安装在保护盒中；遵守制造商的温度要求；安放在受控制的房间中，防止个人对其进行非授权访问；利用另外的电源或专用电源供电；能够对设备中的隔离区进行控制或解除控制；符合相关法规要求。

②水灾探测器。即使设施中已经铺设了地板设备，水灾探测器仍必须设置在高架地板下与排水孔附近。无人看管的设备存放设施必须安装水灾探测器。当警报启动时，声响必须足以让安全和控制人员听到。如果永久水灾探测器安装在衣帽柜（架）地板下，必须做标记以便识别和维护。

③烟雾探测器。烟雾探测器必须安装在整个设施（房间）的天花板上以及高架地板下，探测器启动警报时必须产生足够的警报声响且能连接至监控室。在探测器的安装位置上做标记以便于识别和维护。烟雾探测器可以辅助使用但不能取代灭火系统。

④手提式灭火器。必须放置在设施环境中的重要地点，而且每年需要定期检查并记录。

⑤手拉式火灾警报器。必须放置在设施环境中的重要地点，警报必须连接到监控人员的位置。

⑥灭火系统。灭火系统在探测到火灾引起的高温时可自行启动，系统必须能够产生足够的警报声响且连接至中央监控室。系统每年必须定期检查及测试，测试过程必须符合相关标准要求。理想情况下，系统必须自动触发其他装置以封闭火场，包括关闭防火门、通知消防单位、关闭通风系统以及关闭非必要电力设施。另外，系统必须能够分段设置，当一部分区域产生火警时，不至于启动全部的系统。常见的消防器材（包括灭火剂）主要包括：洒水灭火系统、干管灭火系统、二氧化碳灭火系统、七氟丙烷（FM－200）灭火系统等。此外，早期使用的卤代烷灭火系统因卤代烷气体对大气臭氧层的破坏作用而被七氟丙烷全面取代。

⑦防火防水。主要包括但不限于：消防单位的定期检查；安装防火墙及防火门；紧急断电开关；电线放置在防火线槽里；禁止在信息处理场所中就餐、喝饮料及吸烟；使用具有防火性的办公设备。

⑧紧急疏散计划。制订紧急疏散计划的书面文件，以便在紧急状况下有序疏散工作人员，保障其生命财产安全，该计划应定期得到测试。

（3）数据中心控制

数据中心是一个容纳了大量服务器、存储设备、网络交换机和装备的设施。通常包括冗余或备用电源、冗余网络连接、环境控制（如中央空调、防火灭火系统）以及多种安全设备。一个数据中心可以占据一个整房间、一个或多个楼层甚至整个建筑物。因此，作为组织的重要 IT 资产，同样会受到多种物理安全威胁，除了常见的物理访问控制和物理环境控制外，数据中心还应当注意：

- 位置地点不应太显眼，同时还应适当远离建筑物外墙。
- 安装符合防火规范的门和门禁系统，门和窗户的数量越少越好。
- 根据数据中心的规模和功能，应配备相应的环境设施和控制系统，如监控设备和系统、火警探测器、湿度探测器、加热通风和空调（HVAC）管理系统、电磁屏蔽或干扰设施、除尘设施等。
- 制定了数据中心的灾难备份计划、恢复计划和应急计划，并定期对应急计划进行测试。

(4) 硬件控制

硬件是物理设备的主要构成部分，其自身会因各种原因出现错误或故障，导致硬件自身或系统不能正常启动、使用或意外终止。例如，电脑中的风扇发生故障，可能导致设备过热而死机。

硬件控制是内置控制，有时也被称为控件，它用于检测和报告硬件错误或故障。硬件已变得越来越可靠，但仍然可能产生错误。在确定存在硬件控制后，审计师应该更加仔细地查明组织对硬件错误的反应，而不仅仅是检查控制本身。控制会报告问题，但不会解决产生的错误，因此需要一个过程。以下是硬件控制常见的类型：

①硬件性能设计控制。硬件性能设计控制主要采取双重电路、双重读出和回波校验等方法。双重电路控制也称为双重过程检验，即可执行双重计算并比较两个计算结果来实现控制；双重读出即以两个阅读器来分别阅读不同介质（卡片、磁带或随机存取媒体等）上的记录，并比较两个阅读操作的结果来进行控制；回波校验（echo check）即将接收到的数据送回原输出装置与其原始数据相比较，以校验接收装置所收到的传输数据的准确性。

②正常使用条件的控制。正常使用条件的控制指各种预防性维护和使用不间断动力系统以防止数据处理差错。

预防性维护是对所有系统部件都要进行定期的测试，发现能力较差时，应及时更换，以保证正常操作。它包括但不限于：

- 设备检测。利用控制电路来检查设备是否正常。
- 容错部件。在硬件或软件方面具有冗余，以便在系统出现故障时继续运行。
- 冗余字符检验。对传输的有效数据附加一个字符数据，有效数据与字符间具有一定的关系，如果数据在传输的过程中发生错误，那么这种关系就会被破坏，从而判断数据在传输的过程中是否发生错误。
- 循环冗余校验（CRC）。一种根据网络数据包或计算机文件等数据产生简短固定位数校验码的一种信道编码技术，主要用来检测或校验数据传输或者保存后可能出现的错误。

不间断动力系统具有辅助动力供应设备，以消除因动力突然波动和功率不足所造成的数据损失，保证计算机的不间断操作，例如配备不间断电源（UPS）、稳压器或电涌抑制器。

（5）个人工作设备安全控制

在现今移动式计算环境中，用户经常把敏感数据保存在PC、笔记本电脑或智能移动设备上，因此要建立对个人工作设备使用的安全策略。以下控制措施可以减少个人工作设备泄漏其中存储的敏感信息的风险：

- 通过使用电子雕刻和防伪标识将设备序列号、组织名称、标志等信息印在设备上；
- 使用电缆锁或具有防盗探测器的报警系统来保护设备；
- 定期对关键业务和敏感数据进行备份；
- 利用通用加密软件进行加密，尽量采用公开的加密算法进行加密，而非使用专用算法（经过考验的公开的加密算法才是安全的）；
- 对单个文件设置密码，可防止文件被非授权人员使用；
- 制定反盗窃响应机制，规范设备被盗后的相关事宜。包括：确定被盗的设备、向执法部门汇报、评估被盗设备中数据的敏感性和重要性、确定客户或其他第三方是否会受到影响。

（6）存储和备份控制

存储和备份控制是指建立一套控制系统，通过定期制作数据和程序文件的存储，使组织中的重要数据和程序能够有效的被保存起来，以便在遭遇意外事故后可以重构再生。一般要求将备份文件存储在安全位置，远离原始文件的所在地。常见的存储和备份控制如下：

①备份和恢复控制。第一，组织的数据和程序在备份时需要使用存储介质，如磁带、磁盘、云存储等，库管理员需要维护一个永久备份储存介质的库目录，控制对这些介质的访问。第二，根据数据变更的频率，对数据和文件的备份应当周期性（月、周、实时等）的进行。如有些应用系统每月运行一次，更新主文件与交易文件，那么备份应当安排在应用系统运行之后；需要频繁更新的操作系统或应用系统可能需要每周备份一次；有些大容量处理的在线实时系统，可能需要在异地备份设施中以镜像本地主文件的方式进行实时备份。第三，进行备份轮换的频度控制，即备份方式的轮换（如完全备份和增量备份之间）和存储介质（如磁盘和磁带之间）的轮换（按照数据备份的不同方式轮换使用不同存储介质）的周期控制。第四，当备份和应用程序库为磁带、磁盘等物理形式时，备份系统还需要用标签来标记和存储备份。大型数据中心可能使用磁带管理系统而不是标签，此时必须备份磁带管理目录，以防止过程中断。如果使用磁盘

做永久备份，则可以使用操作系统来管理、监控和定期清除备份。

②异地存储控制。异地存储（Off - Site Storage）设施的安全控制应当像组织内部的信息系统处理设施一样对待，提供足够的物理访问控制，如加锁的门、少设或不开设窗户、专人值守监控等。异地存储设施不应当有明确的标识，以免被人轻易的从外面识别出来，这能够防止在原始站点被恶意破坏后，攻击者再次对异地存储设施进行破坏。异地存储设施不能同时面临与原始站点一样的自然灾害，需要防止区域灾害的共同影响。

③云备份控制。云备份（Cloud Backup）指将数据备份到基于云的远程服务器的过程。无论是采用公有云、私有云还是混合云，云备份同样面临物理安全和环境保护问题。云备份资产的安全控制由云服务提供者负责，组织使用云服务替代本地系统时，安全问题就成为一个主要的考虑因素。此外，由于云计算是基于分布式数据库和服务器的网络，云备份符合与原始站点的物理距离和相对保密的要求，如果采用私有云也应当需要满足远程的物理距离要求。

④电子传输和存储控制。在线数据恢复方案采用网络（电子方式）取代交通工具（物理传输）进行数据的传输，它通过网络将关键数据进行备份并存放至异地。相比于卡车这种交通工具来运输备份存储介质而言，在线数据恢复提高了灾难恢复的速度，由于备份站点要保持持续运行，对网络的要求较高，因此成本相应有所增加。

2.1.2 逻辑访问控制

逻辑访问控制确保只有被授权用户才能实现对特定数据和资源的访问。访问控制技术可以应用在信息系统的不同层次，如操作系统访问控制、数据库访问控制、网页访问控制等。

（1）控制流程

逻辑访问控制流程包括对用户身份识别和用户身份认证，该过程通常涉及三个方面：

①认证。认证（Authentication）是指验证和确认用户身份的有效性以及用户是否被允许访问系统资源。在日常工作中常常做的输入用户名、输入密码的这个过程，就是用户的身份识别和验证过程。

用户标识（UID）是用于唯一地确定一个用户的身份，是实施访问控制的前提。密码（Password）是鉴别用户身份的常用手段之一，通过使用密码可以明确用户的责任。例如，对应付款系统数据终端的访问控制就可以要求激活终端数据必须使用密码并对数据终端的活动进行记录，以明确该终端用户对其所进行活动应负的责任。

密码应由用户掌握和修改，还可以按用户的权限设置不同的密码等级，以防止掌握密码的人非法访问服务器上的所有用户文件。密码应该严格保密，并且在终端输入时不应该显示。为了防止密码被猜出，可使用能够实施密码组合标准的访问控制软件；此外，还可以使用令牌设备/一次性密码以提高登录的安全性，或使用单点登录（single sign on，SSO）以便于用户只需要登录一次就可以访问所有相互信任的应用系统。

有的用户因为进入系统过程较繁琐枯燥，就把登录字符串包括密码保存在个人电脑配置里，以待进入时快速调用。这样确实非常方便，但安全性很差，因为任何能访问用户个人计算机的人也能访问系统。虽然屏幕保护程序能提供一定的安全性，但其密码安全性较低，因为它很容易被绕过。

②授权。授权（Authorization）是指分配用户访问系统资源的权限和许可，即决定用户可以进行什么操作，包括对操作系统、应用程序或数据库系统的读、查询、拷贝、写、生成、更新、删除和执行等操作。

在授权上，应遵循“最小特权（least privilege）”原则和“知必所需”原则，确保雇员只能访问对完成其工作确有需要的信息。最小特权是指为用户和/或部门分配角色或配置文件时，仅授予完成某项任务必须的最小权限集合，即：

- 指定的人可以访问的内容（specify who can access what）；
- 必须知道（need to know）；
- 必须做（need to do）。

访问权限基于层次结构中设置的角色名称，应审核该角色名称以查看角色是否过于宽泛以及某些用户是否得到了不必要的权限。此外，角色可以允许某些用户拥有只读访问权限（无修改权限）。

③审计。审计（Audit）是指对系统记录和活动进行独立评估和检查，以便测试系统控制措施的充分性，确保符合既定的策略和操作程序，检测安全违规并推荐控制措施。其中，访问控制列表（ACL）用于存放访问控制信息，以鉴别权限、根据访问日志进行审计追踪等。

（2）控制策略

逻辑访问控制策略主要用来指出什么类型的访问在什么情况下被谁允许。访问控制策略一般分为以下几项：

自主访问控制：基于请求者的身份和访问规则（授权）控制访问，规定请求者可以（或不可以）做什么。

强制访问控制：通过比较具有安全许可（表明系统用户有资格访问某种资源）的安全标记（表明系统资源的敏感或关键程度）来控制访问。

基于角色的访问控制：基于用户在系统中所具有的角色和说明各种角色用户享有哪些访问权的规则来控制访问。

基于属性的访问控制：基于用户、被访问资源以及当前环境条件来控制访问。

(3) 身份识别和访问管理

身份识别和访问管理（IAM）用于识别授权用户的各政策、程序、活动和技术。它试图解决三个重要的问题：

- 谁可以访问哪些信息；
- 访问对于正在执行的工作是否适当；
- 是否适当监控、记录和报告访问和活动。

IAM 流程用于初始化、捕获、记录和管理用户身份以及对组织专有信息的相关访问权限。这些用户可能超出了组织员工的范围，可以包括供应商、客户和 IT 设备等。组织可将 IAM 作为促进用户账户管理和对数据安全实施适当控制的手段。IAM 流程旨在分配身份并提供适当的访问权限。IAM 系统涉及三个过程：

①配置。IAM 最明显的方面是配置：身份的创建、更改、终止、验证、批准、传播和沟通。

②身份管理。指 IAM 战略、政策和流程的建立、沟通和管理。它需要监控、审计、协调以及报告系统性能。

③强制执行。当身份经过验证和授权以及活动被记录时，通过流程或机制自动执行。

(4) 其他逻辑访问控制技术

与访问控制相关的其他技术手段或控制措施有：

①访问日志。对用户访问信息系统的时间、内容等进行记录，便于分析控制。安装访问日志系统属于检测性控制措施，它虽然可以发现未经授权的访问，但不能防止其发生。

②自动注销登录。自动注销非活动终端的登录，可以防止通过无人照管的终端来访问主机上的敏感数据。

③回拨。远程用户拨叫主机后应立即挂断，由主机回拨该用户以保证信息按指定线路传输。例如：在电子资金汇划系统中，为了保证数据只传送给被授权的用户，最有效的控制措施就是要求接收数据的金融机构使用回拨系统。

④对工具软件的限制。管理层可以制定限制使用具有访问特权的工具软件的政策，以降低利用特权软件进行非法访问的风险。

⑤电子邮件（E－mail）的安全控制。公司应该规定雇员不能用电子邮件发送高度敏感或机密信息、对电子邮件要进行加密、限制使用电子邮件的数量，并且在工作终端上的一些商务电子邮件需要保存以备公司查阅，但是保密性电子邮件不能像纸质文件一样长期在邮件服务器中储存。在较大的公司，可以在安全程度不等的不同地点有几人同时负责管理电子邮件的安全性。密码可以有效防止电子邮件被其他人随便接触，包括防止有人企图以用户的名义随意访问用户的个人信息。但电子邮件不可能比它赖以运行的

计算机环境更安全，当计算机操作系统安全得不到保障时，电子邮件的密码很容易被绕过。

⑥监控。对具有远程控制权限的计算机的访问进行监视和控制（例如，帮助台）。

⑦特殊访问代码。一次性使用的访问代码（常用于访客）或定义了开始和结束日期的访问代码（常用于服务提供商）。

2.1.3 用户身份验证

用户身份验证可以防止非授权用户访问信息系统，内部审计人员需要了解不同的身份验证级别和方式，以及身份验证的有效性。较常见的方式是系统为每一位用户分配一个唯一的用户名，对关联该用户名的资源或功能的访问都要接受特定密码的保护。

用户身份验证包括两个关键步骤，即认证（Authentication）和授权（Authorization）认证是指证明用户身份的过程，而授权则是标识合法用户可访问资源的过程，授权应遵循“最小特权”原则。

（1）认证因素

验证用户的个人身份既可以是物理上的，也可以是逻辑上的。三个基本因素分别为：只有你知道的事情（something the person knows 或 what you know），如账号和密码；只有你拥有的东西（something the person has 或 what you have），如智能 IC 卡、身份证、工作证、信用卡、钥匙、加密秘钥或注册的移动设备等；只有你具有的特征（something unique to the individual 或 who you are），如生物特征的指纹、声音、虹膜等。

通常，可以通过增加其中一个因素的复杂性或要求同时提供两个或更多因素来提升安全性。当使用两个因素进行身份验证时，被称为双因素认证（或两级认证）。双因素认证被认为足以满足高级别的安全要求。常见的双因素认证是输入账户和密码（知道的事情），同时还在手机设备上接收短信验证码（拥有的东西）。此外，很多移动设备和笔记本电脑都配备了指纹识别或面部识别功能（具有的特征），作为备用的身份验证。

（2）认证风险

未能正确认证用户或者未能提供适当授权控制的风险包括但不限于以下内容：

- 不适当的员工或承包商访问机密信息（例如工资单）；
- 外部人员或实体访问组织信息系统以窃取专有信息（例如制药公司的药品专利配方）；
- 修改、损坏或加密数据；
- 安装恶意软件或间谍软件；
- 获得对其他系统的访问权；

- 合规性风险，例如严重侵犯隐私；
- 失去客户信任（声誉风险）和市场份额损失（市场风险）。

2.1.4 变更管理控制

变更控制是指信息系统硬件和软件（程序）的变更，都需要经过相关批准才能进行。变更过程中必须保留文档，以留下何人、何时、做了何事的线索。一个有效的变更控制可以减少系统在变更过程中产生的风险，将擅自编辑生产程序、工作控制语言和操作系统软件的可能性降到最低限度。例如，若对负责系统安装与维护的程序员缺乏必要的监督，该程序员就有可能利用系统的工具软件对生产程序进行变更，并且不留下任何审计线索。

变更控制的流程步骤如下：

第一，确定变更的需求。

第二，准备工作。包括记录变更请求、变更测试和回滚计划。

第三，证明变更的合理性并请求审批。需要确定变更的影响和成本效益，同时审查相关风险和监管影响。

第四，变更的授权。审批人选择拒绝变更、批准变更或请求更多信息，若选择批准需考虑变更设定在总体计划中的优先级。

第五，计划并实施变更。安排变更实施人员和变更测试人员，在生产前进行测试，与受影响的各方沟通，确认最终批准，并实施变更。

第六，审查已实施的变更。判断变更是否成功，与之前使用过程的差异，是否遵循法规，报告的变更中的教训。

第七，如果变更不成功，则退出变更，回滚到之前的状态。

第八，如果变更成功，则关闭变更请求并向利益相关方报告。

第九，记录所做出的最终更改。

第十，重新审视变更控制流程，以便持续改进。

2.1.5 运营维护控制

IT 的运营维护控制是 IT 运营管理的核心内容，它是组织及 IT 部门制定的一系列政策、标准和程序。目的是实现组织业务策略与 IT 部门提供的服务之间的一致性，以及实现组织数据和程序的安全。

(1) IT 运营管理

通常，IT 运营管理主要包括：

①运行和维护管理。设备设施管理，如对网络设备、服务器设备、操作系统运行状

况进行监控和管理。

应用和服务管理，对各种应用支持软件如数据库、中间件以及各种通用或特定服务的监控管理，如邮件系统、DNS（域名系统）、网络（Web）等的监控与管理。

数据存储和容灾管理，即对系统和业务数据进行统一存储、备份和恢复管理。

信息安全管理，如人员安全、物理与环境安全、通信与运营安全、访问控制、业务连续性管理等。

日常工作管理，包括规范和明确运维人员的岗位职责和工作安排等内容。

②服务和支持。IT部门的运维人员向其他人员（内部和外部）提供服务与支持，内容主要包括用户投诉与申告的及时响应与处理（问题管理、帮助台等），系统故障发现、通知、分派、监督、解决、回馈等流程的闭环管理。可以使用一些常用的工具来监控服务和支持的效率和效果，如异常终止作业报告、操作人员问题报告、输出分发报告、控制台日志、操作人员工作日程表等。

③优化和变更。对系统优化、软件升级、版本控制、设备和服务配置、管理策略变更等进行管理。

（2）IT运营控制

常用的IT运营控制主要包括职责分离、审计追踪、问题管理、程序变更、质量保证等内容。

①职责分离。职责分离是指组织人员之间责任和权限的相互分离机制，对于不相容的职能应尽可能做到相互独立，由不同的人员负责。如果不能做到完全分离（如小型组织），也必须通过其他适当的控制程序（即补偿控制，如审计追踪）来弥补。在IT运营控制方面，职责分离主要涉及：

• 遵循IAM（身份识别和访问管理）原则，按照最小特权原则、按需访问原则进行身份管理；

• 应用控制的职责分离，即数据的发起、授权、输入、处理和验证应该由不同部门的不同个人完成；

• 系统的开发和操作、测试和实施、编程和变更等职责分离，否则容易导致舞弊、后门、数据篡改等严重的危害后果。

②审计追踪。审计追踪（Audit Trails）是指由计算机自动生成的且带时间戳的电子记录，是一系列有关计算机操作系统、应用程序及用户操作等事件的记录，用以帮助从原始数据跟踪到有关的记录、报告或事件，或从记录、报告、事件追溯到原始数据。

• 电子记录的审计追踪应保存原始输入和文档的用户ID、操作时间、日期及理由；

• 变更的记录，即每次修改输入数据的关键数据均需经过批准，并应当记录更改的理由；

• 审计追踪功能应始终启用并有严格的访问控制，同时应保证自身的安全性以及不能删除（隐藏或覆盖）原记录；

- 通常可以用来发现异常活动。

③问题管理。主要是对软件、硬件和系统的异常情况进行检测、归档、控制、解决和报告的管理。

④程序变更。程序变更是变更管理控制的一个组成部分，它负责将应用（由作业或程序组成）从测试环境（用于开发和维护），转移到进行全面测试的正式环境，并最终转移至生产环境。

⑤质量保证。使用库管理软件，可实现对程序版本、源代码和目标代码一致性的适当维护，并进行质量监督。

(3) 运营数据安全

IT 运营是以数据为基础的，因此需要对组织的运营数据采取一定的安全控制措施，以确保数据的机密性、完整性和可用性。

①制定并执行数据标准。数据标准是数据库建设时必须遵循的基本规范。目的是确保系统各数据库与各功能模块之间的数据分类、编码及数据文件命名的系统性和唯一性，满足系统正常高效运行以及与其他相关系统协同运作的要求，实现系统之间相互兼容、信息共享。制定数据标准可以保证各业务系统对数据的统一理解、对数据定义和使用的一致性。当所有的数据都遵循统一的数据标准时，才能够统一应用和执行有关数据隐私和安全的控制措施。

②用户安全意识教育和培训。运营数据的安全离不开对最终用户的安全意识培训，以及对各种软件操作使用的培训，尤其是对安全影响较大的互联网、电子邮件等方面的正确操作。

③程序保护。对应用程序及其数据的自身安全应采取放入受到物理和逻辑访问控制的各种库中，以防止用户随意安装、使用和删除。

④对出售、废弃以及停用的设备或系统上的数据进行安全控制。组织对那些出售、废弃以及停用的设备或系统上的数据应进行安全控制。如彻底删除其中的数据，一般可以通过磁盘工具类软件或通过物理手段（如电磁擦除）来执行删除操作，以确保删除的文件和数据真正的被删除了。

(4) 系统安全级别

系统安全是指保证信息系统资产的机密性、完整性和可用性的措施和控制方法，其中资产包括硬件、软件、固件以及要处理、存储和通讯的信息。根据成本效益原则，组织不可能为所有的资产（包括数据）都采取最高程度的安全保护，在实践中，也并非每一项资产都需要最高程度的保护。为了能够对系统进行恰当的安全保护，安全级别将会为各种安全保护的适当程度提供指导。

低安全级别：指受到损害后在声誉、生产率损失或资产损失方面不会产生很大影响的级别。请注意，即使是低安全级别也仍需设置一定的保护。网页等公共服务器上的数据属于此类别，不需要采取特殊措施。

中安全级别：用于对组织的使命产生严重影响的情况，如果其受到损害则可能导致市场损失，或对资产或资源造成重大损害。组织的大多数数据都属于此类别，包括企业资源规划（ERP）数据、符合政府机构要求所需的数据以及医疗记录等个人数据。

高安全级别：指如果受到损害，可能导致组织的声誉、生产率或市场份额遭受灾难性损失的级别。例如，列出场外存储位置的应急计划数据、竞争对手获得丢失的研发数据。

一旦知道了系统的安全级别，就可以设计不同安全程度的物理和逻辑控制，构建全方位的安全控制体系。例如随着安全性要求的提高，访问控制的程度也随之提高。从单纯的密码保护到生物识别，从单因素认证到双因素甚至三因素认证。但需要注意的是，易用性和安全性、安全成本与恢复成本之间的均衡。

（5）计算机取证

计算机取证也称电子取证或电子发现，是对计算机犯罪行为进行分析以确认犯罪证据，并在法庭上使证据可被接纳所需的流程。从技术上而言，计算机取证是一个对计算机系统进行扫描和破解，以对侵害事件进行重建的过程。计算机取证在打击计算机和网络犯罪中作用十分关键，它的目的是要将犯罪者留在计算机中的“痕迹”作为有效的诉讼证据提供给法庭，以便将犯罪嫌疑人绳之以法。因此，计算机取证是计算机领域和法学领域的一门交叉科学，被用来解决大量的计算机犯罪和事故，包括网络入侵、盗用知识产权和网络欺骗等。

计算机取证主要是围绕电子证据进行，电子证据包括文本、图形、图像、动画、音频及视频等多种类型的信息。电子证据与传统证据不同，具有高科技性、无形性和易破坏性等特点。计算机取证要解决的重要问题就是电子证据如何收集、保护、分析和展示。

可用于计算机取证的信息源很多，如系统日志、防火墙与入侵检测系统的工作记录、反病毒软件日志、系统审计记录、网络监控流量、电子邮件、操作系统文件、数据库文件和操作记录、硬盘交换分区、软件设置参数和文件、完成特定功能的脚本文件、Web 浏览器数据缓冲、书签、历史记录或会话日志、实时聊天记录等。为了防止被侦查到，具备高科技作案技能的犯罪嫌疑人往往会在犯罪活动结束后将自己残留在受害方系统中的“痕迹”擦除掉，如尽量删除或修改日志文件及其他有关记录。但是，一般的删除文件操作，即使在清空了回收站后仍有可能恢复。

为了避免破坏需要取证的电子证据，在执行取证任务前，内部审计人员应当经过适当培训，具有专门技术的 IT 审计师可以完成计算机取证的任务，也可以将计算机取证业务外包给计算机取证专家。计算机取证通常包括以下步骤：

①保护目标计算机系统。在开展计算机取证时，必须首先冻结目标计算机系统，不给犯罪嫌疑人破坏证据的机会。避免出现任何更改系统设置、损坏硬件、破坏数据或病毒感染的情况。

②确定电子证据。在计算机存储介质容量越来越大的情况下，必须根据系统的破坏程度，在海量数据中区分哪些是电子证据，哪些是无用数据。要寻找那些由犯罪嫌疑人留下的活动记录作为电子证据，确定这些记录的存放位置和存储方式。

③收集电子证据。

第一，记录系统的硬件配置和硬件连接情况，以便将计算机系统转移到安全的地方进行分析。

第二，对目标系统磁盘中的所有数据进行镜像备份或比特流备份（两者均是做到对硬盘进行精确拷贝）。备份后可对计算机证据进行处理，如果将来出现对收集的电子证据发生疑问时，可通过镜像备份的数据将目标系统恢复到原始状态。

第三，用取证工具收集的电子证据，对系统的日期和时间进行记录归档，对可能作为证据的数据进行分析。对关键的证据数据用光盘备份，也可直接将电子证据打印成文件证据。

第四，利用程序的自动搜索功能，将可疑的文件或数据列示，确认后发送给取证服务器。

第五，对网络防火墙和入侵检测系统的日志数据，由于数据量特别大，可先进行光盘备份，保全原始数据，然后进行犯罪信息挖掘。

第六，各类电子证据汇集时，将相关的文件证据存入取证服务器的特定目录，将存放目录、文件类型、证据来源等信息存入取证服务器的数据库。

④保护电子证据。对调查取证的数据镜像备份介质加封条存放在安全的地方。对获取的电子证据采用安全措施保护，无关人员不得操作存放电子证据的计算机。不轻易删除或修改文件以免引起有价值的证据文件永久丢失。

⑤呈现电子证据。需要把收集的证据向管理层、律师、法庭等呈现出来。对证据的接受程度取决于它的呈现方式、演示者的资质以及用来保全和分析证据的过程的可信性。

2.2 信息安全措施

随着信息系统的不断普及和网络的发展，伴随而来的信息安全攻击问题越来越引起人们的关注。特别是在组织层面，随着对信息技术和网络依赖的增加，安全攻击已经构成严重威胁。保障信息安全是一项管理责任，此职责涉及组织的所有关键信息，而无论信息如何存储，内部审计活动应确认：

- 管理层认识到这一责任；
- 信息安全功能不能被破坏；
- 管理层意识到任何有缺陷的安全措施；
- 采取纠正措施来解决信息安全问题；
- 采取预防、检查和纠正措施以确保信息安全。

2.2.1 信息安全基础

信息安全是指通过维护信息的机密性、完整性和可用性来管理和保护组织所有的信息资产。信息的机密性、完整性和可用性是信息安全的基本要素。

机密性：保证敏感信息（包括隐私信息）不被非授权地浏览或截取。

完整性：保证信息（如财务报告）的完整和准确。

可用性：保证信息随时可用，并能在各种故障或灾难发生后迅速恢复数据。

（1）安全目标

信息安全包括两个方面：数据和基础设施。其中，数据是组织最重要的资产之一，需要被保护。数据安全性应确保只有授权用户才能访问系统，访问受用户角色限制、拒绝未经授权的访问，并且记录对计算机系统的所有更改以提供审计线索。信息安全的主要目标包括：

- 保护存储在计算机系统上的信息完整性；
- 保护敏感信息的机密性；
- 遵守个人数据隐私的责任与义务；
- 保护信息系统的持续可用性；
- 保证符合法律、法规的要求。

为了有效地保护信息，需要建立信息安全管理的一些基本要素，并与组织中所有的员工进行沟通，信息安全管理的关键因素包括：

①高级管理层的承诺与支持。在组织内实施信息安全必须得到高级管理层的承诺与支持，这样才能让信息安全政策、控制措施在全组织范围内有效实施，才能得到组织的有效的资源保证。

②信息安全政策和程序。安全政策是描述组织具有哪些重要信息资产以及如何被保护的规定，应当目的明确、内容清楚。程序是为进行某项活动应遵循的方法或途径。信息安全政策和程序是逻辑控制和物理控制的框架。

③逻辑访问控制和物理访问控制。逻辑访问控制主要通过密码认证来实现，认证技术包括强制使用字母和数字的组合作为密码、强制定期更改密码和密码管理，例如，删除未使用的密码和用户账户（配置）、检测没有密码或使用默认密码的用户账户。物理访问控制的认证技术可以通过访问卡、指纹或人脸识别等物理设备来强化。

④安全软件。安全软件可以安装在组织的任何一台计算机上，包括服务器或大型机上，与组织的操作系统一起，可以是实现对系统资源的限制访问，并可以加强对关键应用的控制以增强其安全性。安全软件可处于服务器、客户端或主机级，并为关键应用程序提供增强的安全性。安全软件提供的一种典型控制是仅允许在特定终端输入某些事务，例如仅能够从工资管理部门内改变授权员工的列表。此类终端也可以设置为仅在正

常工作时间可用、自动休眠或者每项事务需要重新录入密码。最后，这样的系统可以告诉用户他们上次访问系统的时间，以便他们知道其用户 ID 是否被盗用。

⑤安全意识与教育。组织应当对所有员工和第三方用户经常性的进行信息安全教育和培训，加强合规和道德规范的遵守，以提高安全意识和防范能力，减少常见的计算机错误、滥用或非法使用计算机的行为。终端用户的安全培训可以对安全性产生巨大影响，特别是密码和登录方法培训将避免用户犯下常见错误，例如将密码标记在计算机附近或使用容易推导的密码（如孩子的姓名或生日）。

（2）安全风险

信息安全攻击通过对组织的信息系统及其所含信息实施犯罪，从而对组织声誉、士气和存续造成损害。具体的威胁包括：

①财务损失。这类损失包括因电子资金丢失而造成的直接损失，以及因花费成本解决安全风险问题而造成的间接损失。

②法律后果。如果没有采取适当的信息安全措施，导致组织因信息安全攻击而造成重大损失，组织可能会面临投资者和保险公司的诉讼。此外，大多数组织还必须在信息安全方面遵守行业监管机构的要求。

③丧失信誉或竞争优势。许多组织（尤其是服务公司，例如银行、酒店）需要依靠信誉和公众信任来保持竞争优势。一旦在信息安全方面出现问题，将会对这种信誉造成严重损害，从而导致业务和声望的丧失。

④敲诈/商业间谍/集团犯罪。犯罪者通过获取对保密信息的访问权限或采取对计算机操作造成不利影响的手段，以不道德地利用安全漏洞或公开透露组织保密信息的方式来威胁企业，从而向组织勒索款项或服务。此外，犯罪者还可以通过获取访问权限来获得专利信息，然后将其出售给组织的竞争对手。

⑤公开机密信息、敏感信息或尴尬信息。正如前面所述，这类事件会损害组织的信誉及其开展业务的方式。公开信息也可能使组织受到法律或法规的制裁。

⑥破坏。一些犯罪者并不寻求经济利益，只是因为憎恨组织或为了自我满足而进行破坏。

（3）漏洞管理

漏洞是指组织 IT 资产中任何可能导致其机密性、完整性和可用性受到损害的弱点或风险暴露点。漏洞管理是组织为了识别、跟踪和修复 IT 漏洞所采取的所有程序和技术。

国际内部审计师协会（IIA）补充指南“管理和审计 IT 漏洞”中列出了漏洞管理不良的六个指标：

- 在给定时间段内发生的安全事件数量高于可接受水平；
- 无法系统地识别 IT 漏洞，从而导致关键资产的暴露；
- 不能评估每个 IT 漏洞，分不清漏洞缓解活动的轻重缓急；

- IT管理部门与IT安全部门之间糟糕的工作关系，导致不能控制和管理计算机资产的变更；
- 缺乏一套资产管理系统；
- 缺乏一套与漏洞修复缓解工作相集成的配置管理程序。

对于不良的漏洞管理应如何改进，补充指南“管理和审计IT漏洞”提出了六个可采取的规范步骤：

- 在识别和修复IT漏洞方面得到领导层（执行管理层）的支持，以及与组织风险容忍度保持一致；
- 获取一份包含所有IT资产及其漏洞的清单；
- 根据业务风险大小对修复工作进行优先级排序；
- 通过不断向IT管理层交付计划内的工作项目来修复漏洞；
- 持续更新资产登记、漏洞扫描与修复程序；
- 最大可能的使用自动补丁管理程序和漏洞扫描技术。

在漏洞管理过程中，IT管理部门和IT安全部门负责有效的实施有关漏洞管理的安全控制以满足内部控制与合规性的要求。相关步骤在漏洞管理生命周期中有所体现，如图2－1所示。

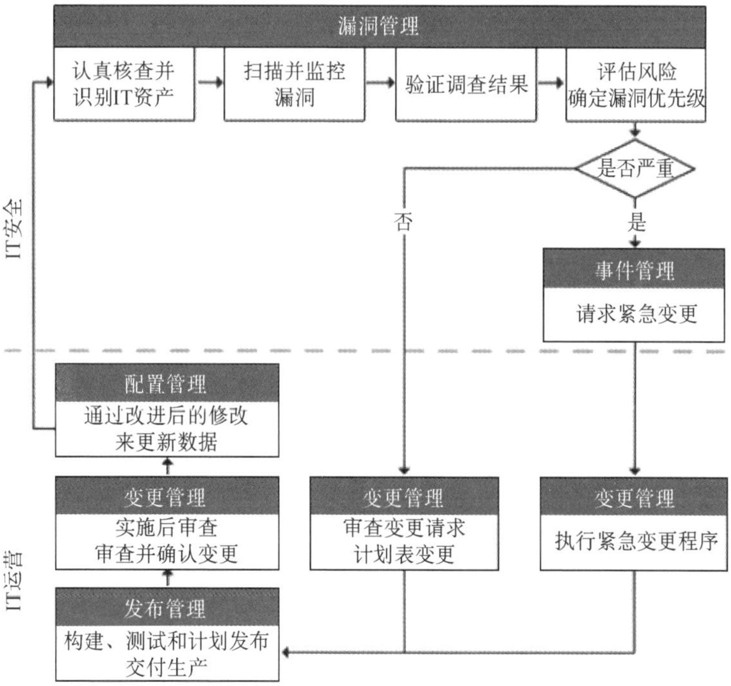

图2－1　漏洞生命管理流程

漏洞管理生命周期为组织的漏洞管理提供良好的策略，该流程是循环进行的，以保障持续改进，可通过自动化控制或技术获得漏洞管理的有效性，并使用过去的经验来指导未来的行动。此外，任何漏洞的修复均应通过变更管理控制执行。

2.2.2 安全攻击类别

安全攻击涉及以非法途径访问系统，并以控制、破坏系统或窃取数据为目的。现在以营利为目的的专业安全攻击市场已经形成，并且愈演愈烈。尽管多数攻击基于微软的桌面操作系统平台，但针对其他流行系统（如 Linux）和服务器平台的攻击也在不断增加。此外，随着互联网的普及以及移动互联网时代的来临，用户越来越多地依赖网络开展各项活动，新兴的网络安全风险也随之产生并造成严重危害。

（1）病毒

病毒是一段计算机代码，它可自行复制并感染其他计算机执行程序。计算机病毒本质上是一种人为设计的、可执行的破坏性程序。之所以称为“病毒”，是因为它具有很多类似生物学中病毒的特征。计算机病毒如生物学中的“病毒”一样，一旦进入计算机内部系统，便会附随在其程序上，有的会进行自我复制，有的则是潜伏起来，当条件具备时便被激活，破坏计算机系统或破坏保存于系统中的数据。计算机病毒一般由病毒引导模块、病毒传染模块和病毒激发模块三部分组成。病毒软件通常包括：

①引导区病毒。引导区病毒也称为引导扇区病毒，这是一种针对计算机系统的硬盘驱动器或移动存储媒体的引导扇区或主引导记录（MBR）的病毒。

②内存驻留病毒。一种能够在计算机的操作系统中自行安装，计算机启动时就激活的病毒。

③非内存驻留病毒。一种在它被激活并感染了它的宿主系统并复制了自己之后就终止了的病毒。

④宏病毒。宏病毒是一种用特定宏语言编写的病毒，用于定位使用该语言的应用程序。打开应用程序的产品时会激活该病毒。宏病毒通常会影响 Microsoft 产品创建的文档、幻灯片、电子邮件或电子表格。

⑤蠕虫。蠕虫是一个计算机程序，它通常仅存在于内存中，但可以通过网络快速并大量地将自身复制到其他系统中，从而消耗计算机或网络资源。蠕虫按其传播方式有电子邮件蠕虫、即时通讯（IM）蠕虫和移动设备蠕虫等。

（2）木马

木马病毒得名于特洛伊木马，是一个计算机程序或隐藏于某个应用程序中的一段代码，它从表面上看是正常的程序，但是实际上却隐含着恶意意图。特洛伊木马可能用于窃取密码等敏感信息，也可以用于进一步安装其他恶意软件（如间谍软件），从而为其编制者长期所用。相对于病毒，木马软件无须自行复制功能，因此更容易开发也更隐蔽，其增长速度也要大大高于其他恶意软件。木马软件的种类繁多，根据目的和行为可分为多种形式，部分示例如下：

①特洛伊木马。该程序通常伪装成有用程序，如操作系统修补程序、软件包或游戏。然而一旦执行，木马程序便会执行非用户想要执行的操作，例如，打开特定端口供入侵者后续访问。

②逻辑炸弹。一个程序或程序段，在出现特定情况、到达特定时间或发生特定事件时触发。逻辑炸弹通常会导致计算机系统的破坏，通常由对程序具有访问权限、心怀不满的内部人员部署。例如，当离开企业时，一个心怀不满的软件编程人员可能会设计一个逻辑炸弹来删除重要文件或数据库。逻辑炸弹也可用来对付攻击者。管理员有时故意设置伪缺陷，虽然看起来容易攻击，但当入侵者试图利用这一漏洞时实际上会充当警报或自动行动触发器。

③后门。后门也称为陷阱门。通常程序员可以在程序中嵌入代码，以便在测试或调试阶段快速获得访问权限。如果一名不道德的程序员故意留下该代码（或只是忘记删除），这就引入了一个潜在的安全漏洞。黑客常常在先前受损的系统中植入后门以便进行后续访问。威胁途径分析（一种纵深防御架构）、有效的职责分离、代码审计有助于抵御逻辑炸弹和后门。

④勒索软件。通过骚扰、恐吓甚至采用绑架用户文件等方式，使用户数据资产或计算资源无法正常使用，并以此为条件向用户勒索钱财。这类用户数据资产包括文档、邮件、数据库、源代码、图片、压缩文件等多种文件。赎金形式包括真实货币、比特币或其他虚拟货币。一般来说，勒索软件作者还会设定一个支付时限，有时赎金数目也会随着时间的推移而上涨。有时，即使用户支付了赎金，最终也还是无法正常使用系统，无法还原被加密的文件。

（3）间谍软件

间谍软件类似于病毒。例如，按键记录器和系统分析器可能从主机收集诸如信用卡号、银行详细资料等敏感信息，然后在检测到在线连接时将信息传送。

（4）网络钓鱼

一种犯罪欺诈过程，试图通过伪装成电子通信中的可信实体来获取敏感信息。例如伪造网站、伪造链接或社会工程来获取用户名、密码和信用卡详细信息。

社会工程是指利用社会科学（特别是其中的社会常识），将心理学、语言学、欺诈学进行综合，有效的利用人性的弱点，最终获得所需信息。一个企业即使拥有强大技术安全对策，可能仍然无法保护其信息系统，因为员工可能在回复陌生人的电话或邮件时不自觉地泄露了机密信息。防范社会工程的最好方法是持续的安全意识计划，即对所有员工和第三方（能访问企业设备者）进行有关社会工程攻击风险的教育。

(5) 网络嫁接

一种旨在将网站通信重新定向至假网站的攻击。网址嫁接可通过更改受害者计算机上的主机文件或利用 DNS（域名系统）服务器软件的漏洞来实现。DNS 服务器是一种负责将互联网名称解析为其真实地址的计算机，他们是互联网的“路标”，受损的 DNS 服务器会导致错误的网络地址。近些年，网址嫁接和网络钓鱼已被用于窃取身份信息。网址嫁接已成为电子商务交易和在线银行网站主要关心的一个问题。需要采用复杂的方法（称为反网址嫁接）来防御这一严重的威胁。防病毒软件和间谍软件清除软件不能防范网址嫁接。

(6) 拒绝服务（DoS）攻击

通过大量流量将网络或服务淹没，使网络或服务的速度降低。使用大量无法完成的连接来淹没主机的内存缓冲区，从而对其进行填充。

(7) 篡改

篡改也称为消息修改，包括获取消息、执行未经授权的更改或删除（整个消息流或消息的组成部分）、更改顺序或延迟已获取消息的传输。该攻击可产生灾难性的影响，例如，通过消息命令银行执行支付。

(8) 内部威胁

内部威胁是指具有权限但怀有恶意的合法用户，通过修改程序代码或数据，进行舞弊或盗窃。例如在银行业中出现的“萨拉米（舍入）”，它通过操纵代码来舍入多个货币交易的小数点后部分或更改数目的最终数字（如将交易金额 100.54 变为 100.5 或 100.52），将少量金额重定向到其他银行账户以侵占资金。

2.2.3 信息安全防治

安全攻击主要由黑客（也称为骇客）实施，这些人员能够挖掘可编程系统的详细信息，并且懂得如何扩展或进一步开发此类系统的功能（无论是否符合道德规范）。针对黑客攻击的防范手段包括软件、硬件和管理三个方面来进行。

软件方面，使用计算机监控软件及“防火墙”软件系统，监督系统运行并防止病毒入侵。由于软件对病毒识别的滞后性，依靠软件来防止病毒入侵所面临的最严重风险是可能发现不了某些未知病毒。硬件方面，采用防病毒卡、硬盘保护卡或网络“防火墙”来防范病毒的入侵。管理方面，这是最应重视的预防措施，主要包含：不要随意打开来历不明的邮件，上网后要及时清查病毒；对外来 U 盘、光盘、移动存储设备和不知来源的程序，应先清查病毒，确认其无病毒后才可使用；对要在其他机器中使用的软盘和移动存储设备应加写保护，对必须要进行“写操作”的应及时清查病毒；尽量安装正版软件，不使用盗版软件；定期更新清除病毒的软件，定期检查，清除硬盘病毒；定期更新补丁（针对软件代码的一组修补程序，用于消除错误或安全漏洞）。

用户在日常工作中，一旦发现计算机系统的运行不正常，并出现计算机病毒的表现形式和特征，应尽快使用专业的防病毒软件进行检测与清除，同时也要养成定期检测杀毒的习惯。目前的防病毒软件一般都带有实时、在线检测系统运行的功能。

（1）防病毒软件

防病毒软件的功能通常包括：扫描、动态监控、完整性检查、行为阻断，此外，防病毒软件应具有预防控制的功能。应定期更新病毒特征库，否则防病毒软件将无法有效防止病毒。但即使拥有最新的病毒特征库，也不能保证查杀所有病毒，因此不能过于依赖防病毒软件。

（2）防火墙

防火墙是设置在被保护网络和外部网络之间的一道屏障，以防止发生不可预测的、潜在的破坏性侵入。它可以是纯软件的应用程序，也可以是硬件和软件的组合。

①防火墙特征。防火墙有一套由网络管理员控制的访问规则，所有从内部到外部的流量都必须通过防火墙，反之亦然。这既可以控制内部用户对因特网上特殊站点的访问，也可以阻止外部服务器或应用程序未授权的访问。只有被授权的网络流量，防火墙才允许其通过。可以使用不同类型或不同层级（多层）的防火墙来实现不同的安全策略。

防火墙本身应使用具有安全性的操作系统，如果操作系统本身被渗透，那么防火墙将失效。随着功能的扩展，防火墙可以提供防病毒功能以及预防针对已知漏洞的攻击。

总之，防火墙通过监测、限制或更改跨越防火墙的数据流，尽可能地对外部屏蔽网络内部信息、结构和运行状况，以此来实现网络安全保护。由此，利用因特网实现电子商务必须使用防火墙。

②防火墙局限性。防火墙的局限性主要包括：第一，防火墙不能阻止那些绕过防火墙的攻击，例如内部系统可能通过移动网络连接到互联网、数据可能通过电话、光盘或U 盘被盗。第二，防火墙不能防止内部威胁，例如员工或访客中可能存在商业间谍，或者他们容易上当受骗并通过提供访问权限来“帮助”某人。第三，防火墙可能错误配置使内部网络面临风险。

（3）入侵检测系统

入侵检测系统（IDS）是一种对网络传输进行即时监视，在发现可疑传输时发出警报或者采取主动反应措施的网络安全设备。它与其他网络安全设备的不同之处在于，IDS 是一种积极主动的安全防护技术。入侵检测系统和防火墙的集成可以构成入侵防御系统（IPS）。

IDS 分析方式有模式发现技术（基于知识的检测）和异常发现技术（基于行为的检测）。

①基于知识的检测。有时也翻译为“基于签名”的 IDS，指搜索已知的攻击方法，根据预定义的模式来判断，一旦找到匹配的内容，就会向管理员发送警报。基于知识的检测发生的误报较少，但很难判断新的尚未确定的威胁。

②基于行为的检测。有时也翻译为“基于统计”的 IDS，指根据行为或资源使用状况来判断是否入侵，而不依赖具体行为是否发生。它将搜索与先前活动或先前看到的活动的统计平均值不同的异常活动，这种方式通用性强，能检测出新的攻击方法，但误检率很高。

（4）数据加密和解密

在网络环境下，数据传送过程中的保密是很重要的，数据加密可以使他人即使非法访问了数据也不能理解数据的内容。数据加密模型可用图 2－2 表示。要加密的原文称为明文。明文通过某种加密方法加密后称为密文。明文直接在网络上传送容易受到窃取和破坏。密文经过通信线路传送到目的地，在目的地经过解密将密文还原为明文。其中：窃听攻击是被动攻击，指未授权截获和浏览；修改攻击是主动攻击，指未授权修改或破坏。为防止数据在传送过程中被攻击，组织需采用加密和解密方法。

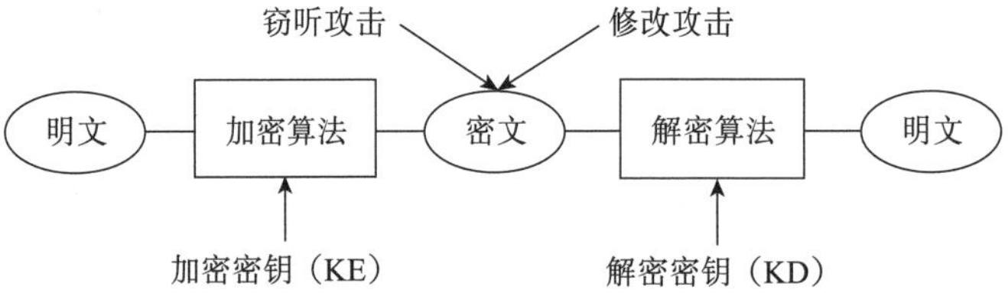

图 2－2　加密与解密

①鉴别与数字签名。在网络中为防止冒充有高访问权的用户，在建立连接时，要进行会话资格鉴别。传统的方法是采用用户输入密码的方式，但由于要保存（存储）密码副本，这本身就存在保密问题。目前可靠的方法是采用公开密钥的技术进行资格鉴定，它不需要保存密码副本。另一方面采用手写签名来防止否认的发生，但在网络中难以使用手写签名，这也可通过公开密钥加密技术来解决。

②算法和密钥。在加密和解密过程中需要两个因素，这就是算法和密钥。算法是指加密解密的变换处理过程，正向为加密函数，反向为解密函数。对应某一个具体的加密和解密过程，通常还需要附加一些信息，这些附加的信息就是密钥。密钥是由数字、字母或特殊符号组成的字符串，它可以控制加密解密过程。

③加密密钥（KE）和解密密钥（KD）。在加密和解密过程中，控制加密变换的密钥称为加密密钥（KE），控制解密变换的密钥称为解密密钥（KD）。在传统的对称密码体制中，加密密钥和解密密钥是相同的（如 DES 算法），而在现代公开密钥密码体制

中，加密密钥和解密密钥是不同的，因此又称为非对称密码体制，这种体制的代表是RSA算法体制。

④公钥和私钥。非对称密钥由公钥和私钥组成。公钥通常用于数据加密或签名验证，可以在网上发布，是公开的，私钥通常用于数据解密或签名，只有本人知道，是秘密的。公钥和私钥是配对的，一份密文若使用公钥加密，那么只有与之匹配的私钥能够解开，反之亦然。当发送者使用本人的私钥进行加密时，可以保证信息的身份认证和不可否认性，身份认证指接收者可以确保信息是由宣称的发送者发送的，因为只有宣称的发送者才有相应的私钥。不可否认性指宣称的发送者事后无法否认其生成了该信息。当发送者使用接受者的公钥进行加密时，可以保证信息的机密性，因为只有接受者拥有本人的私钥。

⑤消息摘要。对消息用单向HASH加密算法得到一个唯一的摘要，作为消息的指纹，用来验证消息的完整性。

⑥数字签名。传统上的签名采用的是手书签字或盖章，而数字签名通过电子设备实现，发送者用私钥对所发送消息的摘要信息进行加密，即完成对该消息的数字签名。数字签名用于商业通信系统，如电子邮递、电子转账和办公自动化等系统中，可实现远距离安全交易。

⑦认证中心（CA）。认证中心是承担网络电子商务交易安全认证服务、签发数字证书、确认用户身份等工作的具有权威性和公正性的第三方服务机构。利用CA中心可以有效防止电子商务交易中假冒用户身份的风险。

⑧数字证书。数字证书是一个包含证书持有人的个人信息、公开密钥、数字签名、证书序号、证书有效期和发证单位等内容的数字文件。目前在电子商务活动中的身份认证最有效的方式是由权威机构为参与电子商务活动的各方发放数字证书。

(5) 软件许可

软件许可是指软件产品的生产者发给买方，以证明买方可以使用特定软件产品的证书。通常要求买方承诺不将软件复制或转让给第三方。

软件盗版是指非法复制有版权保护的软件程序，假冒并发售软件产品的行为。软件盗版有一套通用的判断标准，具体到特定的软件，需参考其最终用户许可协定。

①常见的盗版形式。企业和个人在未经许可授权的情况下进行的单纯软件复制活动是一种最为常见的软件盗版行为。许多商业软件基于许可证来收取费用，一个用户拥有一份许可证，即表明用户只能使用一份该软件的拷贝，但通常不限制安装次数；有些软件限制了一份证书只能安装于一台机器上，大多数情况下，朋友间的彼此分享也会造成非法使用。但企业或个人为了备份软件而复制的，是属于正常的行为。通常考题会注明是哪种形式的拷贝，让大家判断是否属于盗版。

②使用盗版软件的危害。使用盗版软件一方面违反版权法，需要承担法律责任，另一方面容易感染病毒。

③防止使用非法软件的方法。建立企业内部的软件许可使用规章制度和政策，并通过版权法教育来增强雇员的版权意识；保存企业购买软件的原始记录，定期对每台计算机上使用的软件进行审查鉴别；正版软件的安装盘应由专人保管，可以为了备份目的制作拷贝，但不得用于其他计算机的安装使用。

④非法软件的发现。发现个人电脑上正在使用非法软件的方法是定期将软件采购记录与个人电脑上的可执行文件进行比较，或者将软件显示的系列号与销售商的系列号进行比较。如果两者不一致，就证明正在使用非法软件。对软件许可的审计通常包括：

- 收集网络中的用户当前使用的所有软件的清单；
- 收集授权安装的软件清单，包括软件的名称、安装平台、当前版本、购买的拷贝数量、购买日期、软件许可证据、软件许可的具体实施记录；
- 检查关于正式软件购买与使用的政策与程序是否完备；
- 检查对非正式软件的使用规定；
- 确定是否进行持续性的或阶段性的软件许可检查；
- 软件是否有专人保管，软件存放是否得到有效控制；
- 对违反软件许可的行为如何处罚与纠正。

2.3 信息安全政策

有效的信息安全政策应该为预防和检查控制提供指导方针，以应对各种风险。风险可能包括未经授权的访问、披露、复制、修改、盗用、破坏、丢失、误用和拒绝使用。信息安全政策指导管理层、用户和系统设计人员作出信息安全决策。

为了设计信息安全政策，组织应对其安全需求进行评估。这样就可以了解组织的业务需求和安全目标。此评估应提出的常见问题包括：

- 哪些信息被视为业务关键信息；
- 谁创建了关键信息；
- 谁使用这些信息；
- 如果关键信息丢失、被盗或损坏，会发生什么情况；
- 我们的业务可以在不访问这些关键数据的情况下运行多长时间。

当信息在组织内跨越多个层级时，信息安全政策应与多个部门协调，包括系统开发、变更控制、灾难恢复、合规性和人力资源，以确保一致性。此外，信息安全政策应声明互联网和电子邮件的道德规范和访问限制，定义保密策略，并确定任何其他安全问题。如有必要，良好的政策还需要提供有关如何处理安全事件和上报过程的精确指导，包括如何上报风险可能超出组织风险偏好的情况。

2.3.1 ISO 27000 系列标准

国际标准化组织（ISO）是全球最大的国际标准开发和提供机构，它为组织内信息安全管理的发起、实施、维护和改进制定了指导方针和一般原则。ISO 为制定组织安全标准和有效的安全管理实践提供了 ISO 27000 系列标准，其中 ISO 27001 是 ISO 27000 系列的主标准，各类组织可以按照 ISO 27001 的要求建立自己的信息安全管理体系（ISMS），并通过认证。通过 ISO 27001 认证的组织可以实现：

- 更高的企业安全性；
- 更有效的安全规划和管理；
- 更安全的合作伙伴关系和电子商务信誉；
- 增强客户和利益相关方的信心；
- 更准确和可靠的安全审计；
- 减少由于触犯法律法规要求所造成的责任。

ISO 27000 系列属于一套最佳实践，将风险管理过程应用于信息安全，可向各组织提供实施和维护信息安全程序方面的指导，帮助组织选择和实现与它们相关的控制。该标准包括：

- 信息安全策略领域的控制目标、个人控制和安全控制条款；
- 人力资源安全；
- 资产管理；
- 资产控制；
- 加密技术；
- 物理和环境安全；
- 操作安全；
- 通信安全；
- 系统购置、开发和维护；
- 与供应商的关系。

2.3.2 三线模型

为了更有效地保护组织的信息安全，可以借鉴的另一个核心参考资源是 IIA 补充指南中关于“三线模型”的内容，其中包括如何应用于网络安全的概述。

从常规的风险管理和内部控制角度来看，组织的第一线是运营管理层；第二线是风险、控制和合规等监督性职能；第三线是内部审计职能。将“三线模型”应用于信息安全，即将 IT 控制、网络防护等技术分别融入上述三线，为组织的信息安全提供保障。

（1）第一线

由日常的运营管理层主要负责识别和管理 IT 有关的信息安全风险、网络安全风险，制定有关 IT 政策和程序，将 IT 控制功能嵌入业务流程、数据管理和运营管理程序，以促进网络安全和信息安全。

运营管理层会授权合格的人员开展具体工作，并投入足够的预算来实现网络安全和信息安全。这些人员包括系统安全人员或网络管理员，通过实施各种 IT 控制（一般控制和应用控制、物理控制和逻辑控制等）和网络安全程序（如防火墙、入侵检测系统等），基本上实现第一道防线的安全目标。这些工作包括但不限于：

- 保持所有系统都是最新的，并进行安全配置，包括限制最小权限访问角色（即不可超过权限）；
- 使用安全防护系统；
- 进行渗透测试以及内部和外部扫描，开展漏洞管理；
- 管理和保护网络和网络流量；
- 使用数据和丢失防护计划，包括加密数据（如可行）。

（2）第二线

风险、控制和合规等监督性职能评估第一线的控制是否充分发挥作用以及它们是否完整。通常会由组织的风险管理部门和 IT 部门负责，将 IT 风险管理纳入企业风险管理，建立包括网络安全风险在内的信息安全风险管理框架，主要是通过提供独立的 IT 控制功能以监视风险、控制和合规以及第一道防线的控制（如业务连续性计划的测试、变更）。如 IT 治理程序可提供有效的 IT 运营所需的一致性、流程、标准和可重复性，同时监控对法规或组织要求的遵守情况。这也有助于将 IT 治理、安全性和隐私集中在对实现组织目标最关键的领域。

（3）第三线

内部审计需保持其独立性和客观性，以便它作为第三线正常运作。内部审计对信息安全和网络安全提供独立性和客观性的监督，能够对信息安全和网络安全的相关控制、流程和系统进行检测和评估，还可以对前两道防线没有起到足够防护作用的区域、未能有效实施的控制或政策、程序等提出改善建议。

内部审计可能需要评估网络安全预防性和检查性控制的充分性和完整性、评估特权用户的 IT 资产，以确保其具有标准安全配置并且没有恶意软件，并对外部业务关系进行网络风险评估。

2.3.3 NIST 网络安全框架

为了帮助组织解决网络安全问题，加强网络安全防御，美国国家标准与技术研究院（NIST）创建了NIST网络安全框架（CSF），第一版于2014年发布，提供了一种基于风险的迭代方法，以便为组织采用更加警惕的网络安全立场，它还包括了一份自我评估指南。NIST CSF 最强大的功能之一是框架核心，包括网络安全活动，期望的结果以及行业标准、指南和实践的参考。框架核心由五个职能组成，并进一步划分为23个类别（见表2－1）。

表2－1　NIST CSF 框架核心

职能	描述	类别
识别（identify）	识别并传达网络安全目标和目的，提高组织对管理系统、资产、数据和功能的网络安全风险的了解	• 资产管理； • 业务环境； • 治理； • 风险评估； • 风险管理战略； • 供应链风险管理
保护（protect）	制定并实施适当的保障措施，以确保提供关键基础设施服务	• 身份管理和访问控制； • 认知和培训； • 数据安全； • 信息保护流程和程序； • 维护； • 保护技术
检测（detect）	制定并实施适当的活动，以识别网络安全事件的发生	• 异常情况和事件； • 安全连续监控； • 检测流程
应对（respond）	制定并实施适当的活动，以采取行动响应检测到的网络安全事件	• 应对计划； • 沟通； • 分析； • 减缓； • 改进
恢复（recover）	开发和实施适当的活动，以维护恢复计划，并恢复因网络安全事件而受损的任何功能或服务	• 恢复计划； • 改进； • 沟通

2.4 数据隐私法

遵守数据隐私法律和法规需要有健全的数据安全政策和实践，因为这些法律法规需要适当地保护所有最终用户数据。此外，许多法律法规对某些类型的敏感数据，如医疗、信用卡或其他金融数据给予了额外的重视。

2.4.1 隐私

隐私本质上是一种不受个人、组织或政府监视的权利。从IT的角度来看，隐私是有权对如何使用和收集个人信息拥有发言权。个人信息是可以链接到特定个人的任何信息，如个人的银行和财务记录、信用记录、医疗记录甚至上网记录，任何进入计算机的交易都可以无限期存储，并可能被用于营销及勒索等非法活动。

IT环境使得侵犯隐私变得简单且成本低廉。隐私涉及企业数据，同时也与员工和客户息息相关。以员工与其雇主在隐私问题上存在的冲突为例，一些程序可用于记录访问的网站并跟踪用户进行的每一次击键。组织在所有工作电脑中采用这种程序，以保护自身利益并防范不当活动，而员工则希望在工作中自己有一定程度的隐私。这个例子中更高水平的监视可以提供控制，但可能付出的代价是员工满意度下降。明确传达隐私政策有助于鼓舞士气，隐私政策应告知员工哪些是被监视的，哪些是不受监视的，以及对员工的期望（如互联网仅用于特定活动）。

2.4.2 隐私法律和法规

组织侵犯隐私可能给当事人带来巨大的伤害，越来越多的国家制定了各种保护隐私的法律和法规，组织应确保予以遵守。欧洲、美国、加拿大和其他一些国家在隐私保护方面基于公平信息处理条例（FIPs）。FIPs承认交易双方对彼此负有义务。个人有隐私权，但需要证明自己的身份；组织对信息的收集和使用负有责任。FIPs包括：

通告：在收集数据之前，网站必须披露谁在收集数据、其用途、其他接收者、哪些是自愿的，以及将采取什么措施来保护数据；

选择：使用者应该能够选择在当前事务支持之外如何使用信息；

访问：消费者应该能够访问和修改他们的个人信息，而不用付出巨大的代价或困难；

安全：数据采集器必须确保它们具有足够的数据控制；

执行：FIPs必须通过自我监管，赋予消费者追索权的法规和其他法律来实施。

有许多法律保护隐私免受政府的侵犯，例如《加拿大隐私法》，它规定了政府收集和使用公民信息的能力。与之相比适用于私营组织的隐私法律和法规要少得多，自我监管是大趋势。私营组织隐私法律的一个例子是美国健康保险携带和责任法案（HIPAA），该法案规范了医疗记录的披露。

在欧盟（EU），具有约束力的《通用数据保护条例》（GDPR）于2018年5月25日生效。GDPR要求欧盟成员国保护个人的基本权利和自由，特别是个人数据隐私权。与上述FIPs类似，GDPR赋予个人以下权利：

- 了解组织如何使用其个人数据（通过隐私政策）；
- 访问个人数据的权利；
- 纠正不正确信息的权利；
- 被遗忘的权利（个人可以要求删除其个人信息）；
- 数据可移植性（个人可以索取其个人信息的副本）；
- 反对或选择退出未来数据收集的权利。

虽然这些是欧盟的规定，但世界任何地区收集或持有欧盟居民的个人数据都需要遵守这些。许多在全球开展业务的组织都对此表示欢迎，认为这是隐私的黄金标准，可能会让他们不必遵守各国的各种规定。

由于许多国家的隐私法可能有很大差异，经济合作与发展组织（OECD）和类似的组织正在努力使隐私法和有关跨境信息流动的法律保持一致性。

2.4.3 隐私审计

组织应采取合理的措施保护隐私，以避免招致法律诉讼、罚款以及负面的公众形象和信誉受损等严重后果。隐私保护指要遵守已确定或可确定的个人（数据主体）相关信息的保密责任和义务。组织的管理层对遵守适当的隐私保护法律、法规和组织的隐私政策负有责任。

审计人员在隐私方面的主要职责是确保将相关隐私法律和法规传达给责任方，并告知涉及隐私人群对他们的期望，以及对不遵守行为的个人和组织的处罚。审计人员可能需要与法律顾问合作，以确定应执行的其他步骤以满足所有要求。请注意，合规证明是必需的，因此必须有文档支持。审核人员还必须确定管理层在隐私控制方面的支出是否超出合理范围（例如对常规数据进行昂贵的加密）。

某些特定的公司政策可能还需要考虑隐私风险。例如，自带设备（BYOD）政策涉及员工或承包商是否可以将自己的笔记本电脑或移动设备带到工作场所并将其用于工作目的。风险包括此类设备没有足够的安全保护或修补程序更新，可能成为入侵者在组织外部进行攻击的潜在途径。一般来说，只要组织主动向员工或承包商提供适当的设备，自带笔记本电脑或平板电脑的禁令都能够得到执行，但只有在对安全有高度要求的环境中，才有可能禁止移动电话。对于自带设备，组织可以创建一个可接受的使用政策，同时明确指示对不合规行为的处罚，并提供一些基本安全培训，例如确保用户设备设有身份验证的数字代码。

2.5 新兴技术实践

随着新兴技术的发展，组织和内部审计需要学习、了解这些技术实践以及应对其对安全所带来的影响。如何跟上并领先于潜在的安全威胁，从启用经过验证的安全方法开始。例如：生物识别、断电闭门和机械锁都有助于维护组织的物理安全；安全徽章、身份证和闭路电视（CCTV）旨在验证建筑物内的身份和行动；其他环境控制包括运动检测器、热探测器和振动传感器。

2.5.1 自带设备办公

自带设备办公（BYOD）指员工携带自己的设备（包括个人电脑、手机、平板等设备，但主要是指手机或平板这样的移动智能终端设备）在机场、酒店、咖啡厅（也包括公司内部）等不同的地方，登录公司邮箱或在线办公系统，以不受时间、地点、设备、人员、网络环境的限制来实现办公的工作方式。

很多组织开始考虑允许员工自带智能设备使用企业内部应用。组织的目标是在满足员工自身对于新兴技术和应用追求的同时提高员工的工作效率，并降低组织在移动终端上的投入。为支撑 BYOD 并达到企业级数据安全及稳定运行的要求，移动 IT 应运而生。相对于以个人计算机为中心的传统 IT 平台，移动 IT 以移动终端为服务中心，主要包括三个部分：

移动设备管理（MDM）提供从设备注册、激活、使用、淘汰各个环节进行完整的移动设备全生命周期管理。有一些功能可在设备丢失或被盗时保护设备和数据，例如公司数据擦除或远程警报；

移动应用管理（MAM）从应用的发布、下载、淘汰、升级、限制等各方面实现应用生命周期管理，帮助构建安全的移动应用管理体系；

移动内容管理（MCM）可以隔离、监控和控制敏感信息的分发与访问，在保障员工随时随地访问共享文件的同时，防止敏感数据泄露。

由于 BYOD 对应的设备属于员工个人而非组织，因此如何定义 BYOD 项目中 IT 管理的范畴，精确区分组织数据与个人隐私就是非常重要的问题。在技术方面，移动终端管理软件需要支持企业数据与个人数据的安全分割；在管理制度方面，组织需要与员工明确约定双方的责任和义务。另外，员工携带个人的智能设备上班并将其连接组织内部网络办公，在提高生产力和工作效率的同时，也会带来风险，尤其是公用和私用并存于一体，这种非组织标准的办公设备更容易遭受攻击。

应对 BYOD 日益增长的风险，组织应制定应对的安全政策，包括：建立组织的

BYOD 政策；对 BYOD 执行安全访问策略；对安全事件进行监控；对敏感数据进行加密等。

2.5.2 智能设备

智能设备指任何一种具有计算处理能力的设备、器械或者机器，是传统电气设备与计算机技术、数据处理技术、控制理论、传感器技术、网络通信技术、电力电子技术等相结合的产物。

随着计算机技术变得越来越先进，相关设备越来越经济时，就能够构筑各种类型的智能设备。常见的智能设备除了个人电脑、智能手机、平板电脑等之外，还有医学医疗器械、地质设备、家用家具设备等。新兴的如穿戴设备、无人机和智能家居等设备产品，将智能设备的应用场景从硬件“产品”级别推进到了“服务”级。

智能设备的广泛应用带来庞大的和前所未有的应用场景，但安全问题（如摄像头存在安全漏洞，汽车、无人机等被黑客入侵）同样也更需要关注。智能设备自身的安全控制是非常重要的安全环节。

2.5.3 物联网

物联网指连接到互联网，收集和共享数据的全球相互关联的物理设备系统。它允许在没有人为操作的情况下独立地通过网络传输数据。

按照国际电信联盟（TU）的定义，物联网主要解决物与物（T2T）、人与物（H2T）、人与人（H2H）之间的互连。传统的互联网并没有考虑到与物品之间连接的问题，所以使用物联网来解决这个问题。物联网是物物相连的互联网，其核心和基础仍是互联网，是在互联网基础上的延伸和扩展，其用户端延伸到了任何物品与物品之间。

物联网的出现使机器生成的数据能够被分析，从而获得推动改进的洞察力。物联网给企业带来的好处是，它能让企业获得更多有关组织产品和内部系统的数据，并因此增强了企业改进的能力。然而，这引发了人们对数据隐私和安全的新担忧。联网设备的增加给黑客和网络罪犯提供了更多的切入点，使敏感信息容易受到攻击。建立一个标准化的安全协议来处理设备的适用范围和多样性仍将是一个核心挑战。

2.5.4 其他新兴技术

硬件身份验证：将身份验证集成到用户的硬件中，这意味着组织的 IT 部门可能要求终端用户同时使用两种或三种不同的身份验证方法。例如，为了实现身份验证，终端用户可能需要使用生物特征识别（如指纹），同时输入 PIN 码和发送到其移动设备的代码。这种级别的身份验证背后的理念是，需要的验证选项越多，或者验证选项越复杂，组织就越能判定终端用户是所对应的那个人。

用户行为分析：这种分析的前提是通过识别不符合员工日常行为的活动，IT 部门可以识别冒充员工的恶意攻击者。

数据丢失防护：可确保终端用户不会将敏感或关键数据发送到公司网络之外。成功防止数据丢失的关键是加密和令牌化等技术，这些技术可以提供到子字段级别的数据保护。

云计算安全：简称“云”，是指为保护数据、应用程序和云计算基础架构而设置的大量控制、技术和策略。云安全架构可以使用许多控制，例如威慑、预防、检测和纠正控制，以保护潜在的系统弱点。此外，还有云访问安全代理（CASB），它提供了在终端用户和云应用程序之间保持一致的软件，以监视活动并执行安全策略。

深度学习：深度学习包括许多技术，如机器学习和人工智能。它通过学习样本数据的内在规律和表示层次，让机器能够像人一样具有分析学习能力，能够识别文字、图像和声音等数据。

专家系统：一种内含知识的依靠理想实物模型和当前信息做出智能决策的电脑程序。它通过获取人类专家在某一领域的经验和知识，利用推理模型来给出建议。例如商品赊销的审批、医疗专家系统。

神经网络：一种具有学习能力的人工智能系统，它在被人类告知其决策发生错误及答案以后，能够修改其知识库。例如超音速飞机的控制系统、电力系统负荷预测等。

模糊逻辑：一种处理模糊数据的人工智能系统。例如人像识别系统。

遗传算法：一种模仿生物进化过程，不断完善对特定问题的解决方案的人工智能系统。例如机器人控制。

智能代理：一种使用内设知识库来解决特定的、重复的、可预见的问题的人工智能系统，它能适应人类习惯和偏好。例如互联网搜索引擎、电子邮件过滤器等。

2.6 典型模拟试题

1. 要最大程度地降低未经授权编辑生产程序、作业控制语言和操作系统软件的可能性，以下哪种方法效果最佳？

A. 数据库访问审查。　　B. 合规审查。

C. 良好的变更控制流程。　　D. 有效的网络安全软件。

2. 以下哪一个是恶意程序，其目的是在整个网络中复制自己，并通过过度使用系统资源来产生拒绝服务攻击？

A. 特洛伊木马。　　B. 逻辑炸弹。

C. 宏病毒。　　D. 蠕虫。

3. 一家涉足电子商务的机构实施了一种公共密钥基础设施。对以下哪种密钥的获取必须仅限于应用程序的所有者？

A. 非对称密钥。　　　　B. 公共密钥。

C. 私人密钥。　　　　D. 注册密钥。

4. 组织中使用了未经许可的软件，则：

Ⅰ. 增加了感染病毒的风险。

Ⅱ. 如果只涉及低成本软件，就不是严重的风险。

Ⅲ. 会被在网络服务器上运行的例行检查软件探测出来。

A. 只有Ⅰ。　　　　B. Ⅱ和Ⅲ。

C. Ⅰ、Ⅱ和Ⅲ。　　　　D. Ⅰ和Ⅲ。

5. 一个公司强烈意识到公司信息的敏感性。因为公司数据是有价值的，安全管理员需要监控的最重要的事情是什么？

A. 数据所有者对数据的多重访问。

B. 修改访问需要管理层授权。

C. 特权用户对运营数据的访问。

D. 数据所有者的访问权限规范。

2.7 典型模拟试题参考答案及解题思路

1. 参考答案：C

解题思路：

A. 不正确，数据库访问检查可以防止对数据库的非授权访问。但不能防止未经授权编辑生产程序、作业控制语言和操作系统软件。

B. 不正确，合规审查可以在非授权编辑操作发生后发现该事件并予以纠正，但不能预防非授权编辑操作的发生。

C. 正确，良好的变更控制程序是安全政策、安全管理和安全技术的综合，可以最大程度地预防未经授权编辑生产程序、作业控制语言和操作系统软件的行为发生。

D. 不正确，网络安全软件用于防止通过网络进行的非授权编辑，但对于直接通过控制台进行的非授权编辑可能就无能为力。有效的网络安全软件只是安全管理的技术因素，如没有管理方面的配合，安全效果会大打折扣。

2. 参考答案：D

解题思路：

A. 不正确，特洛伊木马是一个独立的程序，它似乎执行一个有用的功能，但隐藏在其中的另一个未经授权的程序。

B. 不正确，逻辑炸弹是一种释放某种系统攻击的机制，当特定条件（例如某个日期或系统操作）发生时触发这种攻击。

C. 不正确，宏病毒是一种可附着于 Word 等数据文件的宏程序中的特殊病毒。

D. 正确，蠕虫是一个独立的程序，它通过网络将自己从一个系统复制到另一个系统来进行复制，并消耗计算机和网络资源。

3. 参考答案：C

解题思路：

A. 不正确，非对称密钥是一种密码体制。

B. 不正确，参照题解 C。

C. 正确，非对称密钥由公钥和私钥组成。公钥通常用于数据加密或签名验证，可以在网上发布，是公开的；私钥通常用于数据解密或签名，只有本人知道，是秘密的。

D. 不正确，参照题解 C。

4. 参考答案：A

解题思路：

Ⅰ. 正确，使用未经许可的软件可能引入包括病毒在内的各种风险。

Ⅱ. 不正确，使用未经许可的软件可能影响运行该软件的整个系统，因此无论该软件的成本高低，都是严重的风险。

Ⅲ. 不正确，在服务器上运行的例行检查软件不是总能探测出网络中是否存在未经许可的软件，尤其当这些软件尚未运行时。

5. 参考答案：C

解题思路：

A. 不正确，数据所有者（负责创建和维护特定数据的人）对数据的多重访问是正常发生的事。

B. 不正确，修改访问的管理层授权是环境变化的需要，这些事情通常不进行汇报。

C. 正确，安全管理员应该汇报特权用户对数据或资源的访问情况，这样就能够对访问情况进行监控。

D. 不正确，数据所有者的访问权限说明是正常的，通常由系统维护，不需要由安全管理员汇报。

读书笔记

读书笔记

第3章 信息技术

本章要点

- □ 计算机基础和常见外部设备
- □ 系统软件与应用软件
- □ 计算机网络基础
- □ 数据库基础
- □ 电子商务
- □ 信息系统管理
- □ 业务连续性

第3章 信息技术

信息技术普及的速度明显加快，其对经济社会发展的影响已开始从量变走向质变。企业的日常经营管理、战略决策越来越依赖于企业的信息系统。信息的质量已成为决定企业生存和发展的重要问题。有关信息及其相关技术的管理问题日渐引起各方面的关注。在这种背景下，国际注册内部审计师（CIA）将信息技术作为一项重要内容，包含在其资格认证考试的知识体系中。

获得相关和可靠的信息是业务决策的关键。成功地应用信息技术（IT）可加速信息的可用性，自动整合和整理数据，并确保信息的准确性。不恰当地应用信息技术会将业务的竞争优势泄露给消息灵通的竞争对手。组织成功地应用信息技术，能够帮助实现业务目标，恰当地衡量和解决风险，快速地成长和适应，进行有效的内外部沟通，当出现商业机会时能作出快速反应。

信息技术方面的审计主要关注的是信息风险，那就是将不准确的信息用于业务决策的风险。然而，信息技术广泛运用于所有业务流程，使得审计忽视了关注在某个特定时间点的历史数据对流程的可靠性提供及时保证。这是因为信息技术几乎是自动生成历史数据，如果该流程是错误的，数据也将不正确，反之亦然。因此，审计可以对缓解信息风险产生重大影响。

3.1 计算机基础和常见外部设备

本节介绍计算机的基础知识和常见的外部设备。其中外部设备需要重点关注，这部分内容也许不会直接在考试试题中进行考核，但通过学习可以更好地理解试题的意思，帮助分析试题中考察的重点，要求了解本节介绍的每一种外部设备的作用。

3.1.1 计算机基础

计算机是电子数字计算机的简称，它是一种能够自动、高速、连续、精确地完成信息存储、数据处理、数值计算及过程控制等多功能的电子设备。由于它的工作方式大多与人脑的思维过程类似，亦被称为“电脑”。

(1) 计算机的发展

自第一台电子数字计算机问世以来，计算机一直在以惊人的速度发展。目前，人们根据计算机所采用的电子逻辑元件将计算机的发展划分为四个阶段：

①电子管阶段（1946～1955 年）；

②晶体管阶段（1955～1964 年）；

③中小规模集成电路阶段（1964～1971 年）；

④规模、超大规模集成电路阶段（1971 年至现在）。

(2) 计算机的分类

按性能分类：微机、小型机、中型机、大型机、巨型机。

按使用方法分类：掌上电脑、笔记本电脑、台式机、网络计算机。

按职务分类：服务器、主机、工作站。

(3) 计算机的应用

计算机的应用可以分为以下几类：

①科学计算：天气预报、地震分析、导弹拦截等；

②数据处理（信息处理）：数据库、企业管理、办公自动化；

③计算机控制（实时控制）：飞行控制、加工控制、DVD 播放控制等；

④辅助工程：辅助设计（CAD）、辅助制造（CAM）、辅助教学（CAI）、辅助测试（CAT）等；

⑤嵌入式应用；

⑥人工智能（AI）。

(4) 计算机的基本组成

计算机的基本组成见图 3－1。

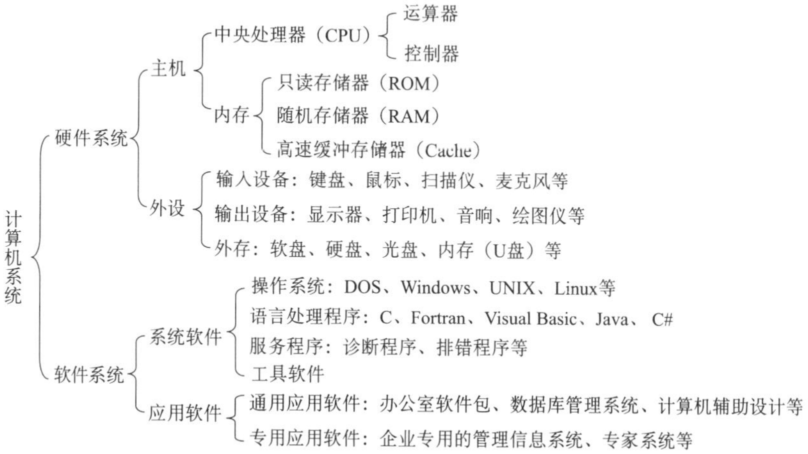

图 3－1 计算机系统

现在人们所用的个人计算机（PC）主要是冯·诺伊曼确立的现代计算机的基本结构，即冯·诺伊曼结构，计算机硬件由运算器、控制器、存储器、输入设备和输出设备五大基本部件组成。

五大基本部件运行机制如图3-2所示：

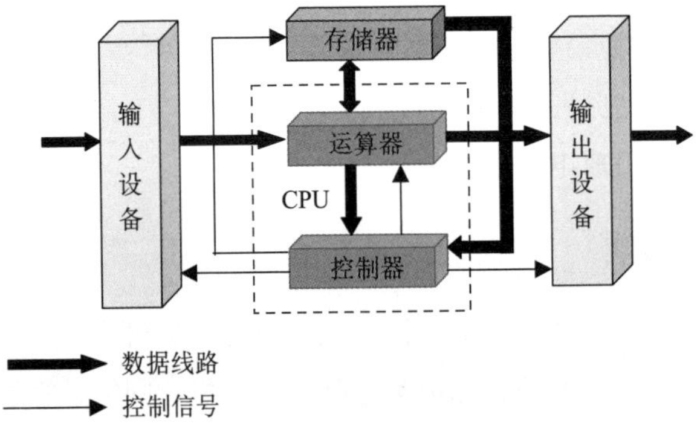

图3-2　五大基本部件运行机制图

①运算器。运算器在计算机中的功能是执行加、减、乘、除算术运算，以及与、非、或、移位等逻辑运算。因此，运算器又称之为算术逻辑部件（ALU）。

②控制器。控制器是计算机硬件系统的指挥和控制中心。当系统运行时，由控制器发出各种控制信号，指挥系统的各个部分有条不紊的协调工作。

运算器和控制器组成中央处理器（CPU）。早期的主机一般是配备一个CPU，但现在越来越多的主机开始配备多个CPU了（又称多处理器主机），这使得主机可以在同一时间能够处理多条指令，加快主机的处理速度。

③存储器。存储器的主要功能是存放程序和数据。存储器有内存（主存）和外存（辅存）之分。

内存主要以半导体存储为主，为可读写的随机存取存储器（RAM），允许以任意顺序访问，即采用按地址存（写）取（读）的工作方法。

外存是存放程序和数据的"仓库"，可以长时间地保存大量信息。外存与内存相比容量要大得多，但外存的访问速度远比内存要慢。计算机的外存可用来长期存放程序和数据。外存上的信息主要由操作系统进行管理，外存一般只和内存进行信息交换。直接访问存储（DAS）是我们最常接触的外存储形式，有磁盘、磁带、光盘、U盘和移动硬盘等。

④输入设备。输入设备接收用户输入的数据（含多媒体数据）、程序或命令，然后将它们经设备接口传送到计算机的存储中。常见的输入设备有键盘、鼠标、扫描仪、声音识别设备等。

⑤输出设备。输出设备将程序运行结果或存储器中的信息传送到计算机外部，提供给用户。常见的输出设备有显示器、打印机、绘图仪、音频输出设备等。

3.1.2 常见外部设备

除电脑主机外，大部分的硬件设备都可以称为外部设备。这里我们主要介绍常见的办公设备和存储设备。

（1）办公设备

主要介绍常见的办公设备，包括打印机、UPS、扫描仪、条码机、绘图仪。

①打印机。打印机是计算机的输出设备之一，用于将计算机处理结果打印在相关介质上。衡量打印机好坏的指标有三项：打印分辨率、打印速度和噪声。

打印机是最常用的输出设备，也是品种、型号最多的输出设备之一。按照工作方式可以分为点阵打印机、针式打印机、喷墨式打印机、激光打印机等。针式打印机通过打印机和纸张的物理接触来打印字符图形，而后两种是通过喷射墨粉来印刷字符图形的（见图3－3、图3－4、图3－5）。

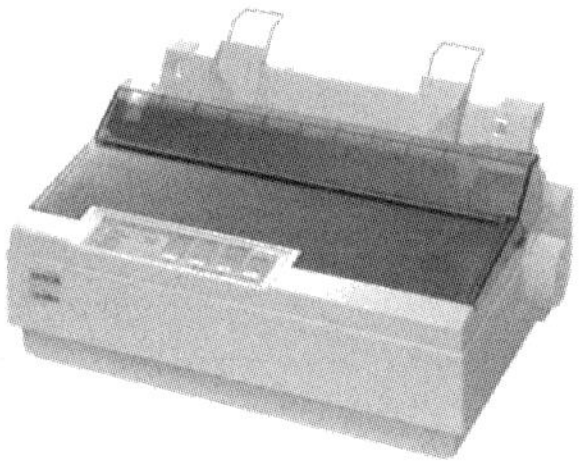

图3－3 针式打印机

图3－4 喷墨打印机图

图3－5 激光打印机

②不间断电源UPS。UPS是不间断电源的英文简称，是能够提供持续、稳定、不间断的电源供应的重要外部设备。它可以保障计算机系统在UPS电源整体解决方案停电之后继续工作一段时间以使用户能够紧急存盘，使用户不致因停电而影响工作或丢失数据。它在计算机系统和网络应用中，主要起到两个作用：一是应急使用，防止突然断电而影响正常工作，给计算机造成损害；二是消除城市用电上的电涌、瞬间高电压、瞬间低电压、电线噪声和频率偏移等“电源污染”，改善电源质量，为计算机系统提供高质量的电源（见图3－6）。

③扫描仪。扫描仪是一种计算机外部仪器设备，通过捕获图像并将之转换成计算机可以显示、编辑、存储和输出的数字化输入设备。照片、文本页面、图纸、美术图画、照相底片、菲林软片，甚至纺织品、标牌面板、印制板样品等三维对象都可作为扫描对象，提取和将原始的线条、图形、文字、照片、平面实物转换成可以编辑及加入文件中的装置（见图3－7）。

扫描仪识别技术——OCR：所谓OCR（光学字符识别）技术，是指电子设备（例如扫描仪或数码相机）检查纸上打印的字符，通过检测暗、亮的模式确定其形状，然后用字符识别方法将形状翻译成计算机文字的过程；即对文本资料进行扫描，然后对图像文件进行分析处理，获取文字及版面信息的过程。

④条码与条码机。所谓条码（条形码的简称），是将线条与空白按照一定的编码规则组合起来的符号，用以代表一定的字母、数字等资料。在进行辨识的时候，是用条码阅读机扫描，得到一组反射光信号，此信号经光电转换后变为一组与线条、空白相对应的电子讯号，经解码后还原为相应的数字，再传入电脑。

条码机：顾名思义是专门用来列印条码标签的印表机。

条码扫描器：用以扫描条码，读取条码所代表字元、数值及符号的周边设备称为条码扫描器。

⑤绘图仪。能按照人们要求自动绘制图形的设备。它可将计算机的输出信息以图形的形式输出。主要可绘制各种管理图表和统计图、大地测量图、建筑设计图、电路布线图、各种机械图与计算机辅助设计图等（见图3－8）。

绘图仪是一种输出图形的硬拷贝设备。绘图仪在绘图软件的支持下绘制出复杂、精确的图形，是各种计算机辅助设计不可缺少的工具。绘图仪的性能指标主要有绘图笔数、图纸尺寸、分辨率、接口形式及绘图语言等。

图3－6　不间断电源

图3－7　扫描仪

图3－8　绘图仪

（2）存储设备

用来存放各种信息的设备称为存储设备。

①光盘。CD：一种容量小，价格便宜的光碟，使用时通过光碟驱动器读出信息。目前，CD被广泛应用于公司宣传资料或产品手册中。

DVD：数字多功能光盘，DVD与CD的外观极为相似，是一种光盘存储器，容量比CD大得多，适用于高质量的音乐与大容量存储数据。

BD：蓝光光碟，是DVD之后的下一代光盘格式，用以存储高品质的影音以及高容量的数据存储。

CD/DVD/BD驱动器：驱动器是用来读取光盘上数据的设备。

其中，CD－ROM、DVD－ROM、BD－ROM是指可以一次写入、多次读出的光盘；

CD－RW、DVD－RW、BD－RW 代表一种“重复写入”技术（见图 3－9）。

②移动硬盘。移动硬盘顾名思义是以硬盘为存储介质，计算机之间交换大容量数据，强调便携性的存储产品。移动硬盘特点：容量大、传输速度高、使用方便、可靠性提升（见图 3－10）。U 盘：它是一个 USB 接口的无须物理驱动器的微型高容量移动存储产品，可以通过 USB 接口与电脑连接，实现即插即用（见图 3－11）。

图 3－9　光盘

图 3－10　移动硬盘

图 3－11　U 盘

③硬盘。硬盘（HDD）是电脑主要的存储媒介之一，由一个或者多个铝制或者玻璃制的碟片组成。这些碟片外覆盖有铁磁性材料。绝大多数硬盘都是固定硬盘，被永久性地密封固定在硬盘驱动器中（见图 3－12）。

④磁带和磁带机。磁带是一种用于记录声音、图像、数字或其他信号的载有磁层的带状材料，是产量最大和用途最广的一种磁记录材料。磁带机一般指单驱动器产品，通常由磁带驱动器和磁带构成，是一种经济、可靠、容量大、速度快的备份设备。这种产品采用高纠错能力编码技术和写后即读通道技术，可以大大提高数据备份的可靠性。根据装带方式的不同，一般分为手动装带磁带机和自动装带磁带机，即自动加载磁带机。

⑤磁带库。广义的磁带库产品包括自动加载磁带机和磁带库。自动加载磁带机和磁带库实际上是将磁带和磁带机有机结合组成的。自动加载磁带机是一个位于单机中的磁带驱动器和自动磁带更换装置，它可以从装有多盘磁带的磁带匣中拾取磁带并放入驱动器中，或执行相反的过程。自动加载磁带机能够支持例行备份过程，自动为每日的备份工作装载新的磁带。一个拥有工作组服务器的小公司或分理处可以使用自动加载磁带机来自动完成备份工作。

磁带库是像自动加载磁带机一样的基于磁带的备份系统，磁带库由多个驱动器、多个槽、机械手臂组成，并可由机械手臂自动实现磁带的拆卸和装填。它能够提供同样的基本自动备份和数据恢复功能，但同时具有更先进的技术特点。它可以多个驱动器并行工作，也可以几个驱动器指向不同的服务器来做备份，存储容量达到 PB（1PB＝100 万 GB）级，可实现连续备份、自动搜索磁带等功能，并可在管理软件的支持下实现智能恢复、实时监控和统计，是集中式网络数据备份的主要设备。

磁带库不仅数据存储量大得多，而且在备份效率和人工占用方面拥有无可比拟的优势。在网络系统中，磁带库通过 SAN（存储局域网络）系统可形成网络存储系统，为企业存储提供有力保障，很容易完成远程数据访问、数据存储备份，或通过磁带镜像技术实现多磁带库备份，无疑是数据仓库、ERP 等大型网络应用的良好存储设备（见图 3－13）。

图 3－12　硬盘

图 3－13　磁带库

⑥RAID。RAID 是廉价冗余磁盘阵列的简称，也称为“独立磁盘冗余阵列”，有时也简称“磁盘阵列”。简单地说，RAID 是一种把多块独立的硬盘（物理硬盘）按不同的方式组合起来形成一个硬盘组（逻辑硬盘），从而提供比单个硬盘更高的存储性能和数据备份技术。组成磁盘阵列的不同方式成为 RAID 级别。

RAID 能够实现在整个阵列中的某一些物理硬盘损坏时，也不会导致数据丢失，只需要更换损坏的磁盘即可，这对企业数据的安全性尤为重要。

⑦WORM。一写多读（WORM）技术被运用于公司企业级的磁光驱动器（MO）中。但是 MO 驱动未能做到与产业容量同步，随着基于磁带介质 WORM 的出现，它迅速成为能适应各类要求的最具吸引力的产品。

当至关重要的数据被不经意删除、修改或重写时，WORM 磁带技术成为了一个长久安全存储大量数据信息的理想解决方案。

Sony AIT 和 SAIT 磁带介质的特点是把一个“聪明的”内存芯片（MIC）埋植在卡式磁带中，MIC 芯片会通知磁带驱动器和所支持的应用程序该磁带是一个“一次写”媒介，当数据被存放上去后，就无法重写了，只能附加。

WORM 介质支持 AIT2、AIT3、AIT4 和 SAIT1。磁带机不可重写，不可删除，保证企业重要数据。

磁带机技术长期以来一直是首选的数据存储备份技术，因为磁带介质不仅能提供高容量、高可靠性以及可管理性，而且价格比光盘、磁盘媒体便宜很多。

磁带备份在原来较长时间里稳居数据中心备份的第一把交椅，近年来，随着磁盘价格的不断下跌，尤其是 SATA 盘的出现，使得基于磁盘的备份逐渐成为一种潮流，呈现取代磁带备份的势头。

常见的存储设备见表 3－1。

表 3-1 常见的存储设备

存储设备	特点
CD-ROM	保存数字文件容量大、便宜、不能写入
光盘库	容纳多个光盘
移动硬盘	容量大、传输速度高、使用方便、可靠性提升
硬盘	直接存取、速度快、容量大
磁带	容量大、价格低、顺序存储
磁带库	容纳多盘磁带、机械臂抓取
RAID	重构数据、容错能力强
一次写多次读光盘 WORM	适用不须更新、记录内容

总的来说，在 CIA 的考试中，一般不要求掌握某硬件的原理及技术上的细节，但会考核对硬件的一些特性的认识。

3.2 系统软件与应用软件

计算机软件是指计算机系统中的程序及其文档。程序是计算任务的处理对象和处理规则的描述，文档是为了便于了解程序所需的阐明性资料。程序必须装入机器内部才能工作，文档一般是给人看的，不一定装入机器。

计算机软件总体分为系统软件和应用软件两大类。其中，系统软件负责控制与分配计算机资源，帮助计算机硬件有效工作，并使应用软件正常运行的计算机程序。应用软件用于满足特定用户需要的计算机程序，是指用于解决各种具体应用问题的专门软件。如工具软件（包括文字处理程序和电子表格程序等）和商业应用软件（如会计电算化和仓储控制软件包、特殊商业应用软件等）。

3.2.1 系统软件

系统软件泛指那些为整个计算机系统所配置的、不依赖于特定应用的通用软件。如操作系统、语言处理程序以及服务程序等。

（1）操作系统

操作系统（OS）是对计算机全部软、硬件资源进行控制和管理的大型程序，是直接运行在计算机上的最基本的系统软件，其他软件必须在操作系统的支持下才能运行。它是软件系统的核心。它负责控制与分配计算机资源（包括 CPU、输入/输出设备、存储器、网络等），使计算机硬件有效工作，并使应用软件正常运行，扮演着计算机硬件与应用软件之间的“接口”角色的计算机程序。

操作系统是一个庞大的管理控制程序，大致包括5个方面的管理功能：进程与处理机管理、作业管理、存储管理、设备管理、文件管理。此外，需要掌握大型机、服务器和工作站几个概念。

①大型机：统指那些拥有强大计算能力，能支持大量联机终端和外部设备的计算机。

②服务器：为网络用户提供服务的节点，可以为连接的计算机提供信息的交互，服务器一般是专人控制和操作的，其存储的信息应该有专门的监控。

③工作站：即个人计算机，具有较强的信息处理功能和高性能的图形、图像处理功能，是使用者直接操作的终端设备。

其实无论是大型机、服务器、工作站都是储存程序和数据信息处理的计算机，只是执行的工作性质不一样，在配置和附加功能上有所不同。

(2) 操作系统的审计

收集操作系统所安装平台的所有软件系统，包括操作系统、数据库、应用系统概要信息及其主要配置：

- 输出文件列表。记录特权用户、普通用户账号信息及其权限，缺省用户设置情况。
- 以管理员身份登录到系统中，收集并记录各种系统信息，如主机配置、用户环境、网络信息、密码、权限设置等。
- 检查并测试密码设置规则与强度。密码输入检查控制是否有效。
- 检查对操作系统文件的访问控制是否适宜。
- 检查系统初始化环境参数的设置是否适宜。
- 检查用户登录环境是否受到适当的限制。
- 检查系统缺省启动的程序，确定没有不明来历的程序被启动，确定暂时不需要的程序是否被禁止。
- 检查是否容许用户未经密码验证（或使用缺省的密码），直接进入系统，如系统某些缺省的用户是否有缺省的密码或空密码。
- 检查系统日志是否打开以保证对日志的直接访问受到限制。
- 检查用户账号的授权或对系统资源授权访问是否适宜。
- 是否有操作系统备份计划，备份设备是否就绪。
- 设备能力测试，当前应用环境下操作系统对内存、磁盘、网络的容量要求是否能满足。
- 操作系统版本测试，补丁程序是否及时安装。
- 检查是否对出现故障的操作系统有完备的维护程序与记录。

3.2.2 应用软件

应用软件指利用计算机的软/硬件资源为某一专门的应用目的而开发的软件。应用软件是为满足用户不同领域、不同问题的应用需求而提供的那部分软件。它可以拓宽计算机系统的应用领域，放大硬件的功能。其具体的应用包括如下方面：

①办公室软件：文书处理器、试算表程式、投影片报告、数学程式创建编辑器、绘图程式、基础数据库、档案管理系统、文本编辑器。

②互联网软件：即时通信软件、电子邮件客户端、网页浏览器、FTP客户端、下载工具。

③多媒体软件：媒体播放器、图像编辑软件、音讯编辑软件、视讯编辑软件、计算机辅助设计、计算机游戏、桌面排版。

④分析软件：计算机代数系统、统计软件、数字计算、计算机辅助工程设计。

⑤协作软件：协作产品开发。

⑥商务软件：会计软件、企业工作流程分析、客户关系管理、Back Office、企业资源规划、供应链管理、产品生命周期管理。

3.2.3 软件开发方法

随着信息技术的发展，信息系统的开发越来越成为一个庞大的系统工程，对内它涉及组织的内部结构、管理模式、业务运营、数据的收集与处理的各个方面，对外它涉及与其他系统的互联与数据交换，面对一个大型、复杂的组织机构和管理系统，需要有一个系统的开发方法来指导人们进行应用软件开发，并在使用与维护过程中进行有效的管理，以保证应用系统的机密性、完整性与可用性。

(1) 结构化开发方法

结构化开发方法是用系统工程的思想和工程化的方法，按用户至上的原则，结构化、模块化、自顶向下地对系统进行分析与设计。结构化方法的特点有：

- 自顶向下整体性的分析与设计和自底向上逐步实施的系统开发过程；
- 用户至上；
- 严格区分各工作阶段；
- 开发过程工程化；
- 强调文档的重要性。

生命周期法（SDLC）是一种自顶向下的结构化开发方法，对每一个阶段的任务、承担人员、职责、各阶段成果及其相互关系进行了严格的定义，并制定了严密的文档编制规范。SDLC适用于开发较大型、综合、功能明确且复杂的信息系统。它把系统生命周期分为六个阶段：

①系统分析。系统分析是对需要用信息系统解决的问题的分析，包括用户需求分析和系统可行性研究。系统分析工作由系统分析员完成，因此系统分析员是信息系统部门和其他业务部门联系的主要桥梁。系统分析阶段的成果是《系统需求分析规格书（说明书）》。其中能力计划是《系统需求分析规格书》的一个重要组成部分，包括系统能力的设计目标、现有的设备能力清单以及对未来需求的预测，它可以确保系统能满足现有及未来的性能需求，同时避免设备的浪费。系统分析主要是解决系统“干什么”的问题。

如对于一项网络工程，就必须在网络实施前考虑程序的重新设置，并根据预期工作流量设计合适的网络改造方案。

②系统设计。系统设计是按照系统分析的要求来具体设计系统的过程，通常可分为总体设计和详细设计。系统设计阶段的成果是《系统设计规格书》。系统设计解决“怎么干”。

③编程。编程是把设计规格书转化成计算机软件代码的过程。根据系统详细设计要求用选定的程序语言或编程工具编写源程序。

④测试。对所有编好的程序都必须进行详尽彻底的测试，以确定系统是否能产生正确的结果。为确保系统测试的成功，开发小组与用户应共同做出一个系统的测试计划。测试包括四个步骤，首先是模块测试，又称程序测试或单元测试，任务是分别测试系统中的每一个程序模块，以确保它们没有错误。其次是集成测试，又称接口测试，用于评估将信息从一个区域传递到另一个区域的两个或多个组件之间的连接情况。然后是系统测试，从整体的角度验证系统的功能，它用来确定分散的模块能否按规划的那样共同完成预定的功能，它要检查的方面包括执行时间、文件存储能力、处理满负荷的能力、恢复和重启动的能力以及人工介入的流程。最后是验收测试，为系统准备实际投入使用提供最终的证明，它由用户评估，当用户认为各个部分都令人满意时，该系统就达到了验收的标准，可以实际投入运行。

其他与测试相关的术语包括：

调试：查找软件中可能导致异常行为或更糟糕情况的软件代码“漏洞”或错误。

负载测试：在负载较重（例如大量并发用户）的情况下运行时检查系统的性能。

吞吐量测试：验证系统可以在承诺的时间内处理事务。

Alpha 测试：由开发人员进行。

Beta 测试：由用户进行。

试点测试：系统功能的初步和重点测试。

回归测试：核实系统在进行相关改动或纠正措施后，没有引入新的错误。

联合测试（SOCT）：使用实际硬件和有限资源在预期环境中测试系统，同时运行竞争和协作应用程序。

安全测试：验证控制漏洞的能力。

⑤转换。转换是用新系统替代老系统的过程。转换策略包括：

- 平行转换策略：新旧系统并行，开销大、安全可靠；
- 直接转换策略：某一时刻完成，新系统替换旧系统，开销省、风险大；
- 试点转换策略：一个部门先试，成功后再推广；
- 分阶段的转换策略：分期分批，逐个功能切换。

⑥运行与维护。运行与维护是为了保障生产系统的正常运营，并解决系统中可能存在的不足，不断完善系统的功能。包括正确性维护、适应性维护和完善性维护。

(2) 快速应用程序开发方法

SDLC具有系统性、规范性、严密性等优点，也利于在整个开发过程中的管理和控制。其缺点则是开发周期长、难以适应系统需求的快速变化。SDLC对系统分析的要求极高，一旦系统分析出现偏差，则可能出现组织战略需求和系统之间出现差异而导致整个系统开发要重来。鉴于传统的结构化开发方法所面临的缺点，出现了快速应用程序开发（RAD），它是一套用于快速开发软件的方法论和工具，可以降低长期项目在项目完成之前过时的风险。

①原型法。首先根据用户的最基本需求迅速开发一个实验模型交给用户使用，启发用户提出进一步需求，然后对原型进行修改，再使用，再修改，如此反复，直至满足用户需求。原型法的优点是用户可以更好地参与系统的需求分析和设计过程，并在应用过程中不断完善，因此用户满意度高，开发速度较快，并且由于用户的参与而降低了对系统进行测试的成本。但由于原型法需要经常根据用户的需要迅速修改系统，对系统开发技术和工具要求极高。通常开发者只有在拥有并掌握了强大的计算机辅助开发工具时才有可能应用原型开发方法，因此，原型法又称为快速原型法或快速应用开发方法。快速原型法通常分模块创建系统，直至整个系统完成，因此往往在系统的整体性和文档的严密性上不如SDLC（见图3－14）。

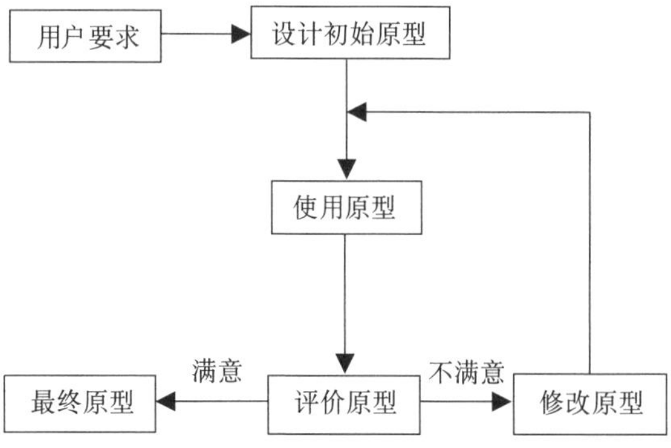

图3－14 原型法示意图

②面向对象开发法。面向对象开发法认为世界是由各种各样的对象组成，每种对象都有各自的内部状态和运动规律，不同对象之间的相互作用和联系就构成了各种不同的

系统。当我们设计和实现一个客观系统时，如能在满足需求的条件下把系统设计成由一些不可变（相对固定）部分组成的最小结合，这个设计就是最好的。因为它把握了事件的本质，从而不再会被周围环境（物理环境和管理模式）的变化及用户不断变化的需求所左右，而这些不变的部分就是所谓的对象。

面向对象方法是以对象为中心，按照客观世界的本来面目，用直观、自然的方法描述客观世界及其联系。面向对象的方法具有封装性、抽象性、继承性、动态链接等特点。

面向对象软件开发方法与传统方法的不同之处在于其对待数据及过程的处理方式。传统的结构化分析与设计以过程为中心，首先考察一个系统“要做什么”，然后设计过程和数据的模型。面向对象的软件开发不强调过程，注意的焦点从如何构造业务过程和数据的模型转移到如何将数据与过程封装成对象。系统被看做一系列的“类”和对象以及它们之间的关系的集合。对象被事先定义、设计、编程、制作文档并存储起来，以供将来的应用程序使用。某一类别所有对象都会继承上一层次的属性，这就意味着一个对象的改变可能影响另一个对象，因此它对用户验收测试的要求更高。另外，由于对象有封装性，因而使信息更隐蔽。但因为封装性，当程序出现错误时，进行检查和修改可能比较困难。

面向对象方法的优点是程序代码只需为“类”写一次，代码可以重复使用，而不必为每一个对象都编写程序代码，大大减少了新编码的需求，这样就提高了软件设计的效率，能够更快更可靠地开发系统。

③终端用户计算。终端用户计算（EUC）又称终端用户开发，是指系统的终端用户在没有或只有很少技术专家正式协助的条件下，自行完成系统开发的一种开发策略。这种开发方式的风险包括：

- 系统整体分析功能常被忽略，难以和其他系统集成和共享数据；
- 系统内会产生一些专用的模块；
- 由于没有严格的规范，可能缺乏开发标准和文档；
- 使用及维护都严重地依赖开发者；
- 由于缺乏监督，致使相同的信息可能被以不同的方式处理，失去了信息的一致性，这也是终端用户开发的系统中最难发现的缺陷。

对终端用户计算的审计通常包括确定终端用户计算的应用程序、对应用程序风险进行排列、对控制情况进行文件处理和测试等。

为降低终端用户计算的风险，内部审计师可以建议在组织内部成立以咨询服务为主要职能的“信息中心”、制定相应的政策、规章制度来管理用户开发。

3.2.4 应用软件开发的审计

对于应用软件开发的审计，重点是组织要建立规范的开发过程。如果没有规范，信息系统的审计将很难开展，相关的建议也不容易被管理层接受。在系统开发过程中，IT审计师对系统的影响力将取决于系统开发过程中是否有规范的流程及IT审计师的参与程度。

(1) 软件开发审计任务

IT审计师在系统开发过程中的主要任务有：

- 赢得用户信息系统专家的支持；
- 审查用户需求；
- 审查人工控制和应用控制；
- 审查所有技术说明是否符合公司标准；
- 审计是否适当地应用项目管理工具；
- 在每个开发阶段，进行设计走查，并在每次走查后提出书面建议；
- 在下一个阶段开始之前，保证建议被采纳；
- 每个阶段结束后，进行项目审查；
- 审查测试计划；
- 评估实施准备；
- 向管理层提交审计发现；
- 保持独立性。

对应用软件开发过程进行审计，能够明确开发的细节，确认开发的控制，使软件重新开发的成本大大降低。

(2) 软件开发审计方法

常用的软件开发审计包括以下几种：

①测试数据。审计人员设计测试数据，然后将测试数据在计算机系统内从头到尾运行一次，来检查审计业务客户计算机信息系统是否按预期要求运行。

②平行模拟。审计人员设计一种与审计业务客户计算机信息系统功能相同的模拟系统，将数据在审计业务客户的信息系统和模拟系统上平行运行，比较两者运行的结果是否一致。

③整体测试（ITF）。整体测试又称集成测试设施，审计人员虚构一些公司的数据并与审计业务客户的真实数据一起处理，分析处理结果。这种方法可以对审计业务客户的信息系统进行持续测试。但其缺点是测试数据可能进入审计业务客户的真实数据环境。

④嵌入式审计模块（EAMs）。在应用系统的各个环节嵌入审计专用模块。特点是能对被审计事项进行连续监督。同时这种方法也是对应用系统审计最有效。

3.3 计算机网络基础

计算机网络，是指将地理位置不同的具有独立功能的多台计算机及其外部设备，通过通信线路连接起来，在网络操作系统，网络管理软件及网络通信协议的管理和协调下，实现资源共享和信息传递的计算机系统。

3.3.1 常见网络类型

虽然网络类型的划分标准各种各样，但是从地理范围划分是一种公认的通用网络划分标准。按这种标准可以把各种网络类型划分为局域网、城域网、广域网和互联网四种。局域网一般来说只能是一个较小区域内，城域网是不同地区的网络互联，不过在此要说明的一点就是这里的网络划分并没有严格意义上地理范围的区分，只能是一个定性的概念。下面简要介绍这几种计算机网络。

(1) 局域网（LAN）

通常我们常见的“LAN”就是指局域网，这是我们最常见、应用最广的一种网络。现在局域网随着整个计算机网络技术的发展和提高得到充分的应用和普及，几乎每个单位都有自己的局域网，有的甚至家庭中都有自己的小型局域网。所谓局域网，就是在局部地区范围内的网络，它所覆盖的地区范围较小。局域网在计算机数量配置上没有太多的限制，少的可以只有两台，多的可达几百台。在网络所涉及的地理距离上一般来说可以是几米至10公里以内。局域网一般位于一个建筑物或一个单位内，不存在寻径问题，不包括网络层的应用。

这种网络的特点就是：连接范围窄、用户数少、配置容易、连接速率高。虽然目前我们所能看到的局域网主要是以企、事业单位为主，采用双绞线为代表传输介质的以太网，但在网络发展的早期或在其他各行各业中，因其行业特点所采用的局域网也不一定都是以太网，目前在局域网中常见的有：以太网、令牌网、FDDI网、异步传输模式网（ATM）等几类。

根据网络拓扑结构，局域网可分为：

①总线网。如图3-15所示，总线网的所有计算机都连在一条公共的电缆上，并按一定规则竞争使用信道，所以又称为共享网。特点：使用电缆较少，且容易安装。但电缆故障能导致整个网络的瘫痪，而且当网络流量接近带宽时，容易出现传输效率大幅下降的情况。

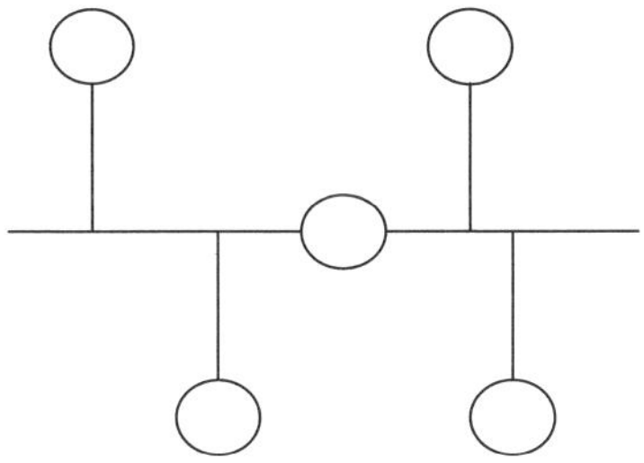

图3－15 总线网

②星形网。有一个中央节点，其他节点都与中央节点相连，如图3－16所示。特点：非中央节点的故障不会影响网络运行，也较容易扩充，但中央节点停止工作则整个网络将瘫痪。

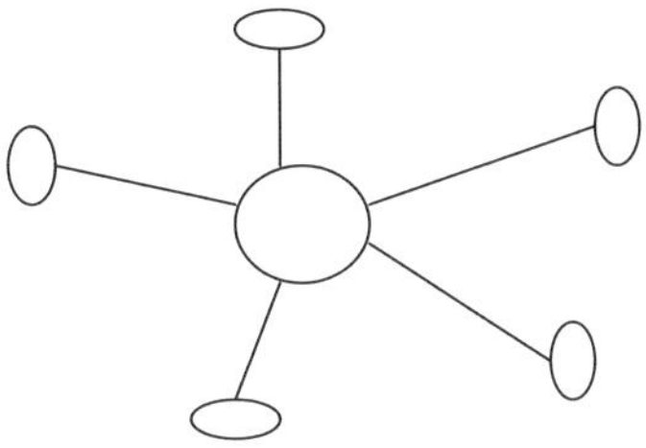

图3－16 星形网

③环形网。如图3－17所示，所有计算机相互串联成一个闭环，并通过一个循环令牌来分配信道，所以又称为令牌环网。特点：数据在通信线上的传输不会发生碰撞，性能平稳，但任一节点故障会导致整个系统失效。

令牌是由一组二进制数组成，当一个站点收到令牌时，它就可以发送准备好的数据，如无数据发送，则将令牌传至下一站点。

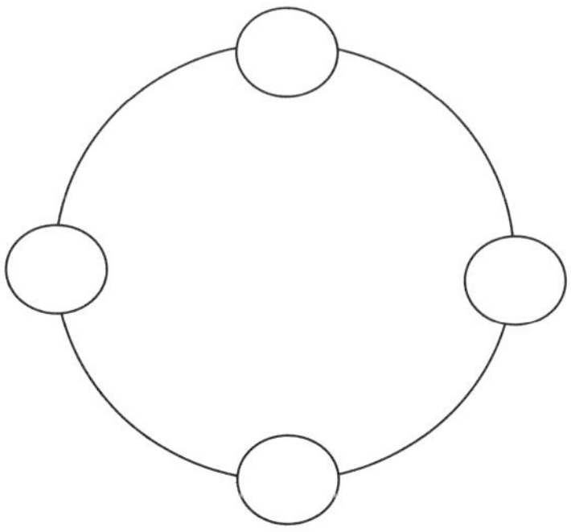

图3－17 环形网

此外，一个典型的计算机网络中通常包括服务器（Server）和客户机（Client），所有客户机共享服务器提供的各项服务（如文件服务、打印服务、目录服务等）。如果一个网络中没有指定专用服务器，任何节点都可与其他节点共享资源，则称这样的网络为对等网络（Peer－to－Peer Network）。

(2) 城域网(MAN)

这种网络一般来说是在一个城市，但不在同一地理小区范围内的计算机互联。这种网络的连接距离可以在 10 ~ 100 千米，它采用的是 IEEE802.6 标准。MAN 与 LAN 相比扩展的距离更长，连接的计算机数量更多，在地理范围上可以说是 LAN 网络的延伸。在一个大型城市或都市地区，一个 MAN 网络通常连接着多个 LAN 网。如连接政府机构的 LAN、医院的 LAN、电信的 LAN、公司企业的 LAN 等。由于光纤连接的引入，使 MAN 中高速的 LAN 互连成为可能。

城域网多采用 ATM 技术做骨干网。ATM 是一个用于数据、语音、视频以及多媒体应用程序的高速网络传输方法。ATM 包括一个接口和一个协议，该协议能够在一个常规的传输信道上，在比特率不变及变化的通信量之间进行切换。ATM 也包括硬件、软件以及与 ATM 协议标准一致的介质。ATM 提供一个可伸缩的主干基础设施，以便能够适应不同规模、速度以及寻址技术的网络。ATM 的最大缺点就是成本太高，所以一般在政府城域网中应用，如邮政、银行、医院等。

(3) 广域网(WAN)

这种网络也称为远程网，所覆盖的范围比城域网(MAN)更广，它一般是在不同城市之间的 LAN 或者 MAN 网络互联，地理范围可从几百千米到几千千米。因为距离较远，信息衰减比较严重，所以这种网络一般是要租用专线，通过 IMP(接口信息处理)协议和线路连接起来，构成网状结构，解决循径问题。这种城域网因为所连接的用户多，总出口带宽有限，所以用户的终端连接速率一般较低，通常为 9.6Kbps ~ 45Mbps，如：邮电部的 CHINANET，CHINAPAC 和 CHINADDN 网。

(4) 互联网(Internet)

互联网因其英文单词“Internet”的谐音，又称为“因特网”。互联网的组成主要包括服务器、客户端以及连接两者的各种协议。在互联网应用如此发展的今天，它已是我们每天都要打交道的一种网络，无论从地理范围，还是从网络规模来讲它都是最大的一种网络，就是我们常说的“Web”“WWW”和“万维网”。从地理范围来说，它可以是全球计算机的互联，这种网络的最大的特点就是不定性，整个网络的计算机每时每刻随着人们网络的接入在不断地变化。当您连在互联网上的时候，您的计算机可以算是互联网的一部分，但一旦当您断开互联网的连接时，您的计算机就不属于互联网了。但它的优点也是非常明显的，就是信息量大，传播广，开放性更强，同时缺点也是在此，由于信息量巨大，在浩大的信息量中获取有用的信息变得更困难了，由于开放也导致安全风险大大增加。

HTML：超文本标记语言或超文本链接标示语言，是目前网络上应用最为广泛的语言，也是构成网页文档的主要语言。通过使用网络浏览器，就可以对 HTML 进行转换，从而查看各种网页。

XML：可扩展标记语言，是互联网环境中跨平台的，依赖于内容的技术，是当前处理结构化文档信息的有力工具。

需要注意的是，HTML 和 XML 仅仅是在互联网中使用的语言，并不是互联网的组成部分。各种网络协议将会在之后进行说明。

（5）无线网

随着平板电脑和个人数字助理（PDA）等便携式计算机的日益发展和普及，人们经常要在路途中接听电话、发送传真和电子邮件、阅读网上信息以及登录到远程机器等。然而在汽车或飞机上是不可能通过有线介质与单位的网络相连接的，这时候就需要应用到无线网了。虽然无线网与移动通信经常是联系在一起的，但这两个概念并不完全相同。例如当便携式计算机通过 PCMCIA 卡接入电话插口，它就变成有线网的一部分。另一方面，有些通过无线网连接起来的计算机的位置可能又是固定不变的，如在不便于通过有线电缆连接的大楼之间就可以通过无线网将两栋大楼内的计算机连接在一起。

（6）增值网络（VAN）

VAN 顾名思义是网络自身具有附加价值的、进行信息分配和加工的结构。它是专用的、多通道、只传递数据、由第三方管理、多用户使用的网络。所谓增值是由于第三方提供远程通信和计算机服务，用户只需付租金，不必投资于网络设备与软件，也不必进行网络管理，便可得到可靠的网络服务，使用户在通信上得到外加的价值。

它是一种由一台主机以及多台终端机构成的电脑通信模式。采用这种结构，必然会使负荷集中在具备信息处理功能的主机上，它需要投入昂贵的设备和特殊软件，因此维护网络本身就需要巨额成本。

VAN 最大的特点是通过计算机服务网络，使不同企业、不同的网络系统可以相互连接，从而使不同形式的数据交换成为可能。由于 VAN 实现了不同系统的对接和不同格式的交换，为无数的使用者提供了交换数据的服务，创造了附加价值。

（7）虚拟专用网（VPN）

VPN 是指利用数据包封装和加密等技术在公用网络上建立专用网络的技术，使数据包在公网传输时不会被他人所截获或篡改，它既具备私有网络的安全性，又具有公用网络的经济性。

VPN 主要采用的四项安全保证技术：采用隧道技术（点对点隧道协议 PPTP）、加解密技术、密钥管理技术和使用者与设备身份认证技术。虚拟专用网的提出就是来解决这些问题：

①使用 VPN 可降低成本。通过公用网来建立 VPN，就可以节省大量的通信费用，而不必投入大量的人力和物力去安装和维护 WAN（广域网）设备和远程访问设备。

②传输数据安全可靠。虚拟专用网产品均采用加密及身份验证等安全技术，保证连接用户的可靠性及传输数据的安全和保密性。

③连接方便灵活。用户如果想与合作伙伴联网，如果没有虚拟专用网，双方的信息技术部门就必须协商如何在双方之间建立租用线路或帧中继线路，有了虚拟专用网之后，只需双方配置安全连接信息即可。

④完全控制。虚拟专用网使用户可以利用因特网服务提供商（ISP）的设施和服务，同时又完全掌握着自己网络的控制权。用户只利用ISP提供的网络资源，对于其他的安全设置、网络管理变化可由自己管理。在企业内部也可以自己建立虚拟专用网。

内联网（intranet）：也称为内部网，是员工使用万维网和Internet的工具、标准和协议建立的内部网络。内部网授权员工远程访问公司信息，甚至可以授权业务部门对自己的内容负责。显然，这两个好处都需要改进控制以防止误用。

外联网（extranet）：将服务对象扩展到了企业的合作伙伴（如客户、供应商、各类机构等），就像是为合作伙伴设计的内联网服务。外联网需要对用户身份验证和隐私进行更严格的控制。

3.3.2 网络协议

由于计算机有着各种各样的操作系统（Windows、Unix等）和不同的硬件设备（路由、网桥、网关等），这些不同的计算机和硬件之间要进行数据的交换，就必须具备相同的规则和标准，这些规则和标准，就称之为网络协议。常见的网络协议包括：

TCP/IP：传输控制协议/Internet协议。提供可靠数据传输的协议称为传输控制协议TCP，好比货物装箱单，保证数据在传输过程中不会丢失；提供无连接数据报服务的协议称为网络协议IP，好比收发货人的地址和姓名，保证数据到达指定的地点。TCP/IP协议是互联网上广泛使用的一种协议。

Telnet：Telnet协议是TCP/IP协议族中的一员，是Internet远程登录服务的标准协议和主要方式。它为用户提供了在本地计算机上完成远程主机工作的能力。在终端使用者的电脑上使用Telnet程序，用它连接到服务器。终端使用者可以控制服务器。

FTP：文件传输协议，用于Internet上的控制文件的双向传输。同时，它也是一个应用程序。用户可以通过它把自己的PC机与世界各地所有运行FTP协议的服务器相连，访问服务器上的大量程序和信息。

HTTP：超文本传输协议，它是用来在Internet上传送超文本的传送协议。它可以减少网络传输，使浏览器更加高效。现在我们用的网络浏览器，绝大部分都是利用这个协议来浏览网页的。

HTTPS：安全超文本传输协议，它是由Netscape开发并内置于其浏览器中，用于对数据进行压缩和解压操作，并返回网络上传送回的结果。

除了上述这些常用协议之外，还有IPv6（Internet协议—版本6），这是Internet协议的最新版本；POP3（邮局协议—版本3），它是一个关于接收电子邮件的客户/服务器协议；SMTP（简单邮件传送协议），它是用来发送电子邮件的TCP/IP协议。

3.3.3 网络术语

域名：由于IP地址难于理解和记忆，采用了一套有助于记忆的符号化“域名地址”来表示网络节点，如中审网校的域名是：auditcn. com。

域名管理系统（DNS）：负责域名和IP地址之间转换的层次化服务系统。

统一资源定位符（URL）：唯一地表示互联网上的任一资源，由传输协议、域名、服务名、目录路径、文件名和参数构成。如：https：//www. auditcn. com/Category/Index. php。

点击：按照超文本链接访问特定网站的操作。

云计算：使用因特网上托管的远程服务器网络来存储、管理和处理数据而不是将数据存储在本地服务器或计算机上的做法。

通用网关脚本语言（CGI）：一种标准的编程语言，服务例程可通过调用它们动态访问服务器上的资源。

Cookies（小型文本文件）：是由互联网站点创建的并存储在本地计算机上的一段文本信息，例如访问站点时的首选项和个人可识别信息等，其作用是简化网页访问过程。

Applets（小应用程序）：浏览器在访问网页时动态从服务器下载并执行的一段小程序，通常由JAVA编写。

远程登录：远程控制计算机的一种方法。

3.3.4 各种网络连接设备

网卡（NIC）：使计算机和网络相连的接口设备。

调制解调器（Modem）：能将数字信号和模拟信号相互转换，从而使数字信号能通过模拟的语音信道传输的设备。

中继器：能放大物理信号强度，从而延长通信电缆的有效距离。

集线器（Hub）：构成共享型星形网络的中心连接设备，其上的所有端口共享信道。集线器可用于连接同一个局域网（LAN）的两个部分。

交换机：构成交换型星形网络的中心连接设备，其上的每个端口均独占各自的信道。

网桥：一种网络连接设备，可以连接两个相同类型的网络，并通过设备的链路地址隔离网络。

路由器：可以连接多个相同类型网络并根据网络地址实行路由选择。

网关：一种网络连接设备，可以连接两个不同类型的网络并完成网络协议转换。

3.3.5 基础通信介质和通信技术

专用分组交换机（PBX）：是一种使用电话线在办公室间传输电话、传真的技术，没有其他网络功能，不能处理大量数据。由于对公众开放且使用公用电话线传输数据，所以传输质量较差，安全性最低。但由于它的使用成本较低，所以适合于没有实力建设自己专用网络的小型企业使用。

同轴电缆：由一根中轴铜缆及屏蔽层构成，速度较快（10M—100M），传输距离通常不超过500米，通常用于共享总线型局域网。

双绞线电缆：由多对互相绞合的细电缆构成，铺设方便，速度较快（10M—1000M），传输距离不超过100米，通常用于星型局域网。

光导电缆：俗称光纤，是一种用玻璃纤维制作的高速传输介质。在各种传输介质中，光导电缆由于没有电磁泄露所以最难搭线窃听。

无线信道：如微波、卫星转播等。由于无线网络容易被非法接收，所以增加了传送加密的要求。

3.3.6 各种基础通信网络

PSTN：公用电话交换网络，是一种模拟音频信道，但在应用Modem等模数转换设备后可传输数字信号。速度低（小于33.6K bps），可靠性差。

DDN数字数据网络：一种点到点的传输网络。速度较快（2M），可靠性高，但租金也较高。

帧中继：在DDN网络上发展出来的一种新的网络共享传输技术。在网络空闲时，可以以较低的基本租用速率而享受较高的实际使用速率，具有租金低，速度较快的特点。但在网络传输高峰期间，则只能达到基本租用速率。因此适合传输数据文件，但不适合视频、语音等实时数字信号。

综合服务数字网（ISDN）：一种通过电话线传输声音、图像和其他数据的国际标准网络。

非对称用户数字环线（ADSL）：一种新的传输技术，使用普通电话线路来传输数据，但它使用的频率要比语音波段高。允许在一对双绞铜线上，在不影响现有电话业务的情况下，进行非对称高速数据传输。

3.3.7 开放系统互连（OSI）七层模型

OSI模型是被ISO（国际标准化组织）采纳的国际标准，其目标是实现各类不同的通讯设备之间的互通互联。OSI模型将计算机网络分为七个层次，各层承担不同的功能，这七个层次分别是：

第七层：应用层，软件所在的层级，满足具体的应用要求。

第六层：表示层，应用程序数据在传输过程中的编码方式，即数据的标识、安全和压缩。解决差异系统之间的信息表示问题，屏蔽不同系统在数据表示方面的差异。

第五层：会话层，控制终端系统之间的对话，建立、管理和终止会话，提供控制会话和数据传输的手段。

第四层：传输层，定义传输数据的协议端口、流量控制和差错校验，支持可靠的端到端数据传输。

第三层：网络层，利用路由技术，进行逻辑寻址，实现用户数据的端到端传输。

第二层：数据链路层，利用差错处理技术，建立逻辑连接，进行硬件地址寻址，提供高可靠传输的数据链路。如单个物理连接（或系列）的数据传输。

第一层：物理层，确定物理设备接口，建立、维护和断开物理连接，提供点到点的比特流传输的物理链路。如电线、无线设备和激活连接的方法。

其中低三层（物理层、数据链路层、网络层）对应于网络，高四层（传输层、会话层、表示层、应用层）则对应于计算机及其应用。

3.3.8 数据与网络通信审计

在对数据与网络通信进行审计时，IT审计师应该了解有关通信网的控制，了解客户设计和选择网络架构的标准与规范，判断客户是否考虑了成本/效益原则。重点审计内容包括：

- 网络通信拓扑结构及设计；
- 重要的网络通信设备物理性能与参数设置；
- 网络通信管理员及其职责；
- 通信设置的使用，包括主要应用和特殊流量等；
- 公司在网络通信设计、支持、数据安全等方面的工作程序和标准；
- 网络传输媒体及技术，包括桥接器、路由器和网关等；
- 通信设备的物理访问控制是否限制只供授权用户访问；
- 通信设备的环境控制是否完备（防火、防水，温度、湿度，防静电等）；
- 检查通信设备的逻辑访问控制是否完备，访问控制应该能限制、辨认以及报告；
- 网络中经授权和非授权的用户。

3.4 数据库基础

所谓数据库是指长期存储在计算机内的、有组织的、可共享的数据集合。数据库中的数据是按一定的数据模型组织、描述和存储，具有较小的冗余度、较高的数据独立性和易扩展性，并可为各种用户共享。

数据库系统的萌芽出现于20世纪60年代。当时计算机开始广泛地应用于数据管理，对数据的共享提出了越来越高的要求。传统的文件系统已经不能满足人们的需要。能够统一管理和共享数据的数据库管理系统（DBMS）应运而生。数据库技术从诞生到现在，在近半个世纪的时间里，形成了坚实的理论基础、成熟的商业产品和广泛的应用领域。作为信息系统核心和基础的数据库技术得到越来越多的应用，从小型单项事务处理系统到大型信息系统，从一般的财务核算管理到计算机辅助设计与制造、办公自动化、地理信息系统，无论是政府部门、企事业单位，还是金融机构、交通运输等，只要是涉及大量数据的应用及管理的工作，都可以使用数据库。

3.4.1 文件的类型

文件是大量性质相同的记录的集合，文件存储在外存储器中，如磁盘和磁带等。文件在外存储器上组织方式的类型主要有直接存取文件、顺序存取文件、索引顺序存取文件。

直接存取文件：不能进行顺序查找，但插入数据方便，存取速度快。

顺序存取文件：按照从头到尾的顺序进行存取操作，文件中的信息就像在一条长长的队列中排列一样。

索引顺序存取文件：指在主文件之外再建立一个表示关键字与其物理记录之间对应关系的表，称为索引表。索引表与主文件共同构成索引文件。其特点是既可以按顺序处理大量记录又可以随机直接访问。

3.4.2 数据库的主要特点

数据库是依照某种数据模型组织起来并存放在存储器中的数据集合。这种数据集合具有如下特点：

（1）实现数据共享

数据共享包含所有用户可同时存取数据库中的数据，也包括用户可以用各种方式通过接口使用数据库，并提供数据共享。

（2）减少数据的冗余度

同文件系统相比，由于数据库实现了数据共享，从而避免了用户各自建立应用文件，减少了大量重复数据，减少了数据冗余，维护了数据的一致性。

(3) 数据的独立性

数据的独立性包括数据库中数据库的逻辑结构和应用程序相互独立，也包括数据物理结构的变化不影响数据的逻辑结构。

(4) 数据实现集中控制

文件管理方式中，数据处于一种分散的状态，不同的用户或同一用户在不同处理中其文件之间毫无关系。利用数据库可对数据进行集中控制和管理，并通过数据模型表示各种数据的组织以及数据间的联系。

(5) 数据一致性和可维护性

可以确保数据的安全性和可靠性。主要包括：安全性控制（防止数据丢失、错误更新和越权使用）；完整性控制（保证数据的正确性、有效性和相容性）；并发控制（使在同一时间周期内，允许对数据实现多路存取，又能防止用户之间的不正常交互作用）；故障的发现和恢复（由数据库管理系统提供一套方法，可及时发现故障和修复故障，从而防止数据被破坏）。

3.4.3 数据库模型

数据库模型一般可以分为：层次数据模型、网状数据模型和关系数据模型。

(1) 层次数据模型

层次数据模型是用层次结构表示实体类型及实体间联系的数据模型。层次结构是树结构，树的结点是记录类型，非根结点有且只有一个父结点。

特点：记录间的联系通过指针实现，查询效率高。

缺点：只能表示一对多联系，实现多对多较复杂，用户不易掌握；数据的查询、更新操作复杂，编写应用程序复杂。

(2) 网状数据模型

网状数据模型是用有向图结构表示实体类型及实体间联系的数据模型。

特点：记录间联系用指针实现，多对多联系易实现，查询效率高。

缺点：编写应用程序复杂，需熟悉数据库的逻辑结构。

(3) 关系数据模型

关系数据模型是用二维表格结构表达实体集，用关键字表示实体间联系，也是目前应用最广的数据库模型。

特点：记录间的联系是通过关系模式的关键字体现。

优点：表格简单，用户易懂，编程时不涉及存储结构、访问技术等细节。结构化查询语言（SQL）是关系数据库的标准化语言。

3.4.4 关系数据库

关系数据库是建立在关系数据模型基础上的数据库，是目前的主流方式。下面将介绍对关系数据库的常见操作。

数据筛选：按一定条件从数据库中选择出一部分记录。

数据连接：按某个共同的数据元素结合多个关系型数据库表。

数据映射：将数据库表中的部分字段构成一个新的子表，使得该子表中仅包含用户需要的信息。

数据更新：按一定条件修改数据库表中的一个或多个字段的值。

为了避免并发修改，保证交易的完整性，通常要对相关修改内容进行锁定。然而当两个交易数据都上了锁，且其中任一个数据的处理都需要使用另一个数据时，就会使处理无法继续进行，从而出现“死锁”。因此，在系统设计以及进程调度上应该尽可能全面考虑，减少“死锁”的产生。

此外，为了解决数据库的数据冗余以及非正常删除、插入、更新数据的问题，需要对数据库进行规范化，以保证关系型数据库的二维表的特征。例如：若一个数据库表中包含相同数据的记录多次出现，就会造成对数据库查询困难，这时就应该对数据库进行规范化。

3.4.5 数据组织与查询方法

结构化查询语言（SQL）：一种数据操作语言，它能把来自多元数据库表格的数据加入逻辑文件中，以便对数据进行查找更新。SQL是关系数据库的标准化语言。

管理查询设施：可用于趋势分析、制作图表，并可提供在线信息。

逻辑视图（logic view）：从一个或多个数据库表中生成新的数据结构（视图），以便以更直观的方式表示数据。视图并不包含实际的数据，因此与数据的物理存储方式无关，通常只能进行查询操作。数据库安全控制通过限制用户只能对授权的视图、而不是表进行访问，可防止用户对表数据的修改。

数据挖掘（data mining）：对大量数据进行分析，从中发现隐藏在数据背后的一般规律，用来指导决策。

3.4.6 分布式数据库

分布式数据库是指数据分存在计算机网络中的各台计算机上的数据库。

数据快照：制作数据库的拷贝以便分发。

数据复制：复制多份相同的数据在各节点存储。复制技术可以加快应用的响应时间，但对复制数据必须进行控制，以防止出现复制数据之间的不一致。

数据分割：按需要将最常用的记录存储在合适地方。

3.4.7 数据库管理系统

数据库管理系统（DBMS）是位于用户与操作系统之间的一层数据管理软件，在数据库建立、运用和维护时对数据库进行统一控制、统一管理，使用户能方便地定义数据和操纵数据，并能够保证数据的安全性、完整性、多用户对数据的并发使用及发生故障后的系统恢复。数据库管理系统是整个数据库系统的核心。

数据库管理系统是对数据进行管理的系统软件，用户在数据库系统中做的一切操作，包括数据定义、查询、更新及各种控制，都是通过 DBMS 进行的，常见的如 DB2、Oracle、Sybase、Informix、MS SQL Server、MySQL、FoxPro、Access 等软件都属于 DBMS 的范畴。

(1) DBMS 的功能

一般说来，DBMS 的功能主要包括以下 6 个方面：

①数据定义。数据定义包括定义构成数据库结构的模式、存储模式和外模式，定义各个外模式与模式之间的映射，定义模式与存储模式之间的映射，定义有关的约束条件。数据定义是整个数据库的基础。

②数据操纵。数据操纵包括对数据库数据的检索、插入、修改和删除等基本操作。

③数据库运行管理。对数据库的运行进行管理是 DBMS 运行时的核心部分。所有访问数据库的操作都要在这些控制程序的统一管理下进行，以保证数据的安全性、完整性、一致性以及多用户对数据库的并发使用。

④数据组织、存储和管理。数据库中需要存放多种数据，DBMS 负责分门别类地组织、存储和管理这些数据，确定以何种文件结构和存取方式物理地组织这些数据，如何实现数据之间的联系，以便提高存储空间利用率以及提高各种操作的时间效率。

⑤数据库的建立和维护。建立数据库包括数据库初始数据的输入与数据转换等。维护数据库包括数据库的转储与恢复、数据库的重组织与重构造、性能的监视与分析等。

⑥数据通信接口。DBMS 需要提供与其他软件系统进行通信的功能。

(2) DBMS 的组成

为了提供上述6方面的功能，DBMS通常由以下4部分组成：

①数据定义语言及其翻译处理程序。DBMS一般都提供数据定义语言（DDL）供用户定义数据库的各种模式，翻译程序负责将它们翻译成相应的内部表示，即生成目标模式。

②数据操纵语言及其编译（或解释）程序。DBMS提供了数据操纵语言（DML）实现对数据库的检索、插入、修改、删除等基本操作。

③数据库运行控制程序。DBMS提供了一些系统运行控制程序负责数据库运行过程中的控制与管理，它们在数据库运行过程中监视着对数据的所有操作，控制管理数据库资源，处理多用户的并发操作等。

④实用程序。DBMS通常还提供一些实用程序，数据库用户可以利用这些实用程序完成数据库的建立与维护，以及数据格式的转换与通信。

3.4.8 数据库审计

对数据库进行审计时，IT审计师应该评价数据库的设计、访问、管理、界面和便利性。

设计：了解使用的数据类型，同时使用图表详细地描述业务规则，应用数据字典来检查数据库中的数据定义。最后检查实体关系模型是否与数据物理模式一致。

访问：对数据库、存储程序和触发器的主要访问进行分析，确认其访问被适当控制。检验使用索引的最少访问时间和不使用索引的访问时间。如果数据库允许选择索引类型，则需要核实正确的使用方法。

管理：必须确定数据库中所有用户的安全级别和他们的角色，同时适当检查所有用户或用户组的访问权限。要有备份和灾难恢复程序来确保数据库的可靠性和可用性。在并发的访问过程中，要有机制和程序来确保处理过程的一致性和完整性。

界面：为了确保数据的安全性和机密性，必须检查与其他系统的信息传输是否被适当控制，以确保信息的保密性、可靠性及完整性。

便利性：只要可能，应使用结构化查询语言SQL。

3.5 电子商务

电子商务狭义上是指利用计算机和网络技术来进行销售，或通过电子信息网络从事商贸活动。广义上是指电子工具（从电话、电报到计算机网络等IT技术）在商务活动中的应用。从技术方面可以定义为：电子商务是一种多技术的集合体，包括交换数据

（如电子数据交换、电子邮件）、获得数据（共享数据库、电子公告牌）以及自动捕获数据（条形码）等。电子商务涵盖的业务包括：信息交换、售前售后服务、销售、电子支付等。

3.5.1 电子商务基本概念

电子商务系统是保证以电子商务为基础的网上交易实现的体系保证。市场交易是由参与交易双方在平等、自由、互利的基础上进行的基于价值的交换。企业采用电子商务的目的，是为了加快企业自身的资金流传速度，使到企业可以以更小资金进行更多的生产、商务活动（见图3－18）。

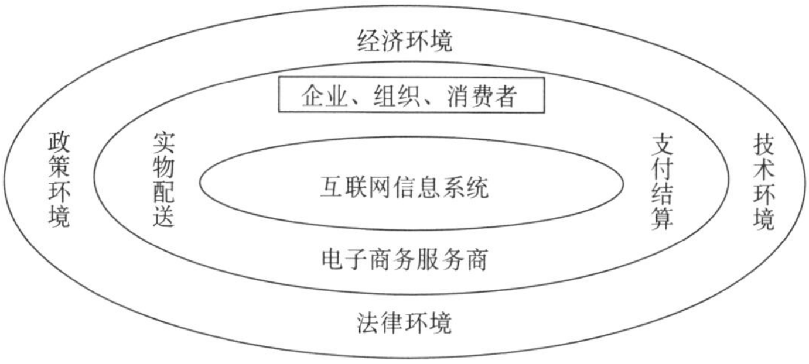

图3－18 电子商务

与传统的商务模式相比，基于网络的电子商务模式在计算机方面的要求更高。除了基础的数据库存储、备份外，在多用户同时访问支持、响应回复的时间、持续操作能力等方面提出了更高的要求。

（1）电子商务的分类

按网络技术基础分为：基于专用网或增值网的电子商务与基于互联网的电子商务。

按交易对象分为：商家与商家模式（B2B）、商家与消费者模式（B2C）、消费者与消费者模式（C2C）等。

（2）电子商务的应用层次

初级：主要利用网络宣传企业产品和形象。

中级：除实现初级的功能外，利用计算机与网络进行贸易商谈、传递商业文件（订单、合同、发票、发货单等），提供售后服务，进行市场预测等。

高级：商务活动的全过程实现电子化、网络化，从外部交易（包括支付）到内部生产经营最大限度实现电子表化。

(3) 电子商务的安全要求

电子商务存在安全隐患包括信息的截获和窃取（如消费者的银行账号、密码或企业的商业机密等）、信息的篡改（包括篡改、删除或插入）、信息假冒（如伪造用户身份）、交易抵赖等。这就对电子商务的安全提出了严格的要求，一般包括以下几点：

①信息保密性，如信用卡贴、密码、要保密的商业信息。

②身份的可确定性，确认交易各方的身份。

③交易与信息的不可否认性，已签订的合同、已签发的文件单据不可否认。

④信息与文件的不可修改性，已签发或收到的单据不可修改。

(4) 电子网上支付的安全控制

TLS（传输层安全协议）：一种在互联网上提供安全通信的加密协议。TLS 是一种广泛用于浏览器和 Web 服务器之间通信的会话层或连接层协议。除了保护通信隐私外，该协议还可提供端点身份认证。该协议允许客户端/服务器应用程序以旨在防止窃听、篡改和消息伪造的方式进行通信。TLS 在 TCP 传输协议之上的层中运行并为应用协议提供安全，但其最常用的还是结合 HTTP 构成安全超文本传输协议（HTTPS）。HTTPS 用于保证应用程序的万维网页面安全。在电子商务中，身份认证可能同时用于 B2B 活动（客户端和服务器都要进行身份认证）和 B2C 交互（只对服务器进行身份认证）。除了 TLS，安全套接字层（SSL）协议也广泛用于实际应用，但由于在 2014 年发现其一个重大漏洞，现在已被弃用。

SET（安全电子交易协议）：客户提出电子订货，商家回应客户请求。客户把自己信用卡号码、密码等用发卡公司的公钥加密，附在正式订单上，加上自己的数字签名发给商家。商家接收后向自己的开户银行传送客户支付授权资料，开户行把资料送发卡行请求支付确认，发卡行审核后把确认信息返回开户行再通知商家。商家确认订单并发货，同时把发货证明送开户行请求付款。开户行把有关资料通知发卡行，发卡行根据授权划款。

(5) 网上交易的安全管理

网上交易的安全管理需要从技术、管理、法律三个方面考虑：

①技术方面的考虑，如防火墙技术、网络防毒、信息加密、存储、通信、身份认证、授权等。

②加强监管，建立各种有关的合理制度，并加强严格监督，如建立交易的安全制度、交易安全的实时监控、提供实时改变安全策略的能力、对现有的安全系统漏洞的检查以及安全教育等。

③法律政策与法律保障，通过健全法律制度和完善法律体系，来保证网上交易的合法权益。

3.5.2 电子资金转账（EFT）

所谓电子资金转账（EFT）是指通过银行计算机网络进行资金的转账和划拨。由于信息技术的发展，现金和票据流动逐步被以计算机网络为媒体的“电子数据流动”所取代，大量的资金在银行的计算机网络中高速进行着转账、划拨。这种以电子数据形式存储在计算机中，并通过银行计算机网络来流动的资金，以及其赖以生存的银行计算机网络系统被称为“电子资金转账系统”，简称“EFT 系统”。

EFT 是计算机在银行业务中得到应用后，银行利用计算机、终端机、电子信息网络等电子通信设备建立的高速划拨资金的电子支付系统。

EFT 明显地改变了支付结算方式，降低了成本，提高了效益，从而得到迅速发展，各国相继建立了（大额）电子支付系统和主要为消费者服务的 POS（消费者终端）系统、ATM（自动柜员机）系统。

EFT 的风险包括未经许可的进入及操作 EFT 系统、对交易的重复处理、缺乏备份和恢复、运行电子资金转账的工作站的实物安全、与工作站的多元通信链接、对电子资金转账数据的逻辑访问以及对电子资金转账相关文件的访问，其中未经授权的访问和交易活动风险最大。EFT 处理交易的成本比手工处理交易的成本低。

3.5.3 电子数据交换（EDI）

电子数据交换是基于专用网或增值网的电子商务，又常译为无纸贸易，早期的电子商务都是 EDI 形式存在的。EDI 指通过专用计算机网络把供应商、运输商、制造厂、银行、经销商等交易有关各方连接起来，以便实现电子贸易。贸易中全部信息以电子数据形式传递，因而没有传统的纸性单据，故称无纸贸易。因为它要连接不同的各方实现数据传递，所以要求有标准、统一的数据接口。EDI 是只能建立在有固定交易的交易方之间的电子商务。

（1）采用 EDI 的主要目标

采用 EDI 的主要目标是改善与贸易伙伴的业务关系，提高竞争力。采用 EDI 优势包括：提高工作效率、降低成本、节省库存费用（缩短订货时间、降低库存）、减少数据的错误等。

（2）EDI 的特点

EDI 是企业之间利用计算机自动传输商业文件数据的一种方式，它具有传送往来账的能力，但不能处理非结构化和半结构化数据。EDI 文件数据一般通过增值网或专用网来传输数据，并采用共同的标准和固定的格式。

(3) EDI的工作方式

用户在现有的计算机应用系统上进行信息的编辑处理，然后通过 EDI 转换软件将原始单据转换为中间文件，再通过翻译软件变成 EDI 标准格式文件，最后在文件外层加上通信交换信封，通过增值服务网络或专用网络传给对方用户，对方用户则进行相反的处理过程，最后成为对方用户应用系统能够接受的文件格式进行处理。

(4) EDI的实施

实施 EDI 的第一步是画出为实现组织目标所开展的经营活动流程图，这是因为 EDI 只是一种手段，它要为经营目标服务，所以首先要明确组织目标和经营活动流程；其次，确定 EDI 系统目标；最后，选择 EDI 的软硬件，并经测试、试运行等，然后正式实施。

(5) EDI的风险及防范

由于 EDI 使用的是设计相对安全的专用封闭网络，因此它比基于互联网的现代电子商务网络更加安全，且客户确定可信。但是，数据完整性的丧失和随意存取数据仍然是 EDI 的固有风险。

EDI 的数据传输可能在传输的起点、中途或终点被拦截或修改，因此需要采用数字签名技术予以防范。

EDI 的数据交换过程中可能发生遗漏、错序或重复等现象，可通过给 EDI 文件顺序编号的方法来避免。

EDI 系统向交易伙伴传输交易信息有时会失败，其预防措施是通过对方的反馈来确认对方是否接收到传输的信息。

如果 EDI 由第三方提供服务，应该对服务提供商的营运情况进行独立检查，并在服务合同中写明包含审计权利、双方责任等条款。

(6) 基于互联网的EDI

基于互联网的 EDI 与基于专用网或增值网的 EDI 相比，主要优势包括：

①费用低廉，互联网是开放性网络，使用费用很便宜。

②覆盖面广，互联网遍布全球，可以很方便地与贸易伙伴传递商业信息和文件。

③功能全面，互联网可以全面的支持不同类型的用户实现不同层次的商务活动。

④使用灵活，基于互联网的电子商务可以不受特殊数据交换协议的限制。

但是，互联网并没有提供 EDI 业务所需的安全性服务（完整性、机密性和不可否认性）。EDI 在互联网的传输过程中也是容易被修改、披露或中断的。

3.6 信息系统管理

信息系统是指提供信息的系统，也指将数据加工成信息的系统。如会计信息系统、审计信息系统等。通过应用信息系统，可以改进组织的目标、经营和服务或组织与环境的关系，从而帮助组织改善与客户的关系，取得竞争优势。战略性的应用系统渗透于业务层、企业层及行业层面。

3.6.1 信息系统管理概述

信息系统管理是企业管理的重要组成部分，有效的管理可以使系统和用户有良好的关系，做到资源的合理配置和使用，从而提高企业的效率。

(1) 信息系统应用模式的演变

信息系统应用模式的演变依次经历了主机/终端模式、C/S 模式（客户端/服务器模式）、B/S 模式（浏览器/服务器模式）。

主机/终端模式：所有的资源、程序和数据都存放在主机（一般为中型或大型机），采取主机集中处理方式，终端一般无图形化界面，采用字符界面，通过网络连接并共享主机资源。

C/S 模式：随着个人计算机的发展，一些应用程序被安装在客户端，由客户机运行，服务器更多的负责资源的管理，也称这类终端计算机为胖客户端。

B/S 模式：随着互联网技术的兴起，对 C/S 结构的一种变化或者改进的结构。在这种结构下，用户工作界面是通过浏览器来实现，也称这类终端计算机为瘦客户端。

其他与信息应用模式相关的概念包括云计算、降型化、开放系统和遗留系统。

云计算：一种能够对可配置计算资源（如网络、服务器、存储、应用程序和服务）进行网络共享访问的模式。组织将信息技术作为一项服务而不是作为一个产品予以采购。通常在云环境下，一个组织将不会拥有硬件、软件或者存储系统。

降型化：采用通用廉价的微机和网络来代替专用昂贵的大型主机系统，因此可显著降低系统的采购成本。

开放系统：开放系统要求各计算机厂家的软硬件产品能够互通互换，并通过市场竞争降低设备购置成本和维护成本，从而有力地促进了信息系统向中小企业的渗透。

遗留系统：从原有的主机/终端模式的应用系统转换到 C/S 或 B/S 模式过程中，由于受到硬件、技术、人才等多种因素的影响，难以继续发展，逐渐形成了所谓的遗留系统。

(2) 信息系统管理的主要角色

信息系统部门负责系统的开发、实施和维护，其结构随组织的规模和工作量的大小而有所不同，但通常应包括系统开发和系统运行。

①系统开发小组：根据系统开发的目标开展系统分析、设计、编程和测试工作。系统开发小组由不同的信息系统专家组成，包括系统分析员、系统设计员、程序员和项目经理等，其中，系统分析员是组织信息系统部门和其他部门联络的主要桥梁。

②系统运行小组：其主要职责是确保信息系统的正常运行。系统运行部门应建立系统的咨询服务台（help - desk），及时回答并帮助解决用户提出的各种技术或操作问题。

系统用户部门的职责是正确操作计算机，完成具体任务。

组织可以成立信息系统指导委员会，以负责协调信息系统长期、短期计划与组织计划的关系；建立信息系统的获得、开发、维护的规则；审批信息系统的投资、监督信息系统计划的执行；全方位地管理和监督信息系统的实施。指导委员会应包括来自高级管理层、信息系统部门及用户部门的管理人员的代表。

(3) 信息系统管理的任务和职责

首席信息官（CIO）对组织的 IT 负有最高层级的管理责任，他直接向首席执行官（CEO）报告。CIO 负责与业务战略和合规性相关的 IT。CIO 设计并维护 IT 内部控制、IT 资源和 IT 指标，并确定要采用的新 IT。图 3 - 19 显示了组织 IT 领域的一览图。请注意，并非所有组织都设有以下所有职位，职位可以合并，内部审计师需要验证合并后职责分离是否适当。

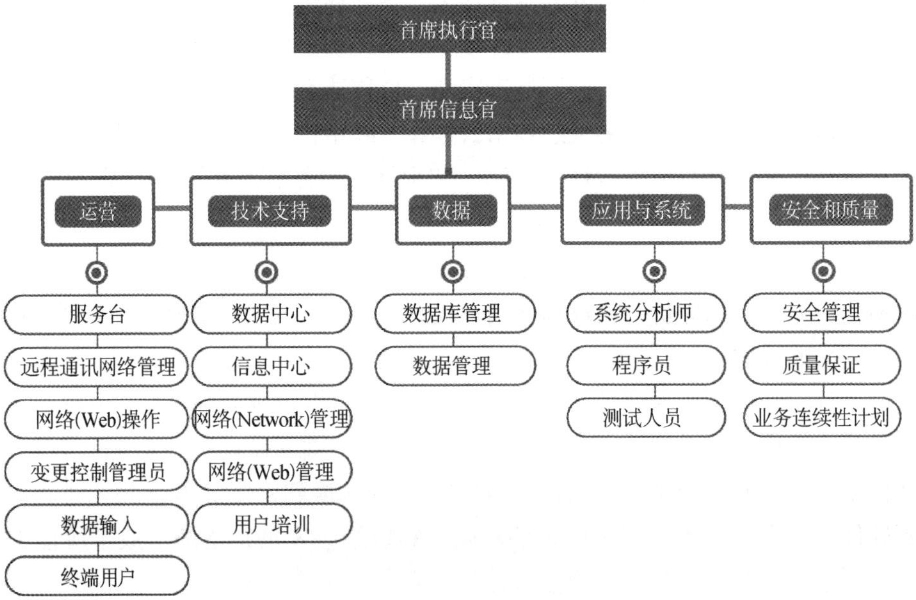

图 3 - 19 IT 组织结构图

①运营。运营支持所有业务部门，重点关注效率。运营经理负责容量规划，或 IT 资源的有效分配和消除浪费。运营中包含以下职能：

- 服务台提供针对 IT 问题的按需终端用户帮助。作为解决方案的一部分提供一些培训，可以减少用户持续的系统交互错误。
- 远程通讯网络管理员编写电话程序。
- 网络（Web）操作管理网站、外联网和内联网。
- 变更控制专员判断是要上报问题还是安排调度问题。管理员拥有应用程序的主版本。
- 数据输入人员格式化数据，以供计算机使用。系统应通过在事务处理时捕获数据来最大限度减少手动输入。
- 每个部门都有具有专门工作角色的终端用户。培训是防止输入错误的关键控制。

②技术支持。技术支持使后端系统保持正常运行并培训终端用户：

- 数据中心是保存服务器或大型机的安全位置，包括对电力、HVAC 和物理访问的控制。
- 信息中心是支持人员的集中地点，传统上与终端用户培训和持续技术支持相关。
- 网络（Network）管理员每天监控和维护网络，包括监控网络使用。该运营角色需要配备具有足够技术知识的 IT 专家，以保持网络正常运行并具有可接受的网络安全性。日常任务涉及安装和维护适用 LAN、WAN、内联网或因特网访问的软件和硬件。
- 网络（Web）管理员开发公司网站，监控该网站以供员工或其他人使用，并保持适当的带宽和可用性。
- 用户培训可能在具有“沙箱”环境的计算机教室或可以在测试模式下使用应用程序的区域中进行。

③数据。数据库管理员（DBA）经过培训，可以设计、实施和维护数据库；制定数据库政策；以及培训用户。

数据管理员监控数据使用情况，并制定有关如何存储、保护、保留存档和发布数据的政策。他们计划未来的数据需求并监督数据库设计和数据字典开发。

④应用与系统。开发职能包括系统分析师、程序员和测试人员。系统分析师通过软/硬件购置、升级计划或内部开发来确定必要的系统输出以及实现这些输出的方法。程序员通过创建或调整应用程序来转换系统分析员的计划。程序员分类如下：

- 应用程序开发人员（终端用户应用程序）。
- 系统开发人员（后端系统和网络）。
- 网络（Web）开发人员（Web 功能、基于 Web 的应用程序）。

测试人员在单元和系统级别进行测试。不应该安排程序员测试他们自己编写的代码。

内部审计师需要对应用与系统的开发角色之间可能存在的冲突保持警惕，这两种角色应该保持独立（职责分离）。

⑤安全和质量。安全管理首先必须得到管理层的支持，管理层要明确承诺对信息安全管理的责任，并要理解和评价安全风险，制定和强制执行一套书面政策，清晰的说明应当遵循的标准和程序。在信息安全管理中，可以根据组织的规模，基于职责分离的原则来设置不同岗位的人员以实现安全管理的目标。

CIO 负责评估系统应用的风险，包括各种安全风险的发生概率以及可能引起的损失，并对实施和运行相关安全性措施所需的成本进行评估，从而在安全控制的成本和效益平衡的原则上，制定风险控制目标和措施。

信息系统安全主管的职责主要包括：为公司制定信息安全政策；评价应用程序的安全控制；检测并调查安全事件（如不成功的访问企图）；监督具有访问特权的用户对生产数据的访问，以确保信息用于合理且经过授权的用途。

安全管理员主要职责包括：维护对数据和其他 IT 资源的访问规则；在分配和维护授权用户 ID 和密码时，保护其安全性和保密性；监测违反安全规定的行为并采取纠正行动，确保为系统提供充分的安全；定期审查和评估安全政策，向 IT 管理层提出必要的修改意见；计划并推动面向所有员工的安全知识宣传活动，并进行监督；测试安全架构，评价安全的健全性，发现可能的威胁。

质量管理人员主要执行两种不同的任务。一是质量保证（QA），主要是帮助 IT 部门确保其人员遵守了规定的质量过程。如 QA 可以帮助确保组织制定程序和文档符合标准和命名规则。二是质量控制（QC），主要负责进行测试和审查，验证和确保软件不存在缺陷并满足用户的预期。它可以在应用系统开发的各个阶段进行，但是必须是在这些软件程序被正式应用到生产环境之前进行。

(4) 第三方服务机构

组织为了专注于核心业务，从而以最小的成本获取最大的边际利润，往往通过签订协议将其 IT 的部分或全部职能交给第三方服务机构来承担，即所谓的服务外包。第三方服务机构的类型及特点如下：

- 设备管理机构，按用户要求管理运营用户拥有的数据处理设备。
- 计算机租赁公司，只提供设备，不负责设备管理运行。
- 服务局，管理运营自己的数据处理设备，用户只需提供数据，根据服务结果付费。
- 共享服务商，管理运营自己的数据处理设备，使各类组织可以使用它们的系统。

采用第三方服务是目前的流行趋势，但是这种服务同时也带来了合同纠纷、系统失败、运行不良、放弃日常操作控制等风险。

(5) 信息系统的成本

信息系统通常是一个规模大、复杂程度高的人机系统，它的开发、使用、维护和管理等过程是一项复杂的系统工程，需要投入大量的人、财、物资源，需要各种软、硬件的支持，这一切就构成了信息系统的成本。

在估算管理信息系统项目的成本时，人们往往考虑到的是项目建设期，尤其是有关产品和实施供应商收取的相关费用，主要包括：

- 从产品供应商处购买产品的费用；
- 项目建设期从实施服务商处购买咨询服务的费用；
- 项目运行期支付的技术维护费用。

而对于在不同的产品与实施服务的选择下，企业自身的有关人力物力投入以及不同选择带来的后期费用往往容易被忽略。这些费用通常包括：

- 项目建设期企业自身投入的人力物力，甚至相关分摊费用（如果考虑严格的话）；
- 项目运行维护期企业所需要投入的人力物力及相关分摊费用；
- 项目运行期因为性能低、功能设计差而导致系统使用中消耗时间延长而导致的隐性成本；
- 未来进行系统扩展、集成等所需的费用；
- 由于系统使用寿命较短，在不久的将来就需要进一步升级，甚至更换，以及数据不能延续等所带来的成本；
- 因为系统不能及时、准确地提供决策支持信息而导致难以准确决策所带来的机会成本。

如果考虑到上述成本费用，便不难发现，项目全部相关成本比我们平时所说的“成本”的范围要大得多。人们将系统的全部相关成本称作“总体拥有成本”（TCO）。细心、严谨的人们经过测算，不难发现，前期相关供应商收取的费用只占系统的“总体拥有成本”的很少一部分。因此，在评估管理系统项目成本时，应当注意要从“总体拥有成本”角度考量，而不仅仅是项目建设期一次性的投入。

3.6.2 IT 控制

随着信息技术的普及，绝大多数组织理解其对于达成经营目标所做出的贡献，同时也理解经营职能对于信息技术的依赖所带来的风险。一个有效的 IT 控制在于提供并以文件证明：

- 遵守适用的法律和法规；
- 与组织的业务目标保持一致；
- 与管理层的治理策略和风险偏好保持连贯。

IT 控制目标包括但不限于以下各方面：

- 保护资产、资源和所有者权益；
- 确保信息可用、可靠且受到适当限制；
- 让用户对所执行的功能负责；

- 保护客户隐私和身份；
- 提供员工工作绩效的支持和证据（员工可以证明他们做了正确的事情）；
- 维护数据和系统的真实性和完整性；
- 确保自动化的流程管理是受控的；
- 为所有自动化和用户发起的交易提供审计轨迹。

IIA 在实务指南“信息技术风险与控制”中描述了组织控制层次结构，根据在整个组织中不同的考虑角度，从三个维度对 IT 控制进行分类，如图 3－20 所示。

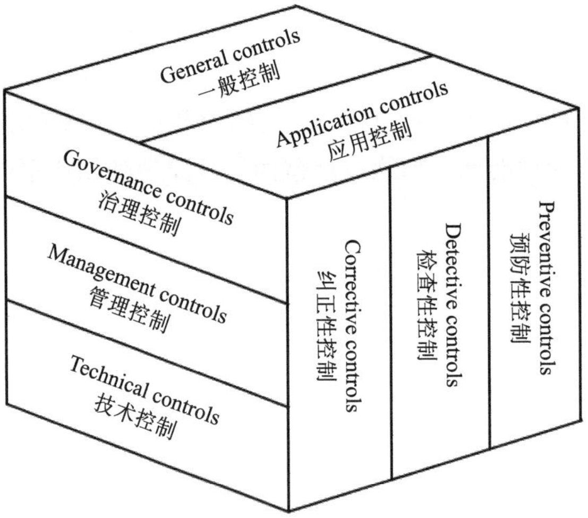

图 3－20　IT 控制分类

（1）按控制的层次

从 IT 控制自上而下影响组织的控制层次来划分，可分为治理控制、管理控制和技术控制三大类。其又可细分为政策、标准、组织与管理、物理和环境控制、系统软件控制、系统开发控制、基于应用的控制，如图 3－21 所示。

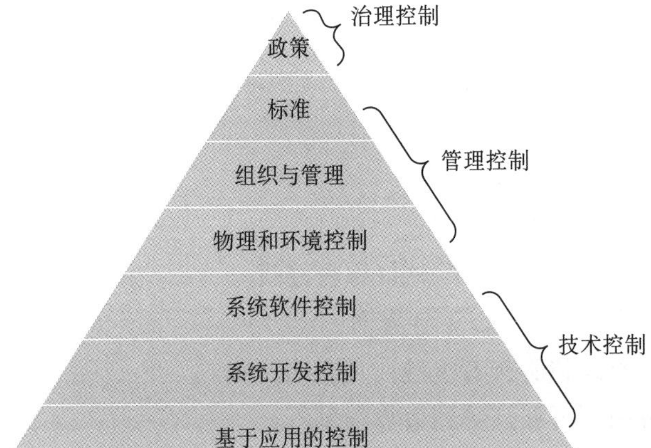

图 3－21　IT 控制的层次结构

①治理控制。IT 治理控制是指政策（策略）方面的控制。治理控制是指监督而非绩效控制，由董事会及其委员会（如审计委员会）一起与高管协商决定。例如设置整个组织中有关 IT 使用的安全策略，包括隐私、所有权、创建和使用应用程序的不同控制级别以及确保业务连续性的措施。这些政策必须得到管理层或董事会的批准，并在整个组织内进行传达，以确定“高层基调”和期望。它们还需要使用指标和评估来进行监控。组织可以考虑成立一个由 IT 部门、关键业务职能部门和内部审计部门组成的技术指导委员会。该委员会在资源有限的情况下优先考虑用户技术请求。

②管理控制。管理控制占据接下来的三个层次，侧重于识别、确定优先级和减轻组织流程、运营、资产和敏感数据等方面的风险。这些控制在许多组织领域具有广泛的影响力，需要高级管理层和董事会之间的支持。这些控制包括：

标准：系统开发过程的标准（包括内部开发的和从供应商处获得的标准）、系统软件配置标准、应用程序控制标准、数据结构和文档标准。

组织与管理：职责分离、IT 投资的财务控制、IT 变更管理和人员控制、报告和优化。

物理和环境控制：为减轻火灾或未经授权访问等危险的风险。

③技术性控制。技术性控制构成其余三个层次，是几乎所有组织 IT 控制的基础。技术性控制是为使管理和治理控制有效而必须采取的具体 IT 控制。技术性控制包括：

系统软件控制：例如控制访问权限、执行职责分工、检测和防止入侵、实施加密和管理变更。

系统开发控制：例如用户要求的记录和对这些要求已经得到满足的确认，包含测试和正确维护的正式开发过程。

基于应用程序的控制：确保所有输入数据准确、完整、经过授权和正确，并按预期方式进行处理；所有存储和输出数据准确完整；并且跟踪从输入、存储到最终输出的所有数据过程。

（2）按控制的范围

一般控制与应用控制是两个不同层面的控制手段。一般控制更为基础，且其有效性不受应用控制的影响。相反，应用控制的有效性则往往受限于一般控制。

①一般控制。一般控制指各种相对通用的信息系统控制手段和技术，通常适用于 IT 环境或系统、网络、数据、人员和流程（IT 基础架构）的整体。包括管理控制、计算机运行控制、系统实施控制、软件控制、硬件控制、访问控制和物理设备控制等。

管理控制：主要目标是实现职责分离。常见的管理控制包括：系统分析员不应该接触计算机设备、数据和程序；计算机编程人员不应该接触计算机设备、数据和已交付使用的程序；操作员不应该参与系统设计或更改程序等。

计算机运行控制：为确保系统的正常运行而实施的控制。例如，确保存在足够的审计线索、查看异常报告和事务日志、对不需要的文件在受控条件下及时删除。

系统实施控制：在系统开发实施过程的各个环节都建立控制点并编制文档以保证系统的实施是在适当的控制和管理之下。

软件控制：保证已投入运行的软件未经许可不得修改的控制。

硬件控制：保证硬件正常运行的控制，如奇偶校验（一种校验代码传输正确性的方法。根据被传输的一组二进制代码的数位中“1”的个数是奇数或偶数来进行校验）。

访问控制：确保只有被授权用户才能实现对特定数据和资源进行访问的控制，通常特指逻辑访问控制。

物理设备控制：防止对物理设备的非授权接触的控制。

②应用控制。应用控制指和特定应用相关的、为保障应用程序正确运行而设定的控制。包括：输入控制、过程控制和输出控制。

输入控制是指当数据手动或自动输入系统时，核对数据的完整性，主要是为了防止或发现将不正确或不完整的数据输入计算机而采取的控制。输入控制包括输入授权、数据转换和编辑检验。其中，编辑检验又包括：

- 合理性检查，例如航空公司乘客航班起飞时间与航班降落时间相比不合理，客户订单数量与历史订单相比不合理。
- 格式检查，这类检查是为了确定数据输入的格式是恰当的，可以以数字或字母顺序进行。恰当的格式取决于数据记录的定义。例如，日期字段应该具有如下格式：YYYY：MM：DD。
- 有效性检查（存在性检查），这类检查测试以下编码的有效性（是否存在），如州、税率、社保号码、客户编号、供应商编号或雇员编号。
- 相关性检查（依赖性检查），用于检查多个字段之间是否存在某种关联，来判断字段内容的正确性。
- 数位校验，校验数位是对某字段进行某种计算后得出，并附加在该字段之后的校验位。通过重新计算校验位并和原校验位进行比较，可以发现该字段内容是否已发生变化。

过程控制也叫处理控制，是指检查数据处理任务的正确、完整和有效。常见的过程控制包括：

- 批处理总数，为确保数据输入和处理的准确性，控制可以将输入的总数与处理的总数进行自动比较。
- 计算机匹配，例如将新交易与先前输入的交易进行匹配，以避免重复提交。
- 并发控制，当多个使用者对相同记录或文件进行同时操作时，可能影响数据的整体性。通常，自动化文件或记录锁定装置会阻止同时操作，将损害数据记录的可能性降到最低。

输出控制是指核实数据输出的正确、完整和有效。常见的输出控制包括：平衡性控制、复核处理日志、审核输出报告、审核制度与文件等。其中，平衡性控制是指利用基于系统或功能的技术来平衡交易，这种技术自动识别或报告不平衡情况。例如，每个单元或金额的合计必须等于各个地点的合计。

(3) 按控制的功能

预防性控制旨在阻止错误或舞弊发生。例如使用防火墙或按工作角色分配访问权限。在发生错误（异常情况）之后触发检查性控制，例如自动标记非活动用户或查看已完成事务的异常报告以检测问题。一旦检测到错误、舞弊或其他控制问题，就会使用纠正性控制，例如业务连续性计划。此外，控制可能在某种程度上是指导性的，可能规定特定行为或禁止特定行为，例如组织制订的定期业务技能培训计划。

3.6.3 IT 控制框架

IT 控制框架是一种内部控制系统，它帮助管理人员设定 IT 控制目标，将 IT 与业务流程和整体控制框架相联系，确定要利用的关键 IT 领域，并创建一个可以在逻辑上将 IT 流程进行分组的模型。控制框架有助于确定整个组织中适当的 IT 控制级别，并确保这些控制的有效性。

控制框架提供了一种方法论，可以将目标与需求、需求和实际性能无缝链接。围绕要实现的控制目标，流程模型将 IT 分解为易于理解的活动，并确定要利用的资源。同时，控制框架提供了一个基础结构，据此可以合理地处理和确保有效的监管合规性，例如《萨班斯法案》。控制框架可以是正式的，也可以是非正式的，但要满足监管的合规要求就必须采用正式的形式。使用标准化、广为接受的框架意味着有大量文献可供指导，而且用户可以对照标准或使用类似方法的竞争对手进行基准比较。

组织可以选择不同的控制框架以使组织获得最大收益，在组织的不同发展阶段会可能面临选择不同的控制框架，首席审计官（CAE）应该与管理层一起选择一个框架或多个框架的一部分。任何模型一旦被选中，必须进行定制。以下是常见框架的示例。

(1) COBIT 5

COBIT 框架是由国际信息系统审计协会（ISACA）开发的一系列产品，版本 5 于 2012 年发布。COBIT 5 是“企业 IT 治理和管理的业务框架”，该框架可帮助管理层了解 IT 的作用及其在组织战略中的地位，帮助提升用户对 IT 安全和结果的满意度，并设定明确的责任范围。它还可以帮助管理者利用 IT 资源创造更多价值，满足监管合规要求，并通过提供更好的风险意识来控制 IT 风险，从而做出明智的风险决策。

COBIT 5 框架建立在通用的五项关键原则和七个推动因素上，可以适用于任何规模或类型的组织，为其信息系统设定和实现单独的治理和管理目标。这五项原则结合在一起能够使企业构建一种能优化信息和技术投资的、用于利益相关方收益的、有效的治理和管理框架（见图 3-22）。

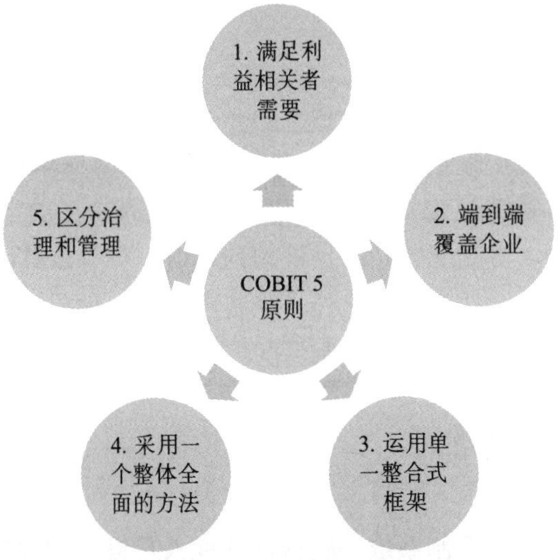

图 3－22　COBIT 5 原则

①满足利益相关者需要。企业的存在就是通过在实现收益、优化风险和运用资源之间维持一种平衡，从而为其利益相关方创造价值。COBIT 5 提供所有必需的流程和其他推动因素以支持通过 IT 运用来创造业务价值。因为各个企业的目标不尽相同，所以一家企业可以通过目标等级定制 COBIT 5，使其适用于企业的实际情况，将高层次企业目标转化成易于管理的、具体的、与 IT 相关的目标，并将这些目标映射到具体的流程和实践之中。

②端到端覆盖企业。COBIT 5 将企业 IT 治理整合进企业治理之中。首先，COBIT 5 覆盖企业内所有的职能和流程，并不仅仅只关注“IT 功能”，而且还视信息及相关技术为资产，这种资产就像任何其他资产一样，可由企业内任何人予以处理。其次，COBIT 5 认为，所有与 IT 相关的治理和管理推动因素是端到端覆盖整个企业范畴的，例如，涉及内部和外部的任何事和任何人都与企业信息和相关 IT 的治理和管理形成关联。

③运用单一整合式框架。IT 相关的标准和最佳实践方法很多，每一种都有一种 IT 活动的子集提供指引。COBIT 5 与其他相关标准和框架保持高度一致，因此可以用作企业 IT 治理和管理的首要框架。

④采用一个整体全面的方法。高效率和有效果的企业 IT 治理和管理需要一种整体解决方案，应考虑到各个互相作用的要素。COBIT 5 定义了一组推动因素以支持企业 IT 的综合治理和管理体系的实施。所谓推动因素在广义上定义为任何能帮助实现企业目标的因素。COBIT 5 定义了七个推动因素：

- 原则、政策和框架；
- 流程；
- 组织结构；
- 文化、道德和行为；
- 信息；

- 服务、基础设施和应用程序；
- 人员、技能和能力。

第一项是核心，因为它们提供了关于如何通过进行特定管理活动来塑造理想行为的实用指南；第二、三、四项是治理导向的管理组织活动，有助于确保成功采用原则、政策和框架，而对文化、道德和行为的治理方向是实现目标的关键成功因素；第五、六、七项是原则、政策和框架的资源管理推动者。这些推动因素相互关联、相互依赖才能取得成功。例如，流程需要适当的信息、技能和行为才能使其高效率和有效果。

⑤区分治理和管理。COBIT 5 将治理和管理明确区分开来。两者包含不同类型的活动，需要不同的组织结构，并服务于不同的用途。从 COBIT 5 的角度来看，治理和管理之间的关键区别在于：

治理：确保利益相关方的需求、条件和选项得到评估，以决定平衡、协商一致、需要实现的企业目标。通过优先等级和决策来设定导向，并监控商定的导向和目标的绩效和合规性。在大多数企业中，整体治理是董事长领导下的董事会的责任。具体的治理责任可能授予适当级别的特别组织结构，尤其是在较大型综合性企业中更是如此。

管理：管理层计划、构建、运行和监控与治理机构设立导向一致的活动，以实现企业目标。大多数企业中，管理是首席执行官（CEO）领导下行政管理层的责任。

（2）eSAC

IIA 的电子系统鉴证与控制（eSAC）模型允许审计师就 IT 创建的信息的可靠性发表意见。该框架是一种基于风险评估、以过程为导向的方法论。eSAC 促进审计师、董事会和其他审计客户之间的沟通。

eSAC 从战略投入开始，以可衡量的结果、公司声誉提高和改进机会为结束。该模型的核心是 COSO 的广义控制目标（运营、报告和合规），其次是 IT 业务控制目标，包括：

- 可用性——可以随时执行事务。
- 能力——及时可靠地完成事务。
- 功能——系统容易使用且响应迅速，可满足所有业务需求。
- 可保护性——通过逻辑和物理安全控制拒绝未经授权的访问。
- 问责制——数据真实、准确且完整。

每个特定过程都与这些目标中的一个或多个相关，同时与人员、技术、流程、投资和沟通的构建模块相关。该模型还包括内部和外部力量或风险和控制环境，以及它们的成熟度或这种关系的变化和发展的速度，最终，监控和监督是关键。

（3）ISO/IEC 38500

ISO/IEC 38500：2015“信息技术——组织的 IT 治理”是国际标准框架文档，为最高管理层和董事会及其他所有者提供一套指导原则，以确保其组织的 IT 是可接受的、高效率和有效果的。它主要涉及与信息系统有关的管理流程和管理决策，无论实际流程是由内部活动执行还是外包。

ISO/IEC 38500 还为以下人员提供指导，包括但不限于：

- 高级管理者。
- 管理层和其他资源管理者。
- 法律、会计和其他业务专家。
- 硬件、软件和通信供应商。
- 顾问和其他内部或外部服务提供商。
- IT 审计师。

本指南旨在帮助这些业务专业人员提供更好的建议和见解。

（4）ITIL

信息技术基础设施库（ITIL）是由英国商务部与 IT 服务管理论坛联合制定，该框架详细描述了关于如何确保 IT 运营服务管理取得成功的实用信息，还包括业务价值交付。

2011 版的 ITIL 是一个五级认证，作为一个 IT 框架，它用于将 IT 作为外包服务时，对服务水平协议（SLA）进行设定和管理，SLA 是 IT 组织与客户之间的协议，详细描述要提供的服务，IT 组织可以是内部的 IT 部门或外部的 IT 服务提供商，而客户则是企业。此外，ITIL 提供了监视 IT 可用性、容量、配置、补丁、变更管理等方面的持续流程，阐述了 IT 服务管理的概念和生命周期，从设计到执行以及持续改进。

3.6.4 客户关系管理系统

客户关系管理（CRM）是一种客户至上的经营理念，是一套支持这一理念的方法论，以及通过与客户进行一致和明智的互动来支持这一理念的软件。CRM 软件可以本地安装，也可以是基于云端的软件。此类软件的一般目的是确保合并组织所有客户信息以便进行访问，从而与客户接触的所有人员（从销售人员到客户服务人员以及其他人）可以查看与客户的最新通信信息、订单或投诉状态、偏好或特殊需求。

通常，此类软件会跟踪销售渠道中的潜在客户，提示销售人员根据地区进行跟进，帮助准备和发布电子邮件或其他营销材料，执行主要评分和客户细分，帮助管理报价或对提案请求的响应，以及自动将转换后的线索转移到客户账户上。系统可以包含客户聊天室功能，具有通信日志、社交媒体集成和移动访问功能。

审计 CRM 软件可能涉及效率和效果的经营审计。这可以是审计 CRM 软件实施项目以确定它是否达到目标，审计定制化的真实成本，审计系统是否满足需求或者现有系统未来是否会继续随业务扩展。还可以进行审计以发现无效率或问题的根本原因，此类审计可能还需要解决基础过程是否与软件兼容并实现客户友好型的 CRM 理念。通常根本原因是过时的过程，它是混乱的、不必要或与软件中使用的方法相矛盾的。缺乏培训也可能造成无效率或无效果。

确认审计可以探究客户数据的安全性、备份的状态和频率、审计线索的可用性和质量，以及系统是否符合 GDPR 等隐私法规。

3.6.5 企业资源计划

企业资源计划（ERP）也称为企业资源规划。顾名思义，ERP 就是对企业的所有资源进行计划、控制和管理的一种手段。

（1）ERP 演变过程

MRP（20 世纪 60 至 70 年代），物料需求计划。利用物料清单、库存数据、生产计划计算物料的需求；

闭环 MRP（20 世纪 70 至 80 年代），在 MRP 的基础上，集成了资源需求计划、能力需求计划、生产和采购，形成反馈，构成封闭的循环；

MRPII（20 世纪 80 至 90 年代），制造资源计划。在闭环 MRP 的基础上，集成了财务、供销链管理和制造，构成了一个完整的企业流程；

ERP（20 世纪 90 年代至今），企业资源计划。在 MRPII 的基础上，系统集成能力更强，其设计适应于全球运作。

（2）ERP 的风险

ERP 的风险主要来自以下几个方面：项目决策风险、项目选型风险、需求分析风险、项目管理风险、对现有管理体制的冲击风险、实施质量风险、市场冲击风险、财务损失风险、人力资源风险和其他隐形风险。

风险造成的损失可以分为四类：财产价值、净收入价值、法律责任、劳动力损失。风险治理包括以下方式：

①回避风险。通常是在项目选择阶段要对企业的需求进行详细的分析、了解、掌握，选择合适的软件和实施服务供应商，仔细调查、分析供应商的案例。

②预防风险。指降低风险发生的频率，减少风险发生的可能性，但并不能完全消除风险，因此，剩余风险还需要用其他方式来处理。

③转移风险。转移风险是 ERP 项目较好的风险处理办法，其方式是通过合同方式规定风险承担者，以此来划分风险的责任，使风险向其他责任方转移。

（3）ERP 的发展趋势

ERPII 是通过支持和优化公司内部和公司之间的协作运作和财务过程，以创造客户和股东价值的一种商务战略和一套面向具体行业领域的应用系统。它将企业业务伙伴、企业客户也纳入电子业务的交互中。

企业将从关注内部功能最优化的垂直一体化组织，转变为更灵活的以核心能力为基础的实体，努力使企业在供应链和价值网络中找到最佳定位。这种定位的主要特征是不仅仅从事 B2B 和 B2C 电子交易，还参与协同商务过程。在一个协作世界中，企业的竞争不仅靠产品和服务的实用性、成本和质量，还要靠他们能够提供给协作伙伴的信息的质量。

3.6.6 治理、风险和合规系统

治理、风险和合规（GRC）软件可增强现有治理、风险和合规的框架与计划。该软件旨在自动执行与风险管理和合规性活动相关的许多文件和报告活动，因此此类软件的终端用户包括审计委员会、高级管理层、内部审计师以及风险和合规经理。内部审计师使用 GRC 软件来管理工作底稿、安排审计和审计任务、管理他们的报告和时间管理要求，以及使用和审查适用的组织 GRC 文件，作为持续确认和咨询活动的一部分。风险和合规经理可以制定、审查、分发和更新政策，并将其向上映射到业务目标，向下映射到风险和控制。合规专业人员尤其可以使用该软件来记录、可视化和报告控制目标、控制和相关风险以及控制自我评估。风险管理专业人员可以使用 GRC 软件在合并视图中识别和分析风险，从而简化沟通和报告。系统还可能具有数据分析，例如信用风险或市场风险工具。

虽然 GRC 软件可用于基于云的系统，但采用此方法比安装软件要慢，部分原因是隐私问题。此外，许多针对经营效率和效果的审计与针对 CRM 的讨论一样，可能侧重于数据分析是否得到充分利用并且是否满足生成洞察力的目的和目标。安全和隐私会是审计的主要领域。

3.7 业务连续性

业务连续性是指企业有应对风险、自动调整和快速反应的能力，以保证企业业务的连续运转。为企业重要应用和流程提供业务连续性应该包括以下三个方面。

①高可用性。它是指提供在本地故障情况下，能继续访问应用的能力。无论这个故障是业务流程、物理设施，还是 IT 软硬件故障。

②连续操作。它是指当所有设备无故障时保持业务连续运行的能力。用户不需要仅仅因为正常的备份或维护而需要停止应用的能力。

③灾难恢复。它是指当灾难破坏生产中心时，在不同的地点恢复数据的能力。

同时，上述三个部分不是相互孤立的，是相互关联，而且有交叉的。

区分业务连续性和灾难恢复是很必要的。严格地说，灾难恢复是恢复数据的能力，

是业务连续性计划的一部分。业务连续性是计算机容灾技术的升华概念，一种由计划和执行过程组成的策略，其目的是保证企业包括生产、销售、市场、财务、管理以及其他各种重要的功能完全在内的运营状况百分之百可用。可以这样说，业务连续性是覆盖整个企业的技术以及操作方式的集合，其目的是保证企业信息流在任何时候以及任何需要的状况下都能保持业务连续运行。

到目前为止，大多数的业务连续性策略是以服务器及主机为核心的。实际上，整个IT系统以及基础通信设施也同样重要，其中包括语音及无线通信、E－mail、办公空间以及基础网络等物理设备等。业务连续性是一种预防性机制。它明确一个机构的关键职能以及可能对这些职能构成的威胁，并据此采取相应的技术手段，制订计划和流程，确保这些关键职能在任何环境下都能持续发挥作用。业务连续性包含三个领域：业务状态数据的备份和复制、业务处理能力的冗余和切换、外部接口冗余和切换。灾难备份是业务连续性的基础，这样当系统因为磁盘损坏或数据丢失、病毒入侵或机器失灵而引起宕机时，将能够保证业务不中断，减少损失。

3.7.1 业务连续性计划

业务连续性计划（Business Continuity Planning，BCP）是一套基于业务运行规律的管理要求和规章流程，使一个组织在突发事件面前能够迅速作出反应，以确保关键业务功能可以持续，而不造成业务中断或业务流程本质的改变。

笼统地说，业务连续性计划的目标只有一个，那就是确定并减少危险可能带来的损失，有效地保障业务的连续性。如果企业的业务模式发生了变化，或是业务过程进行了重新设计，或是发生突发状况时的重要联系人不再为公司工作，旧的计划就需要及时进行更新。业务连续性计划实施的最终结果是：

- 一组防范危险的评测指标；
- 一支执行团队，在经过培训后可以处理各种危险事件；
- 一套计划，提供危险发生时的路线图。该计划应该是充分和完备的，必须详细落实到该计划实施范围内的每一个单位、人员或设备。

（1）风险评估

风险评估就是认识并分析各种潜在危险的结果。这些危险的来源可能是：

- 各种区域性的天然灾难，如洪水、地震、疫病等；
- 人为事故或蓄意破坏造成的严重灾难，如火灾、恐怖主义袭击等；
- 安全威胁、硬件、网络或通信故障；
- 灾难性的应用系统错误。

企业所制定的业务连续性计划应该同时兼顾两个方面——预防和控制。例如，人为事故和蓄意破坏可以通过物理安全和个人行为的评测来预防。而应用系统的错误则可以通过对软件的有效评测与测试来预防。

风险评估的最后结果应该是一份有关危险效益分析的详细陈述报告，要有对危险的精确描述、哪些危险可能发生，以及需要采取的保障业务连续性和缓和危险的措施，同时要有因为克服了危险而带来的收益分析。这份报告还应该描述清楚任何现有的前提或者限制因素。

（2）业务影响分析

业务影响分析（Business Impact Analysis，BIA）实质上就是对关键性的企业功能以及当这些功能一旦失去作用时可能造成的损失和影响的分析。

对于企业业务运营的关键人员来说，他们需要分析影响和业务恢复需求。通过影响和业务恢复需求来对企业的各种功能按关键功能、基础功能、必要功能和有利功能等进行分类，并根据各种功能的恢复需求制定标准的恢复时间架构。例如，关键功能 <1 天；基础功能 2 ~4 天；必要功能 5 ~7 天；有利功能 >10 天。

业务影响分析确定了各业务功能的优先恢复顺序，也就是说业务影响分析分别定义每个流程和资源的恢复时间目标和恢复点目标。在进行了影响分析之后可能会发现，在一次灾难之后恢复业务运营时，首先恢复部分功能就足够了，比如说在 24 小时内先恢复日常业务的 40% 就够了。这里需要特别强调的是，成本因素在进行影响分析时也是不能忽略的。

（3）策略

业务连续性计划应包括预防策略、响应策略、业务接续、业务恢复和复原策略。

①预防。预防的目的在于减少灾难发生的可能性。预防的策略应该包括制止和预防控制。制止控制可以减少危险的可能性。预防控制则是保护企业的弱点区域，以防御危险的发生并降低其影响。这两类控制在实际运营中广泛存在，比如经营场所的安全、人员控制、相关基础设施（如 UPS、后备电池、烟火探测器、灭火器等）、软件控制、相关的存储和恢复等。如果一种安全策略，能将预防措施都部署到位，可以监控对系统的入侵并防范那些试图破坏系统的行为，那么其本身就是一种制止控制。预防计划的执行必须小心谨慎。必须保证实施安全策略时既不能对日常业务带来限制，出现瓶颈，也不能引起可用性问题，或者给系统的访问和使用带来障碍。

②响应。响应就是当危险发生时的反应。它必须能够阻止危险的进一步扩大，评估危险的程度，通过与外部世界的正常通信联络挽回企业的声誉，并启动必要的恢复时间表。

对业务中断的第一反应应该是告知所有相关的人员。如果危险有事前警示的话，那么这种告知就可以提前进行。及时的告知非常重要，但是这需要有诊断或探测控制的存在。这类控制或者可以持续扫描以探测发生中断的征候（网络、服务器），或者可以从外部资源搜集信息（自然灾害）。同时在业务连续性计划中必须设立好一棵告知树，包括管理团队、危险评估团队、技术团队、运营团队等人员。其中危险评估团队应该是最早（或者与管理团队同时）被告知的。他们应当最早来到现场，以便评估所遭受的危险程度和级别。如果工作现场已经遭到破坏，那么他们就应该做好各项准备，一旦允许进入现场就开始工作。

③业务接续。业务接续只涉及那些时间敏感的业务流程，要么是在中断发生后立即接续，要么是在可允许的一段平均时间后接续，但不是对所有业务的恢复。一旦业务连续性计划被激活，命令将从指挥中心发出。这个指挥中心应该是在一个不同于日常经营场所的地方。该中心应配备相应的通信设施、办公设备，可能的话还应该构建局域网和VPN。需要作出的第一个决策是，关键性业务的运营能否在日常的工作场所或者在一个备选场所很快恢复运营。

④业务恢复。业务恢复是启动时间敏感度稍低一些的业务流程。业务恢复的开始时间要取决于接续那些时间敏感的业务流程需要的时间。在进行业务恢复的场所（可以是主要经营场所或备选场所），需要在备份的设备上恢复操作系统，并按照关键性次序恢复必要的应用系统。当服务于关键功能的应用系统恢复之后，则需要从备份磁带或其他异地备份媒介上恢复数据。一旦数据达到了可靠的状态，企业的事务就可以加速运行，因为灾难已经得到处理，所有的关键性功能都已得到接续。逐步地，其他业务也可开始恢复其功能。

⑤复原。复原则是修复并恢复主要的经营场所。最终是要在原有的场所或者一个全新的场所完全恢复所有的业务流程。复原团队必须确保该复原场配备必要的基础设施、设备、硬件、软件和通信设备。而且要对该场所能否处理全部的业务流程进行测试。

（4）业务连续性计划管理

业务连续性管理（Business Continuity Management，BCM）是一项综合管理流程，使企业认识到潜在的危机和相关影响，制订响应、业务和连续性的恢复计划，其总体目标在于提高企业的风险防范能力，有效地响应非计划的业务破坏并降低不良影响。

3.7.2 应急计划

制订应急计划的目的是当组织及其信息系统在灾难事件发生时，能够减少或避免关键业务中断，保证组织生存并且持续运营。应急计划应该包括控制识别，减少破坏事件的后果，保证对十分重要的业务进行及时的恢复，增强数据中心的可用性和灵活性，如生产中心主机系统维护、部件更换、系统移植和软件升级等能在不中断业务的情况下进行运作，保证业务连续性；避免系统中断运行而造成的声誉损失及经济损失。

制订应急计划时，要了解：

- 应急计划首先应该对组织经营环境进行风险分析，然后才是分析恢复策略等步骤；

- 灾难恢复计划的一个重要组成部分是备份和重新启动程序；
- 验证灾难恢复计划充分性的最有效手段是事先未通知的恢复测试，通常可以模拟中断时的情况或在纸面上对恢复过程进行一次穿行测试；
- 当组织的结构和运营发生改变时，如使用的设备、应用的软件和数据等发生变化，灾难恢复计划必须随之改变，以保证恢复计划的及时性、有效性。

对应急计划的审计包括：

- 审查应急计划并将他们与相应的标准和法律进行比较，评估该计划的适用性与实效性；
- 审查对先前信息系统及所有用户的测试结果及应急计划有效性，确保灾难发生时，可迅速恢复业务；
- 审查异地存储设施和它的内容、安全和环境控制，以评估并确认异地存储的适当性；
- 审查应急措施、员工培训、测试结果，评估在紧急情况下，信息系统及其所有用户的有效反应能力。

3.7.3 灾难恢复计划

信息系统灾难是指造成重要业务数据丢失，使业务中断了不可忍受的一段时间的计算机系统事故，它可能引起企业营业收入下降、信誉降低和形象受损，甚至威胁其生存。造成计算机系统灾难性事故的原因有自然灾害、基础设施的突发性事故、计算机系统的硬件或软件故障和各种人为因素等。

灾难恢复是一个在发生计算机系统灾难后，在远离灾难现场的地方重新组织系统运行和恢复营业的过程。灾难恢复计划指预先制订的，万一发生计算机系统灾难事件时，为了尽可能减少损失，而对计算机应用系统采取的抢救、故障隔离等应急措施和利用后备的硬件、软件、数据文件恢复系统以及工作人员救护和撤离等计划。它是在充分考虑经济、技术、管理和社会条件的可行性的基础之上，提出的最佳灾难恢复策略。

灾难恢复的目标有两个：一是保护数据的完整性，使业务数据损失最少甚至没有业务数据损失。二是快速恢复营业，使业务停顿时间最短甚至不中断业务。

灾难备份指的是为了减少灾难发生的概率，以及减少灾难发生时或发生后造成的损失而采取的各种防范措施。灾难备份中心是一个拥有备份系统与场地，配备了专职人员，建立并制定了一系列运行管理制度、数据备份策略和灾难恢复程序，可以承担灾难恢复任务的机构。

灾难备份系统一般由可接替生产系统运行的后备运行系统切换到备份系统的备用通信线路等部分组成。在正常生产和数据备份状态下，生产系统通过人工或网络传输方法向备份系统传送需要备份的各种数据。

（1）故障弱化保护

故障弱化保护是发生紧急故障时的第一道屏障，当系统发生自身故障时，故障弱化保护控制可将故障的影响限制在一定范围内，或仅导致系统性能的下降。故障弱化技术包括：

①RAID。将多只容量较小的、相对廉价的硬盘驱动器进行有机组合，使其性能超过一只昂贵的大硬盘，并且当其中一块或几块硬盘发生故障时，只会降低读写速度而不会丢失数据。

②虚拟存储。存储虚拟化概念是将多个物理存储设备结合成一个逻辑虚拟存储设备的方法，存储虚拟化的好处是存储设备可以在无须中断系统的情况下调整。

③服务器双机热备。两台服务器同时运行相同或不同的任务，当其中一台服务器故障时，另一台可以接管其关键任务，从而保证关键任务的不间断运行。

④负载均衡/服务器集群。通过负载均衡，流量可以被动态分配到一组运行相同应用程序的服务器组中的不同服务器上，这样可以避免某台服务器过载，也可以确保在某一台服务器故障时，不会停机。

（2）数据备份方式

目前比较实用的数据备份方式可分为本地备份异地保存、远程磁带库与光盘库、远程关键数据定期备份、远程数据库复制、网络数据镜像、远程镜像磁盘六种。

①本地备份异地保存。按一定的时间间隔（如一天）将系统某一时刻的数据备份到磁带、磁盘、光盘等介质上，然后及时地传递到远离运行中心的、安全的地方保存起来。

②远程磁带库、光盘库。通过网络将数据传送到远离生产中心的磁带库或光盘库系统。本方式要求在生产系统与磁带库或光盘库系统之间建立通信线路。

③远程关键数据定期备份。定期备份全部数据，同时生产系统实时向备份系统传送数据库日志或应用系统交易流水等关键数据。

④远程数据库复制。在与生产系统相分离的备份系统上建立生产系统重要数据库的一个镜像拷贝，通过通信线路将生产系统的数据库日志传送到备份系统，使备份系统的数据库与生产系统的数据库数据变化保持同步。

⑤网络数据镜像。是指对生产系统的数据库数据和重要的数据与目标文件进行监控与跟踪，并将对这些数据及目标文件的操作日志通过网络实时传送到备份系统，备份系统则根据操作日志对磁盘中数据进行更新，以保证生产系统与备份系统数据同步。

⑥远程镜像磁盘。利用高速光纤通信线路和特殊的磁盘控制技术将镜像磁盘安放到远离生产系统的地方，镜像磁盘的数据与主磁盘数据以实时同步或实时异步方式保持一致。磁盘镜像可备份所有类型的数据。

(3) 后备运行系统的选择

可以选择的后备运行系统包括互助协定、冷站、温站、热站、移动站点和镜像站点。

①互助协定。两个或多个公司达成灾害发生时相互共享资源的协定。由于这种方法在合并两家公司的业务系统时，会出现意想不到的问题，所以现在已经不多采用。

②冷站。公司为系统运行提供了最基本的环境，例如电源、空调、地板、办公桌椅等设备。一旦发生灾难可以将恢复设备安装在该环境中。采用冷站备份企业还需与设备供应商签订紧急情况下及时供应设备的协议。

③温站。只配备了部分设备，通常没有主机，只提供网络连接和一些外部设备（如磁盘驱动器、磁带驱动与控制器、UPS 设备等）。安装计算机或其他所缺少的设备可能要花几天时间。

④热站。提供从机房环境、网络、主机、操作系统、数据库、通信等各方面的全部配置，灾难发生后，一般几个小时就可以使业务系统恢复运行。启用时，只需操作人员到位并安装应用程序、数据与文件即可运行。

⑤移动站点。移动站点是一种特别设计的拖车式计算设备，它可以快速地转移到业务部门或恢复站点。

⑥镜像站点。镜像站点也被称为冗余信息处理设施，在所有技术的安装配备方面与主站相似，用来对关键应用系统进行备份与恢复。

不同站点的比较见表 3 -2。

表 3 -2　　不同站点的比较

站点	成本	硬件/装备	通信	安装时间	地址
冷站	低	无	无	长	固定
温站	中	部分	部分/完全	中	固定
热站	中/高	完全	完全	短	固定
移动站点	高	视情况而定	视情况而定	视情况而定	不固定
镜像站点	高	完全	完全	无	固定

(4) 灾难恢复计划的审计

针对灾难恢复计划的审计，可以在灾难恢复计划形成阶段评估组织的内部和外部环境，包括管理层的变动，市场情况的变化，控制的变革。在审计的过程中，能明确各关键的控制点，从而更好地防范因计划的缺失产生的风险。

3.8 典型模拟试题

1. 大型机构通常拥有自己的用以传输和接受声音、数据和图像的电信网络。但是，规模非常小的机构不可能对他们自己的网络进行必要的投资，而更可能应用以下哪项内容：

A. 公共交换线路。
B. 快速分组交换。
C. 标准化电子邮件系统。
D. 因特网。

2. 面向对象开发过程中的用户接受度测试比在传统环境下更重要，这是因为前者：

A. 缺乏传统的设计文件。
B. 缺少对变化的跟踪系统。
C. 持续监视的可能。
D. 在各层次中属性的继承。

3. 在一个大型组织里，信息中心帮助平台没有配备足够人员的最大风险是：

A. 增加了实施应用审计的难度。
B. 应用系统缺乏足够的文档。
C. 增加了使用未经授权的程序代码的可能性。
D. 用户与系统交互过程中的持续错误。

4. 如果应用电子汇款系统（EFT），以下哪项内容的风险更高？

A. 变化控制程序不恰当。
B. 未经授权进行访问和其他活动。
C. 网上编辑检查不充分。
D. 备份和灾后数据恢复不充分。

5. 某公司的应用程序系统必须连续使用。为该公司编制恢复计划的一项重要内容是保证：

A. 在恢复计划中反映组织结构和操作变化。
B. 在实施之前，系统变化必须得到彻底测试。
C. 在必要时，管理人员可以代行操作人员之职。
D. 能力计划程序准确反映工作负荷的变化。

3.9 典型模拟试题参考答案及解题思路

1. 参考答案：D

解题思路：

A. 不正确，公共交换线路价格低，接入方便，所以适合小型组织使用，但随着因特网的发展，选项 D 更适合。

B. 不正确，快速分组交换价格太昂贵所以不适合小机构使用。

C. 不正确，因为标准化电子邮件系统不具备实时性。

D. 正确，因特网是小型组织建立自己的远程通信网络的首选。

2. 参考答案：D

解题思路：

A. 不正确，尽管不同于传统的设计文档，面向对象的开发过程也需形成诸如商业模型、功能描述、迭代开发屏、计算机处理和报告以及产品说明指南等文档，但是这些特定文档的存在并不影响用户接受度测试的重要性。

B. 不正确，通常，面向对象的开发系统确实包含有对对象和层次的变动进行追踪的系统。

C. 不正确，由于对象系统通常在客户服务器环境下开发，因此确实具有针对系统使用的连续监控的潜能，但这种情况仅发生在系统运行而不是系统开发阶段。

D. 正确，由于一个类中的所有对象继承了其层次属性，意味着对某个对象的改变将影响到其他对象，这就增加了用户接受度测试的重要性，以便验证整个系统是否在正确运转。

3. 参考答案：D

解题思路：

A. 不正确，无论帮助平台是否配备足够的人员，应用审计的难度是相同的。

B. 不正确，文档制作是开发职能，而不是帮助平台的职能。

C. 不正确，使用未经许可程序代码的可能性也不是帮助平台的职能，而是变动控制的职能。

D. 正确，信息中心帮助平台没有配备足够人员的最大风险是用户在和系统交互过程中将无意识地持续出错。

4. 参考答案：B

解题思路：

A. 不正确，不适当的变更控制程序的风险在大多数信息技术环境中普遍存在。

B. 正确，未经授权的访问是一种固有风险，但在电子资金转移的环境中该风险将直接导致资金的流失，因此其风险最大。

C. 不正确，不充分的在线编辑检查风险在大多数信息技术环境中普遍存在。

D. 不正确，不充分的备份和灾难恢复程序风险在大多数信息技术环境中都普遍存在。

5. 参考答案：A

解题思路：

A. 正确，公司组织和运营方面的变动可能导致原先的恢复计划失效，因此，这类变动必须在最新的恢复计划中得到体现。

B. 不正确，对系统的变更当然要进行全面测试，但这超出了灾难恢复计划的目标范围。

C. 不正确，恢复计划确实应考虑必要时如何替代一线工作人员，但通常不应由管理人员来充当。

D. 不正确，考察能力计划的准确性超出了灾难恢复计划的目标范围。

读书笔记

第4章

财务管理

本章要点

□ 财务会计

□ 管理会计

第4章 财务管理

财务是一种经济管理工具，它运用一系列的专门原则和方法筹划、计量、记录经济活动，通过特殊的方式对经济业务进行计划、管理和监督，客观、真实、全面地反映经济活动的效率和效果，为特定组织的经营管理者和利益相关方提供充分的信息，用以指导其进行经济决策。对于审计人员而言，财务相关知识就是手中的工具，熟练地运用财务相关知识是开展审计业务的必备技能。

4.1 财务会计

财务会计是会计领域的一个重要分支，它以公认的会计准则为根本依据，以计量和记录为基本手段，财务报告是财务会计的主要产品。通过对财务报告的阅读、加工和分析，行政机构得以掌握相应的监管信息，投资方能够了解企业的财务状况和经营成果，债权人可以知晓企业的偿债能力和现金流量，潜在的投资人也能据以获悉其所关心的企业盈利能力和发展能力。

由于CIA考试对于这部分内容的范围要求和国内财会考试不一样，因此，本节主要是对财务会计的基本概念和考试常见常用的知识点进行简明扼要地介绍。

4.1.1 会计基础概念

财务会计对企业的经济活动予以确认、计量、记录，并向利益相关方提供有用信息，从而使这些信息使用者能作出合理的经济判断和决策。财务会计最核心的内容就是确认、计量和记录。在CIA考试中，财务会计知识点主要沿用自《一般公认会计原则》（GAAP）及国际财务报告准则（IFRS）的相关内容。

（1）会计准则

会计准则是规范会计核算和报告的一套文件。准则的制定主体有两类：奉行大陆法系的国家，由国家制定一系列具体的会计法规，如德国、法国。奉行普通法的国家，会计准则由民间专业团体制定，如美国的《一般公认会计原则》（GAAP）。财务会计准则委员会（FASB）是美国制定财务会计和报告准则的权威机构，由美国证券交易监督委员会（SEC）正式承认。在美国，上市公司财务报表必须符合公认会计准则。在国际上，最主要的会计准则制定机构是国际会计准则理事会（IASB），它是由多个国家和地区会计机构组成的独立私营机构，负责制定国际财务报告准则（IFRS），目的是协调国际财务报告相关法规和会计准则。此外，跨国组织在不同国家或地区需要编制不同报告，如采用不同准则会增加编制成本，为了缓解这一问题，SEC 允许在美国交易所上市的外国私人发行方仅使用 IFRS 进行报告。

FASB 和 IASB 两个机构的标准存在很多差异，因此对于一个特定交易事项可能有不同的会计处理方法，需要关注两种准则方式下产生的差异。

（2）会计信息基本质量

财务会计提供有用的信息，那么这些会计信息必须是高质量的。财务报表中的信息需要具备相关性、可靠性、可比性和一致性四个基本质量特征。

①相关性。相关性包含了反馈或预测价值以及及时性。具有反馈价值的信息有利于对先前预期的结果进行确认或纠正，具有预测价值的信息能够帮助了解过去、当前的情况以及对将来的展望，有利于报表使用者做出决策。及时性意味着会计信息必须在相关人员涉及决策时及时提供，否则信息就会失效。

②可靠性。可靠性衡量的是信息来源，信息代表了内容的可信程度。可靠的信息必须包含中立性、真实性和可验证性。中立性是指在选择或陈述财务信息时没有偏见、不往某个预定方向倾斜。真实性是指对交易事项的陈述必须与现实情况密切相关，能够代表事实。可验证性是指不同的、学识渊博的、独立的观察测量人员，能够就会计信息达成高度共识。

③可比性。可比性指的是组织使用的标准和方法要与其他组织使用的标准和方法相类似，使报表使用者能对同一组织的不同期间、不同组织之间相互比较，了解它们相似和差异的地方。

④一致性。一致性指的是对相同的项目在不同期间应采用相同的标准，从而便于比较不同期间的财务报表。如果组织采用了新的会计方法，必须有确凿证据表明新方法比以前采用的会计方法更好。可比性是目标，一致性是实现可比性的方法。

此外，在满足会计信息基本质量的要求上，编制财务报表存在四种基本限制条件：

①成本效益关系。信息收集和编制需要付出大量成本，报表编制者需要选择能够对大部分使用者提供效益的信息，从而超过提供这些信息的成本。

②重要性。重要性是一个阈值水平，以是否会影响决策为标准，高于该水平的事项将对决策者产生影响而显得重要，低于该水平的事项则不重要。这是一种主观判断，不仅包括某一项金额相对于总金额的大小程度，还应考虑事项的性质和必须做出决策的情形。

③行业惯例。会计程序需遵循适用的行业惯例。

④稳健性。稳健性是指出现需要判断的情形时，谨慎并充分考虑交易事项中的风险

和不确定性。对可预见的损失和费用均予以确认，而对不确定的收入和资产暂时不确认。既不高估资产或收益，也不应低估负债或费用。

（3）会计基础

在实务中，会计主体经济业务的发生时间与相关款项的收付时间往往不一致，存在着时间差，从而导致会计确认、计量和报告产生了权责发生制和收付实现制两种基础。

①权责发生制。权责发生制是指以权利和责任的发生为标志，来决定收入和费用的归属期间。按照权责发生制的要求，凡是当期已经实现的收入和已经发生或应当负担的费用，无论款项是否收付，都应当作为当期的收入和费用，计入利润表；凡是不属于当期的收入和费用，即使款项已经在当期收付，也不应当作为当期的收入和费用处理。权责发生制是大多数组织公认的准则，也被认为是衡量组织持续生存能力的更好指标。

②收付实现制。收付实现制是指以收到或支付的款项作为收入和费用的确认标准，而不论其是否归属于收付的当期。按照收付实现制要求，凡是在本期实际以现款付出的费用，不论其是否属于本期，均作为本期费用处理；凡是在本期实际收到的现款收入，不论其是否属于本期，均作为本期收入处理；相反，凡是本期还没有以现款收到的收入和没有用现款支付的费用，即使它归属本期，也不作为本期的收入和费用处理。GAAP和 IFRS 不允许使用收付实现制，但它可以被用于税收目的。

（4）会计假设

会计核算的基本前提，是会计人员在不确定的经济环境下，对会计工作的先决条件所作出的合理推断。使用的基本假设包括经济实体、持续经营、货币单位、定期报告四个方面。

①经济实体。经济实体是指任何具有可单独识别的会计和责任的实体。实体可以是个人、组织类型或业务单位。经济实体与法人实体不同，法人实体是法律上独立的业务机构或子公司。

②持续经营。持续经营假设一个组织未来在足够长的时间内可以继续不断地运营。以持续经营假设为前提，可以对资产资本化、折旧和摊销等会计方法的使用进行验证。如果实体确定要进行清算，则不适用持续经营假设，必须使用不同的会计方法。

③货币单位。一个经济实体的会计记录只包括可以量化的交易。这些会计记录必须以稳定的货币形式体现，如统一使用美元，将货币用于衡量和记录经济活动。某些影响公司的经济活动，如雇用一名新的管理人员、引进新产品等，不容易量化成货币单位，则不会出现在组织的会计记录里。

④定期报告。大多数组织长期存在，基于持续经营假设，必须人为划分时间段来报告组织商业活动的结果。根据报告类型，使用的时间段可能是一天、一个月、一年或其他任意确定的时期。组织会计人员根据确立的时间周期，并使用公认会计原则来记录和报告会计期间的交易。

（5）会计原则

完成会计处理和编制财务报告的人员，需要遵循四个公认的会计原则。

①历史成本。在会计上，大多数资产和负债按其取得或发生的实际成本进行计量和报告，而不是取决于市场公允价值或未来某个时间点。历史成本应该有证据支持，例如收据或付款记录。某些有价证券的报告则例外。

②营业收入确认。营业收入通常在销售时点（即交付时）确认，因为只有在这时才会变现，或视为“可变现”和“已赚取”的状态。某些情况下可以在其他时间确认。具体内容将在日常营运管理部分介绍。

- 已确认：指收入已作为日记账形式被记录。
- 已实现：指作为商品或服务的资产已被兑换为现金，或有兑换现金的权利。如应收账款的发票。
- 可变现：指资产可以随时转换为现金，而无须在活跃的市场上以容易确定的价格出售。也可以用来确认应收账款（或其中一部分）是否仍被视为可回收的款项。
- 已赚取：指组织已经完成了其承诺的大量工作（提供商品或服务）。因此，预付服务合同被记录为一项负债，直到该服务已实质性履行。

③配比。某一会计期间的收入必须与获取这些收入的费用或成本相配比，以计算本会计期间的利润。例如，在生产产品时不确认生产所产生的工资和材料费用，而是在销售取得营业收入时确认，计入产品成本；影响整个组织但无法分摊到特定产品或产品线的费用称为期间费用，因为期间费用无法与特定营业收入相匹配，在发生时计入费用。

④充分披露。充分披露原则认为，报告信息既要充分帮助使用者作出决策，又要使信息易于理解，因此既要考虑信息内容详细，也要适当简化，在二者之间取得平衡。无论披露的程度和范围如何，都不应该省略影响使用者决策的重大或潜在重大信息，可以在报告正文之外的地方补充相关信息，比如使用脚注。

（6）会计要素

按照经济业务的特征，会计要素划分为资产、负债、所有者权益、收入、费用和利润六项。其中，资产、负债和所有者权益三项构成资产负债表的基本内容，是企业资金运动的静态表现，反映企业在特定时点上的财务状况；收入、费用和利润三项构成利润表的基本内容，是企业资金运动的动态表现，反映企业在一定会计期间内的经营成果。每个会计要素将在财务报表相关概念章节中具体介绍。

（7）会计要素的计量

在实务当中，对经济业务的性质按照不同的会计要素进行确认后，就需要进一步确定会计要素的金额，这就是会计要素的计量属性。会计要素的计量属性主要包括历史成本、重置成本、可变现净值、现值和公允价值等。简述如下：

①历史成本。历史成本又称实际成本，就是取得或制造某项财产物资时，所实际支付的现金或者其他等价物。在历史成本计量下，资产按照购置时支付的现金或者现金等价物的金额，或者按照购置资产时所付出对价的公允价值计量。负债按照其因承担现时义务而实际收到的款项或者资产的金额，或者承担现时义务的合同金额，或者按照日常活动中为偿还负债预期需要支付的现金或者现金等价物的金额计量。

②重置成本。重置成本又称现行成本，是指按照当前市场条件，重新取得同样一项资产所需支付的现金或现金等价物金额。在重置成本计量下，资产按照现在购买相同或者相似资产所需支付的现金或者现金等价物的金额计量。负债按照现在偿付该项债务所需支付的现金或者现金等价物的金额计量。

③可变现净值。可变现净值是指在正常生产经营过程中，以预计售价减去进一步加工成本和销售所必需的预计税费后的净值。在可变现净值计量下，资产按照其正常对外销售所能收到现金或者现金等价物的金额扣减该资产至完工时估计将要发生的成本、估计的销售费用以及相关税金后的金额计量。

④现值。现值是指对未来现金流量以恰当的折现率进行折现后的价值，是考虑货币时间价值因素的一种计量属性。在现值计量下，资产按照预计从其持续使用和最终处置中所产生的未来净现金流入量的折现金额计量。负债按照预计期限内需要偿还的未来净现金流出量的折现金额计量。

⑤公允价值。公允价值是指在公平交易中，熟悉情况的交易双方自愿进行资产交换或者债务清偿的金额。在公允价值计量下，资产和负债按照在公平交易中，熟悉情况的交易双方自愿进行资产交换或者债务清偿的金额计量。

(8) 复式记账法和会计等式

所谓复式记账法，就是以会计等式的平衡关系作为记账的基础，对任一笔经济业务，都必须用相等的金额在两个或两个以上的有关账户相互联系地进行登记。复式记账的好处是可以全面地、相互联系地反映经济业务全貌，并可利用会计等式来检查账户记录的准确性。

会计等式一：资产 = 负债 + 所有者权益

会计等式二：收入 - 费用 = 利润

目前普遍采用的复式记账方法，是借贷记账法。借贷记账法以“借”和“贷”作为记账符号，会计账户的基本结构分为左、右两方，左方称为借方，右方称为贷方。借贷记账的规则可以简单地概括为“有借必有贷，借贷必相等”。借贷方向的约定如表 4 - 1 所示：

表 4－1　借贷方向约定

借方	贷方
资产的增加	资产的减少
负债的减少	负债的增加
所有者权益的减少	所有者权益的增加
所有者权益变卖的增加	所有者权益变卖的减少
收益的减少	收益的增加
费用的增加	费用的减少

(9) 会计循环

会计循环是指记录、分类和总结会计记录的过程。在整个循环中，要对各项交易事项编制会计分录并过账到分类账中，在期末可以编制调整前的试算平衡表或工作底稿，然后编制调整分录并过账到分类账中，形成调整后的试算表，最后编制正式的财务报表并结账。

①识别和分析。使用收入确认原则、配比原则、会计假设等，确定要记录的内部和外部交易事项，并进行分析。大多数交易事项会影响两个或多个账户，如销售会减少库存，并增加销售额、应收账款和产品销售成本。

②记录日记账。交易事项可以根据发生先后顺序编制会计分录，记录在日记账中。日记账包括普通日记账、特殊日记账。会计分录包括借方、贷方、日期、说明等，应由原始凭证支持。

③过账到总分类账。总分类账是包含所有资产、负债、权益、收入和费用账户的主要分类账。过账是将日记账中的项目定期记录到总分类账中，包括对项目进行汇总和分类。总分类账记录着所有账户的当前余额。

④编制试算平衡表和工作底稿。试算平衡表通常在期末编制，显示借方栏和贷方栏，列出特定时点每个账户的余额。试算平衡表的借方总额与贷方总额应该相等，存在差异则意味着日记账分录或者过账环节有错误。工作底稿是多栏式表格，在会计期末编制，用于累积和记录调整分录，可验证日记账和财务报表中的金额。

⑤调整分录。调整分录是权责发生制的核心部分。在每个会计期末，组织需要通过调整账户来记录一些隐含交易（指在日常记录中常常忽略，仅在会计期末才调整的事项），将其财务影响归入各自发生时期。调整是定期进行的，通常在编制财务报表之前。完成调整分录后的试算平衡表是在反映每个账户的适当余额。

⑥结转分录。结转是将所有临时或名义账户减少到零的过程，包括收入和费用账户。如收入超过费用，则存在净收入，体现在贷方余额，需要将此余额从借方进行结转，计入所有者权益相关账户。完成必要的结转分录后，编制结转后的试算平衡表，对结转过程进行错误检查。结转后试算平衡表的余额反映为应该计入期末资产负债表的

数据。

⑦编制财务报表。根据调整分录及其工作底稿编制财务报表。一套完整的财务报表包括资产负债表、损益表、现金流表、股东权益表和附注（如管理层的讨论和分析）。

⑧转回分录。在下一个会计循环开始时，对上一期期末的调整分录进行转回，而编制的转回分录，以便于后续仍按常规会计程序进行处理。

4.1.2 财务报表相关概念

财务报表是综合反映企业一定时期财务状况、经营成果以及现金流量情况的书面文件，它的主体内容为资产负债表、损益表（利润表）和现金流量表这三张基本的会计报表，有时也包括所有者权益变动表。此外，财务报表还包括会计报表附表及附注、财务情况说明书以及独立审计报告。编制财务报表提供了有助于做出决策的信息。报表使用者包括现有和潜在投资者、债权人、管理人员、财务顾问、经纪人和内部审计人员等。财务报告应提供组织财务状况信息，以及会计期间内的业绩成果信息。管理层可以使用财务报表来制定战略、衡量业绩、分配经济资源，投资者和债权人可以使用财务报表来决定投资和贷款的规模、条件、时间和风险水平。

财务报表应公允地反映企业的财务状况、财务业绩和现金流量，恰当地运用国际会计准则，并在必要时提供附加披露，根据国际会计准则编制财务报表的企业应披露这个事实，只有当财务报表遵循每项适用的国际会计准则和每项适用的常设解释委员会解释公告的全部要求的，该项财务报表才可表述为遵循了国际会计准则。

(1) 财务报表类型

财务报表的主体内容为资产负债表、损益表（利润表）和现金流量表这三张基本的会计报表，有时也包括所有者权益变动表。此外，财务报表还包括会计报表附表及附注、财务情况说明书以及独立审计报告。

①损益表。损益表是反映企业特定会计期间经营成果的会计报表，是组织在会计期间内（如一年）的盈利能力或成绩的汇总。损益表至少应包括：收入、经营活动成果、融资成本、用权益法核算对联营企业和对合营企业投资的利润和亏损、所得税费用、正常活动损益、非常项目、少数股权、当前净损益。损益表账户余额在期末归零，该期间的净收入或损失记录在资产负债表的留存收益项目中。损益表的主要项目有：

- 收入。当组织将生产、交付产品或服务作为其主要的持续性业务时，产生的资产增值、流入或债务清算。
- 费用。构成组织主要的、持续性业务的一部分，组织生产、交付产品或服务导致的资产损耗、流出或形成负债。
- 利得。由非日常活动产生，会导致净资产（权益）增加，但与所有者投入无关的流入。

• 损失。由非日常活动产生，会导致净资产（权益）减少，但与向所有者分配利润无关的流出。

• 利润。即净损益、净收入，指组织在一定会计期间的经营成果。利润包括收入减去费用后的净额、直接计入当期利润的利得和损失等。

损益表有两种不同的呈现形式：

• 单步式损益表。将当期所有的收入列在一起，将所有的成本费用列在一起，一步扣除收入总额中的所有费用，得出当期净损益。

• 多步式损益表。对收入、费用按性质加以归类，区分运营费用与非运营费用，从每个收入类别中扣除匹配的成本和费用，可以突出显示一些中间性利润指标（如毛利），分步计算当期净损益。

损益表中还有一些其他项目需要关注：

• 终止经营项目。作为终止经营的项目必须与其他活动和资产明确区分，对每项已终止经营项目报告其持续经营业务的收益或损失，及其在单独业务线上处理业务所产生的收益或损失。

• 特殊项目。交易事项具有非寻常和罕见特征。非寻常是指对于特定业务、业务类型、行业或地理区域等不寻常；罕见是指在特定环境下不会再次发生。

• 会计原则变更的累计影响。组织对同一经济业务采用的会计原则进行变更时，需要单独披露对净损益的影响，同时管理层应证明变更原则、采用新方法的合理性。

②资产负债表。资产负债表显示一个组织的资产和负债情况，以及所有权的资金来源。会计等式说明了资产负债表三个要素间的关系，即“资产 - 负债 = 所有者权益”。资产负债表上的各账户余额，最后结转至下一个会计期间作为期初余额。主要项目包括：

• 资产。资产是指企业过去的经济业务形成的、由企业拥有或者控制的、预期会给企业带来经济利益的资源。资产按照流动性（变现能力）由强到弱在资产负债表左侧列示，分为流动资产、非流动资产和其他资产。流动资产包括现金及现金等价物、短期投资、应收账款、存货和预付费用等；非流动资产包括长期投资、财产、厂房、设备（PPE）和无形资产等；其他资产包括长期预付的费用、递延税金、债券发行成本、非流动性应收款和受限制的现金等。

• 负债。负债是指企业过去的经济业务形成的、预期会导致经济利益流出企业的现时义务。负债在资产负债表的右边，按照到期时间（应支付时间）先后顺序进行列示，分为流动负债、非流动负债和其他负债。其他负债包括递延费用、非流动应付账款、递延税金。

• 所有者权益。所有者权益是指企业资产减去负债后，由所有者享有的剩余权益，通常由实收资本（或股本）、资本公积、留存收益等构成。资产负债表还应单独列示少数股东权益、已发行资本和储备金。

③现金流量表。现金流量表用于显示会计周期开始和结束两个时点的现金水平，它

来自损益表和资产负债表，并用于对这些报表进行验证。现金流量表的主要内容包括：

● 经营活动现金流量。从权责发生制转为收付实现制的净收入，以显示交易事项的现金效应，省略任何投资或筹资项目。以直接法计算经营活动的现金流量，是以营业收入为起点，调整与经营活动相关的流动资产和流动负债的增减变化，将以权责发生制为基础计算的收入和费用，转换为以收付实现制为基础计算的收入和费用，从而剔除了不影响现金流量的收入、费用和营业外收支，得出经营活动的现金净流量。间接法则是以净利润为起点，调整不涉及现金流量的经营性收入、不属于经营活动的损益以及非现金流动项目等，得出经营活动的现金净流量。

● 投资活动现金流量。对长期资产包括工厂、设备等的购入及处置产生的现金流量。

● 筹资活动现金流量。涉及资本结构交易，包括从债权人借入和偿还贷款，以及向所有者获得和偿还股权资本、提供股本回报。

④所有者权益变动表。所有者权益变动表也称股东权益表，反映企业所有者在某一特定会计期间内的权益变动情况。所有者权益变动表从上一期末余额开始，显示由于该期间形成净收入（损失）、分配股息、新发行或回购股票而产生的变化。以股份公司为例，主要项目包括：

● 股本。股本是已发行股票的面值（发行时设定的每股名义价格）。按照股票的权利来划分，可以分为优先股和普通股；针对已发行股票，可以分为外部股份和库存股。

● 资本公积。资本公积是股票发行时面值与股票实际支付金额之间的差额。与股票市场后期股票交易无关。

● 留存收益。留存收益包括盈余公积和未分配利润，计算公式为：留存收益期初余额 + 净收入 - 期间内宣布的股息 = 留存收益期末余额。

⑤财务报表附注。财务报表附注或披露是财务报告的重要组成部分。以下是相关准则要求添加附注或披露的示例：

● 或有负债（或损失）。或有事项是具有不确定结果但可能在未来得到解决的事件。在可以合理估计并且可能发生的情况下，必须记录或有负债，例如未决诉讼。

● 期后会计事项。指发生在资产负债表日之后、财务报表公布日之前的事项。

● 合同义务。包括要求保留某些余额的负债（或资产）约定等。

● 使用的会计政策和估计方法。包括存货估值方法，折旧方法，资产、工厂及设备，涉及估计值的其他项目。披露所用的会计方法、估值方法、按资产类别划分的余额以及作出的基本假设。

● 会计政策变更。包括管理层对采取新方法更合适原因解释。

● 股本的披露。组织应披露已授权、已发行和在外流通的股票数量，以及面值、库存股、任何权益储备的性质和目的、董事会有关股息声明的行动。

● 资产负债表外会计记账（OBSA）。允许组织获得资金，而无须在资产负债表上报告相关债务。例如，两个或多个组织仅出于为项目融资目的共同创建子公司，该子公司获得由母公司担保的建设贷款，项目收益用于偿还贷款，母公司不需要在其资产负债表上记录债务。

- 其他披露。包括但不限于信贷索赔（债务清单）、股权持有人的债权（合同、高级证券）、受限制现金、递延税金、租赁信息以及退休金资产和负债。

⑥相互关系。财务报表之间存在很多勾稽关系，可以利用这些关系验证报表金额。具体包括：

- 损益表中的净收入是现金流量表和所有者权益变动表的起点。
- 资产负债表中使用了所有者权益变动表中每个账户的总额。
- 资产负债表中的最终现金及现金等价物余额将与现金流量表相关联。
- 所有者权益变动表中的某些项目也在现金流量表中的融资活动部分体现。
- 现金流量表中经营活动现金流量包括损益表中列示的项目。
- 投资活动现金流量一般包括资产负债表中的长期资产变动。
- 融资活动现金流量一般包括资产负债表中的长期负债和权益项目变动以及所有者权益变动表。

(2) 财务报表用途

财务报表为使用者提供有用的信息，能够帮助报表使用者分析和评估组织的情况，以作出相应决策。

损益表的用途：

- 反映组织在一定时期内的经营成果，尤其多步式损益表更能显示主要活动的收益或损失。
- 评估组织的盈利能力。
- 作为衡量组织价值的长期指标。
- 用于确定信誉度、过往的业绩、未来的绩效潜力和满足未来现金流的风险水平。

资产负债表的用途：

- 为报表使用者提供流动性的指示。
- 计算收益率。
- 评估资本结构。
- 评估偿债能力。涉及检查流动资产，以评估组织是否有足够现金和现金等价物来履行其短期债务及考虑长期负债。
- 比较相对库存水平。显示组织是否有足够库存来满足短期销售目标，或是否存在过多库存导致存货过时的风险。
- 确定财务灵活性。即组织通过改变现金流量金额和时间来应对意外机会的能力。
- 注意到应收账款的增加可能表明客户的支付能力或意愿发生了变化。

现金流量表的用途：

- 分析组织的偿债能力和支付股利能力。某些情况下，组织利润额高，但存在财务困难，则无法偿还到期债务。

- 投资活动部分的现金流可以突出显示主要资本支出，也突出显示组织的潜力和长期增长战略。
- 筹资活动的现金流可以显示组织的增长是通过经营利润、债务还是股权来融资。
- 用于显示是否以及在何处可能发生现金挪用。

所有者权益变动表的用途：

- 为报表使用者提供所有者权益当期增减变动的信息，帮助了解组织前景和优先事项，如研究新增权益来源为新股还是盈利。
- 报表使用者会分析股息情况，一般将定期股息认定为常态，如特定年份的股息异常减少或取消可以被看作是异常或负面信号。

(3) 财务报表局限性

财务报表的局限性包括会计政策选用的灵活性、管理层粉饰经营状况的主观性、历史成本计价的弊端性以及信息披露的不充分性，具体可以从不同的报表中反映这些局限性问题。

损益表的局限性：

- 由于使用判断和估计，并且可能应用不同的会计方法、原则和标准，使两个不同组织的报表不具有可比性。
- 某些项目被忽略，因为它们很难估价，例如某些证券的未实现收益和损失。
- 在采用货币计量的背景下，某些项目无法可靠量化，因而无法在利润表中列示，例如客户服务的价值或客户满意度。

资产负债表的局限性：

- 资产负债表无法提供组织的真实价值，因为它不能在计算中包括非财务指标，例如员工的价值。
- 资产负债表是以历史成本为报告基础的，与资产、负债和所有者权益的当前市场价值可能存在显著差异。
- 资产负债表的信息包含了许多估计数。如应收账款对应的坏账准备，估计数存在一定的主观判断，不一定准确和可靠；由于需求变化、通货膨胀等原因，库存可能被少报或多报；资产、工厂和设备发生的累计折旧和减值也可能被少报。

现金流量表的局限性：

- 现金流量表可以采用直接法和间接法两种方法编制，很难对这两种报表进行比较。
- 使用直接法时，还需要一个单独的附表来显示净收入与经营活动现金流量的对应情况。
- 当包含以下项目时，报表会很复杂：用于应收账款的坏账准备金；购买短期可供出售证券（减少现金但不减少净收入）；重大非现金交易（仅包含在票据中）；出售资产的收益（扣除以避免重复计算收益）。

（4）财务报表认定

美国注册会计师协会在其审计准则声明中指出，管理层应该能够对其财务报表作出一般性认定，包括存在或发生、完整性、权利和义务、估值或分配、列报和披露。

- 存在或发生。资产、负债和所有者权益在特定日期真实存在，报告的交易事项在特定的时间段内有实际发生。
- 完整性。在会计期间内能被识别的所有交易都已被记录，没有遗漏。
- 权利和义务。在特定日期，资产是组织拥有的权利，负债是组织承担的义务。
- 估值或分配。资产、负债、营业收入和费用根据适当的会计原则按适当金额记录。交易事项在数额上是正确的，进行了适当地总结，分配到适当的会计期间，正确地记录在组织的账簿和记录中。
- 列报和披露。对财务报表中的项目进行正确描述、组织和分类。

4.1.3 特定财务活动会计

本小节将主要介绍的内容有债券、租赁、退休金、无形资产和或有事项。需要了解这些特定业务的内容及财务处理情况。

（1）债券

债券是筹资方为筹集长期资金而向社会、个人或其他经济组织发行的一种书面借款凭证，筹资方发行债券成功后，应当按照约定的利率和日期支付利息，并在特定日期偿还本金。

债券的分类方法多种多样，下面介绍几类不同的债券：

- 政府债券。由政府发行的债券，通过一般税收收入或融资项目收入偿还，有政府信誉的充分支持，风险较小。
- 工业收益债券。免税的国家或地方政府发行的债券，为公共项目提供资金，没有得到政府的充分信用担保。
- 公司债券。企业为筹资而发行的债券。
- 信用债券。没有抵押品，一般靠发行单位的信誉发行。
- 抵押债券。发行人以不动产或有价证券作为抵押品而发行的债券，风险较小。
- 可赎回债券。发行人可以在到期前赎回的债券，例如在利率较高的期间赎回。
- 次级债券。在违约情况下，赎回权低于其他债券。
- 分期赎回债券。发行人发行的一系列具有不同赎回日期的债券。
- 收益债券。只有当发行组织有利润时，才支付利息的债券。
- 零息债券。以低于面值发行的、利息隐含在相应差额中的、到期日按面值偿付的债券。

债券的其他特征包括：

- 限制性契约。契约或合同保障债券发行人和债券持有人的权利和义务，包括对管理行为的限制，如不应出售应收账款（否定契约）、将选定的比率保持在基准水平以上（肯定契约）等。
- 偿债基金要求。即要求每个周期积累足够的资金来偿还到期债券。
- 股票认股权证。债券发行时可能附有认股权证作为激励。

债券发行价格即债券发行时对投资方的报价，通常包括平价、折价和溢价三种。平价是指以债券票面金额的价格作为发行价格，折价是指以低于债券票面金额的价格作为发行价格（考虑折扣），溢价则是以高于债券票面金额的价格作为发行价格（考虑期权价）。

债券发行价格受多种因素的影响，其中最主要的因素是票面利率与市场利率的一致程度。债券所载明的票面利率往往与发行时的市场利率不一致，为维护筹资、投资双方的利益，就要根据发行时的市场利率等因素，对发行价格进行调整。一般来讲，当票面利率高于市场利率时，采用溢价发行；当票面利率低于市场利率时，采用折价发行；当票面利率与市场利率一致时，采用平价发行。

当折价或溢价发行债券时，实际收到的金额与债券面值的差额应在资产负债表日按照实际利率法摊销，从而对债券的利息费用进行调整。所谓实际利率法，是指每期的利息费用按期初债券账面价值（面值减掉未摊销折扣或面值加上未摊销溢价）乘以实际利率来计算确定。按实际利率计算的利息与按票面利率计算的利息之间的差额，即为本期应摊销的利息调整金额（也即本期应摊销的溢价或折价）。实际利率法所指的实际利率，是指使某项资产或负债的未来现金流量的现值等于其当前公允价值的折现率，一般是债券发行时的市场利率。在实际利率法下，由于利息调整科目摊销的影响：折价发行的债券，其账面价值随着到期日的临近而逐渐增加，而实际利息费用又是以债券的账面价值为基础来计算的，因此，实际利息费用也会逐期增加；溢价发行的债券，其账面价值随着到期日的临近而逐渐减少，相应的，实际利息费用也会逐期减少。

（2）租赁

租赁是指向承租人提供不超过出租人所拥有的财产或物品的全部权益的合同。出租人向承租人提供特定权利，以换取定期付款。

从承租人的角度来看，有两种类型的租赁。经营租赁一般是短期租赁，租赁资产及相关负债不在承租人的账户上记录。承租人支付租金，租赁费用从借方扣除，支付现金记录在贷方。资本租赁在美国 GAAP 的定义中，应至少满足下列资本化的任何一种情形：

- 在租赁期届满时，资产所有权转移给承租人。
- 承租人有购买租赁资产的选择权，所订立的购买价款预计将远低于行使选择权时租赁资产的公允价值。

• 租赁期占租赁开始日租赁资产尚可使用年限的75%及以上。但如果租赁开始日租赁资产的剩余可使用年限已不到该资产自全新时起算可使用年限的25%以上时，则该判断标准不适用。

• 承租人租赁开始日最低租赁付款额的现值，大于或等于租赁开始日租赁资产公允价值的90%；出租人租赁开始日最低租赁收款额的现值，大于或等于租赁开始日租赁资产公允价值的90%。

• 租赁资产性质特殊，如果不作较大改造，只有承租人才能使用。

在国际会计准则（IAS）中，资本租赁被称为融资租赁，它将租赁定义为转让所拥有资产绝大部分风险和报酬的租赁，无论是否最终转让资产的所有权。

从出租人的角度来看，存在四种类型的租赁：

• 经营租赁。与承租人的经营租赁相同。

• 直接融资租赁。在这些租约中，承租人使用租约为购买资产融资。出租人保留该资产的所有权，但交易在其他方面类似于以该资产作为抵押的贷款。要符合条件，资产的销售价格必须等于资产的成本。因此，出租人只承认利息收入。

• 杠杆租赁。这些是直接融资租赁，出租人和承租人（长期债权人）之间存在中介机构。要有资格，出租人必须在交易中有大量的财务杠杆。

• 销售类型租赁。这些是一种可供制造商和经销商选择的销售工具。如果该资产的销售价格（公允价值）高于（或低于）该资产的成本，则租赁可称为销售租赁。

FASB更新的会计准则对上市公司的租赁会计核算进行了调整，指出：承租人需要在资产负债表上确认这些租赁所产生的权利和义务对应的资产和负债，出租人会计处理基本不受影响。虽然新方法保留了经营租赁和资本租赁，但从承租人会计处理及报表的角度上看两种类别并没有区别。承租人对租赁期超过12个月的经营租赁同样需要在资产负债表中确认，租赁付款列为租赁负债，资产列为租赁期间的使用权资产，少于12个月的租赁可选择确认为费用。保留着两种类别，对现金流量表或综合损益表（与损益表略有不同，目的是提供更全面的损益情况）几乎没有影响和变化。

(3) 退休金

退休金是指企业在员工退休时或退休后，向员工提供延迟薪酬的退休福利的安排，退休金应当由企业在职工提供服务的会计期间进行确认和计量。

这种退休福利具体可以分为固定缴款计划（设定提存计划）和固定收益计划（设定受益计划）两种类型。其中，固定缴款计划指向独立的基金缴存固定费用后，企业不再承担进一步支付的义务，主要根据基金的提存金额及其以后的投资收益来确定退休福利支付金额的退休福利计划；固定收益计划是提存计划以外的福利计划，是根据一定的精算标准（通常以员工工资收入、提供服务年限为基础），确定员工离退休后每期的年金收益水平，倒算企业每期应缴费金额的退休福利计划。

（4）无形资产

无形资产是指企业拥有或者控制的、没有实物形态的、可以辨认的非货币性资产。无形资产没有实物形态，通常表现为某种权利、某项技术或者某种获取超额利润的综合能力。一般来讲，无形资产是通过其技术等优势来为企业创造未来经济效益的。

①无形资产的种类。无形资产主要包括专利权、非专利技术、商标权、著作权、土地使用权、特许权等。

- 专利权是指经国家专利主管机关依法授予发明创造专利申请人的，对其发明创造在法定期间内所享有的专有权力。包括发明专利权、实用新型专利权和外观设计专利权等。
- 非专利技术是指不为外界所知、在生产经营活动中已经采用的、不受法律保护的、可以带来经济效益的技术或者诀窍，一般包括工业专有技术、商业贸易专有技术和管理专有技术等。
- 商标是用来辨认特定商品或劳务的标记，商标权是指专门在某类商品或产品上使用特定名称或图案的权利。
- 著作权是指作者对其创作的文学、科学和艺术作品依法享有的特殊权利，包括署名权、发表权、修改权、保护作品完整权、发行权、翻译权、表演权、汇编权等。
- 特许权是指企业在某一地区经营或销售某种特定商品的权利或接受其他企业使用其商标、商号、技术秘密等的权利。其形式主要有两种：一种是由政府机构授权，准许企业使用或在一定地区享有经营某种业务的特权，如专营权、专卖权等；另一种是企业间依照签订的合同或协议，使用其他企业的某些权利。
- 土地使用权指经政府批准，某企业在一定期间内对国有土地享有的开发、利用、经营的权利。

另外，商誉被定义为购买企业时的购置成本与可辨认净资产的差额，商誉无法从交易中单独购买获得。自创商誉不应确认为资产，不符合无形资产的定义。从购买法的会计角度来看，商誉不进行摊销，而是每年重新估值，如果价值下降，则确认为减值损失。

②无形资产的计量。外购的无形资产成本，包括其购置成本加上使该项资产达到预定用途所发生的其他支出，比如专业服务费用。内部开发的无形资产成本，包括可以直接资本化、可追溯的成本。

无形资产经确认并投入使用后的期间内，应当以其成本减去累计摊销额和累计减值损失后的余额计量。无形资产后续计量的基础是其使用寿命，对于使用寿命有限的无形资产，需要在估计使用寿命内采用合理的方法进行摊销，摊销金额一般计入当期损益，个别情形计入相关资产的成本。对使用寿命有限和使用寿命不确定的无形资产，每年均应进行减值测试，如账面价值低于可回收金额，则计入资产减值损失。

(5) 或有事项

或有事项称为或有收益或损失，是指可能导致不确定性收益或损失的现有局面或情况，其结果由未来不确定事项发生或不发生来予以证实。最常见的或有事项是未决诉讼、债务担保、产品回收或退回、环境污染整治等。按照稳健性的会计原则，或有损失应记录为或有负债，或有收益则不予记录。

或有负债需要满足两个标准：一是可以合理估计损失金额，二是所有可用信息表明在财务报表日或之前可能存在债务。FASB 对“可能性程度”分为三个等级：

- 可能——事件很可能发生。
- 合理可能——事件发生的可能性介于“可能”和“极小可能”之间。
- 极小可能——事件发生的可能性很小。

无法合理估计价值的可能事件不应记录。但记录的或有负债可能仍具有不确定的内容，比如收款人或付款日期。

4.1.4 高级和新兴财务会计

本小节将介绍的主要内容有股权投资、企业合并、股息、每股收益、递延所得税和外币业务。这几类会计业务在实践中较少出现，可能会感到生疏。期望通过本小节的简要介绍，使读者对这些知识有一个初步了解。

(1) 股权证券投资

当组织对其他组织以资本或优先股形式购买股权时，对投资的会计处理取决于组织作为投资方可以对被投资方施加的影响程度。

①投资者拥有被动权益（<20%）。投资按取得成本入账，采用公允价值法进行估值。公允价值法将成本与每个证券的市场价值进行比较，所有类似证券的净收益或损失计入未实现持有损益，并对证券的公允价值进行调整。如果将投资股票划分为预期用途灵活的可供出售类型，则未实现的持有损益计入其他综合收益，作为股东权益的单独组成部分；如果将股票划分为交易类型，即计划在不久的将来出售，则在资产负债表上按成本持有，并将收益和损失在销售时确认为净损益的一部分。

②投资者具有重大影响（20%~50%）。投资按成本入账，每个期间根据投资方在被投资方净收入和股息中所占的份额进行调整。需要采用权益法，确认投资方与被投资方之间的实质关系。投资方在被投资方净收益中的份额增加了投资账面金额，而被投资方净损失、支付给投资方的和股息减少投资账面金额。未实现的持有损益不予确认。

③投资者拥有控股权（>50%）。被投资方被视为子公司，投资方被视为母公司。母公司投资按公允价值计量和入账，未实现的持有损益不予确认。母公司需要编制合并财务报表。

企业间股权投资在资产负债表上一般体现为长期股权投资，该投资持有时间一般超过一年，并且是不能或不准备随时变现的投资，其主要目的在于影响和控制被投资企业（>20%），谋求长期利益。

（2）合伙和合并

组织建立合伙和合并关系，以增加其对市场或其购买权益的公司的影响力。优势包括规模经济、其他效率和成本节约、金融稳定以及更好的国际影响等。反垄断法的目的是阻止那些会显著减少竞争的合并。

①合伙和合并类型。合伙企业，是两个或两个以上的个人或公司为了开展营利活动而共同组成某一企业的联合，如律师事务所。普通合伙企业对所有合伙人的行为承担无限的个人责任；有限责任合伙企业（LLP）将责任限制为每个合伙人自己的行为。合资企业是由两个独立组织之间达成协议，共同完成一个项目。

企业合并是指将两个或多个组织的运营置于共同控制之下。通过友好收购（董事会制定双方满意的交易并呈现给股东）、要约收购（投资方绕过组织直接与股东提出合作）、横向合并（同一行业的组织合并）、纵向合并（向客户或供应商合并）等方式实现。

特殊目的实体（SPE）或可变利益实体（VIE）是由母公司创建的，负责特定任务的子公司，通常是资产负债表外会计记账的一部分。组织可能滥用SPE，例如安然公司使用SPE来隐藏债务、转移收入等。

资产并购和股权并购是取得一个企业所有权的两种方法。在资产并购中，投资方必须购买被投资方100%的资产，这种并购导致被投资方不再是企业实体，其所有账户都作为法定合并计入投资方的会计账目上。在股权并购中，投资方必须拥有50%或更多的普通股，被投资方仍可以维持一个单独实体。

上市公司间的合并是通过股权并购完成的。购买方以特定价格提出股票投标报价。在双重要约收购中，购买方提出以每股特定价格购买股票，直到达到某一点（如获得控股权）。在此之后，报价下降。价格越高，卖方股东行动越快，但也更快地推动股票收购。

②购买法。企业合并的会计核算方法主要有两种，即购买法和权益结合法。根据GAAP和IFRS规定，目前国际上对于企业合并的会计处理基本上倾向于采用购买法。购买法是把投资企业获取被投资企业净资产的行为视为资产交易行为，其核算特点包括：

- 作为对价发行的任何股权证券，均按发行方的公允市场价值记录。
- 证券发行费用用于抵减证券价值。
- 购买价款包含了合并过程发生的各项直接费用。
- 在合并资产负债表上，以公允价值记录资产和负债，超出公允价值部分记录为商誉。

- 在资产负债表上，可折旧或摊销的资产超出账面价值的部分要进行折旧和摊销调整，从而减少了损益表上的未来收益。
- 被投资企业的留存收益不予确认。
- 被投资企业在合并日之后的收益计入投资企业的会计账上，以前期间收益不予确认。

③合并财务报表。合并财务报表将母公司及其子公司视为单一实体，列示其整体经营业绩和财务状况。子公司可以仍作为法律上的独立实体。

合并财务报表编制步骤如下：

- 确定各子公司的所有权比例和少数股东权益。
- 合并各个组织的资产、负债、收入和支出。账面价值与购买日公允价值存在差异的，需将账面价值调整为公允价值。
- 编制抵销分录，以剔除母子公司之间股权、债务、内部交易等产生的重复信息。
- 发布合并财务报表。

（3）股息

股息是指股份公司在提取了公积金后，从税后利润中按照股息率派发给股东的收益，要与发放给债权人的利息费用进行区分。股息政策会考虑将净收益作为留存收益再投入公司，还是作为股息分配给股东。

与股息有关的关键日期包括：

- 宣派日。董事会正式宣布向某一特定日期在册的股东支付股利的日期。组织因宣派股利而承担了债务，会计上应减少留存利润并确认负债。
- 除息日。在登记日前更新股东名册的日期。除息日后股票购买者将无法获得当年的股利。
- 登记日。登记可参与当年股利分配的股东的日期。只有登记日在册的股东可以参与当年股利分配。
- 支付日。实际向股东发放股利的日期。支付时，会计上应冲销负债并减少资产。

股息一般可以分为以下四种类型：

- 现金股息。指以现金形式向公司股东分派的股息，属于最常见的股息类型。
- 清算股利。作为股东投资的资本返还，而不是留存收益所支付的股息。
- 财产股利。以非现金资产向公司股东分派的股利，按资产的公允价值入账。
- 股票红利。组织向股东支付股份，并将部分留存收益重新分类为股本，而不减少总资产或股东权益。

股票分割不是股息，股票分割旨在降低股票价格。例如，将每个股东的股票数量增加三倍，并将票面价值除以三，总的股东权益不会发生变化。

（4）每股收益

每股收益（EPS）是指普通股股东每持有一股普通股所能享有的企业净利润或需承担的企业净亏损。每股收益包括基本每股收益和稀释每股收益两类，需要在损益表中披露。

①基本每股收益。基本每股收益是按照归属于普通股股东的当期净利润除以当期实际发行在外普通股的加权平均数计算的每股收益。

基本每股收益＝归属于普通股股东的当期净利润/当期实际发行在外的普通股的加权平均数

该计算公式的分子只考虑归属于普通股股东的收益，一般需要从当期总收益当中扣除优先股股息；分母为当期发行在外普通股的加权平均数，即期初发行在外普通股股数根据当期新发行或回购的普通股股数与相应时间权数的乘积进行调整后的股数。

发行在外普通股加权平均数＝期初发行在外普通股股数＋当期新发行普通股股数×已发行时间÷报告期时间－当期回购普通股股数×已回购时间÷报告期时间

②稀释每股收益。稀释每股收益是以基本每股收益为基础，假设企业所有发行在外的稀释性潜在普通股均已转换为普通股，从而分别调整归属于普通股股东的当期净收益以及发行在外普通股的加权平均数计算的每股收益。稀释每股收益是企业在具有复杂资本结构情况下的每股收益。例如企业拥有可转换债券、认股权证、股份期权等潜在的普通股，则其持有人有权选择转换为普通股，增加已发行在外的普通股数量。

（5）递延所得税

组织根据一定的会计准则（如 GAAP、IFRS 或国内的会计准则）来确定财务报告上的税前利润总额，根据另外的税收法规确定应缴纳给税务机关的应纳税所得额，这种情况导致利润总额和应纳税所得额存在差异。

永久性差异是由会计准则与税收法规计算口径不一而产生的差异，且在未来期间无法转回，一旦发生便永久存在，永久性差异仅影响发生当期的应纳税所得额，对以后期间不产生影响。例如，根据税收法规不征税但根据会计准则和财务报告标准应征税的股息收入减免、超出 GAAP 或 IFRS 等会计准则允许范围的免税项目和特殊扣除项目等。

暂时性差异是由会计准则与税收法规在时间确认或计税基础上的不同而产生的差异，暂时性差异在未来期间得以转回，影响当期和影响以后各期的应纳税所得额，需要进行账务调整。导致暂时性差异的项目可能包括折旧、长期建筑合同、商誉摊销与减值测试、保修费用等估计成本，以及其他现金收付制与权责发生制的差异（如遵循现金收付制支付税款）。

暂时性差异按所得税税率计算产生递延税金债务（递延所得税负债），即当前税款的减少，对应未来应交税款的增加；或产生递延税金资产（递延所得税资产），即当前税款的增加，对应未来应交税款的减少。

（6）外币业务

在其他国家或地区设有分支机构、子公司的组织，或是开展国际贸易的组织，可能需要以多种货币进行交易，这就涉及外币兑换。外币业务需要考虑跨国组织的货币估值问题，例如主要货币和其他货币之间的币值波动。例如，一家美国公司投资一家以欧元计价的欧洲公司，如果欧元的价值下降，美国公司的投资价值也会下降。另外，国际税收和其他法律和政治因素也必须加以考虑。

①外汇汇率。外汇汇率指一种货币兑换成另一种货币所需的单位数的报价。例如，使用美元（USD）作为主要货币，与欧元的汇率换算如表4－2所示：

表4－2　　汇率换算

货币	美元（$）等价	每单位美元（$）货币
欧元（€）	$1.185/€	€0.8439/$

●“美元（$）等价”列反映的是每单位外币对应多少美元，如每单位欧元对应1.185美元；“每单位美元（$）货币”列反映的是兑换1美元所对应的外币金额，如兑换1美元需要对应0.8439欧元。

• 外汇交易商提供买卖报价，如€0.8400——0.8499/$，这意味着外汇交易商将以0.84欧元购买1美元，并以0.8499欧元出售1美元。

②外汇风险。外汇风险又称汇率风险，是指一个组织的主要货币与其子公司和贸易伙伴使用的任何货币之间的汇率波动，其主要不确定性在于任何外币计价交易将收到或支付的实际金额。外汇风险分为经济风险和换算风险。经济风险用来衡量非预期汇率变动对整个组织盈利能力和组织价值产生潜在影响的程度。换算风险衡量汇率变化引起组织财务报表中某些外汇资金项目金额变动的可能性，以及给组织带来的账面金额损失或收益。

外汇市场有现货市场和远期市场两种类型。现货市场适用于在一两天内结算的交易；远期市场适用于将在未来两天以上（通常在一年以内）以外汇报价进行的交易。

• 当现货汇率等于外汇汇率时，是平价。

• 当现货市场的货币估价高于远期市场时，该货币将以折扣价交易，反之则以期权价（溢价）交易。

远期外汇合约是一种在未来以远期市场确定的价格购买外币的协议，通常作为对冲汇率变动产生的现金流量变动的公允价值套期。

③外币报表折算。母公司编制合并财务报表时，必须按母公司统一的货币对子公司报表进行折算。一般情况下，资产负债表中的资产和负债项目采用资产负债表日的即期汇率折算，实收资本项目采用发生时的历史汇率折算，损益表相关账户使用当期的平均汇率进行折算。

4.1.5 财务分析

财务分析以会计核算、报表等资料为依据，运用一系列专门的分析方法，对企业各项活动和能力情况等进行分析与评价，为投资者、债权人、经营管理人员及其他关心企业的机构或个人提供准确的信息或依据，从而做出有效决策。财务分析经常使用的方法包括比较分析法和比率分析法。

(1) 比较分析法

一般是指将企业的财务报表数据、财务比率等与同行业其他企业或同行业平均水平进行比较，用以揭示本企业所处的水平和同比差异的方法。确保能够实现比较的方法包括百分比财务报表和会计数据调整。

①横向百分比法。横向百分比法表示同一组织在若干会计年度的数据结果占基准年度的百分比，每个账户的基准年度设置为100%，其他年份的呈现形式为基准年度增加或减少的百分数。相较于对货币金额进行分析的方式，横向百分比法更加简化，有助于确定组织随时间变化而变化的情况。其公式为：

某项指标变动数 = 某一年度指标实际数 - 基准年度指标数

指标变动率 = 变动数量 ÷ 基准年度指标数

②纵向百分比法。纵向百分比法表示某一项目金额占所选基准项目金额的百分比，基准项目可以是损益表中产品销售收入、成本，也可以是资产负债表上的总资产，基数设定为100%，报表中的其他项目金额表示为基准项目金额的百分比。这种方式允许两个不同规模的组织进行比较，例如将资产总额为100万美元的组织与资产总额为1亿美元的组织进行比较，确定哪个组织的库存相对比例更高。

③会计调整。如果需要比较两组年度差距较大的财务数据时，应调整报表金额。将最近年份设定为基准年度，其他年份数据按通货膨胀率调整，用基准年度金额表示。

固定资产在报表中按历史成本估价，但随着时间的推移，这个值会变得更加失真。在某些情况下，调整公允价值再进行比较可能是适当的。

在对报表进行比较分析时，需要协调会计政策的重大差异。存货估价方法、资产折旧方法、租赁分类、退休金成本以及有关资本化与成本支出的选择都需要标准化。

(2) 比率分析法

比率分析法指将企业同一时期财务报表上有关项目的数据相互进行比较，求出比率，用以揭示项目之间的关系，分析和评价企业某一方面情况的方法。

①杠杆比率。经营杠杆和财务杠杆是通过权益或固定成本来增加收益的方法，同时也由于杠杆的存在而增加了风险（见表4-3）。

表4－3　　杠杆比率

比率	描述	公式
经营杠杆	衡量经营风险，说明在固定成本不变的情况下，销售额变化引起的利润变化幅度； 在固定成本不变的情况下，销售额越大，经营杠杆系数就越小，经营风险也就越小；销售额越小，经营杠杆系数就越大，经营风险也就越大	经营杠杆系数 DOL $= \frac{\text{息税前利润变动率}}{\text{产销量变动率}} = \frac{\Delta EBIT/EBIT}{\Delta S/S}$ $= \frac{S - VC}{S - VC - F} = \frac{Q(P-V)}{Q(P-V)-F}$ $EBIT$ 为息税前利润，S 为销售额，Q 为销售量，P 为产品单位销售价格，V 为产品单位变动成本，F 为总固定成本，VC 为变动成本总额。Δ 代表变化量
财务杠杆	衡量财务风险，表明息税前利润增长引起的每股收益的增长幅度； 在资本总额、息税前利润相同的情况下，负债比率越高，财务杠杆系数越高，财务风险就越大，但预期每股收益也越高	财务杠杆系数 DFL $= \frac{\Delta EPS/EPS}{\Delta EBIT/EBIT} = \frac{EBIT}{EBIT - 1}$ $EBIT$ 为息税前利润，EPS 为普通股每股收益，I 为债务利息，Δ 代表变化量

②流动性/短期负债比率。主要体现组织清偿其短期债务的能力，包括流动比率、速动比率、现金比率和营运资金。比率越高，流动性越强（见表4－4）。

表4－4　　流动性比率

比率	描述	公式
流动比率	指企业某一时点上流动资产与流动负债的比值； 流动比率低说明流动性在下降，流动比率过高可能表明企业对低产量短期资产投入过多	流动比率＝流动资产÷流动负债
速动比率	也称酸性测试比率，指企业某一时点上速动资产与流动负债的比值； 剔除了变现能力相对较弱的存货的影响； 流动比率稳定但速动比率下降，可能表明库存暂时/永久增加	速动比率＝速动资产÷流动负债 其中，速动资产＝流动资产－存货
现金比率	指企业现金或易于转换的证券在某一时点占负债的比率； 是更为保守的流动性衡量标准，企业可使用除现金之外的其他来源支付流动负债	现金比率＝（货币资金＋有价证券）÷流动负债
营运资金	指企业某一时点上流动资产与流动负债的差额； 可用来衡量企业的短期偿债能力，营运资金越多，说明企业短期偿债能力越强	营运资金＝流动资产－流动负债

③负债管理比率。包括衡量财务杠杆和负债保证程度的各种方法，主要为资产负债率和产权比率。本质上这些比率显示了有多少负债正在使用，以及偿还风险（见表4－5）。

表4-5 负债管理比率

比率	描述	公式
资产负债率	指企业某一时点上负债总额同资产总额的比率； 资产负债率水平必须适度，从债权人角度看，比率低代表更安全，从投资人角度看，如净利润与总资产比率高于借款利息率时可以适当提高比率，没有一个绝对的标准	资产负债率 = 负债总额 ÷ 资产总额
产权比率	表明债权人提供的资金和投资者投入资金的相对关系	产权比率 = 负债总额 ÷ 所有者权益总额

④盈利能力比率。盈利能力比率衡量一个组织的盈利能力，有助于判断经营业绩、杠杆和风险。毛利率、边际营业利润和净利润率是比较常用的三项指标（见表4-6）。

表4-6 盈利能力比率

比率	描述	公式
毛利率	毛利是销售收入扣除所售商品成本之后的余额，毛利率是毛利与销售额的比率； 毛利率越高，表明定价管理和成本控制越有效	毛利率 = 毛利润 ÷ 销售收入 毛利润 = 销售收入 - 销售成本
营业利润率	指企业某一期间内营业利润同销售收入的比率； 营业利润率越高，运营效率越高	营业利润率 = 营业利润 ÷ 销售收入
销售净利润率	净利润通过营业利润中减去利息和税费来计算，销售净利润率是净利润与销售收入的比率； 它衡量债务、税务管理、经营、定价和成本该控制的效果； 较低的比率可能意味着成本控制不力或面临竞争对手的强行压价	销售净利润率 = 净利润 ÷ 销售收入

⑤资产管理比率。该指标衡量组织将资产用于产生收入的效率，即是否被充分利用，为组织创造收入和利润。其中应付账款属于负债，但与资产一并纳入考虑范围，因为应付账款对应的现金流出时间直接影响收入周期（见表4-7）。

表4-7 资产管理比率

比率	描述	公式
应收账款周转率	周转率表示每年应收账款转换为现金的次数； 比率增高表明授信和收款流程有效，但过高的比率即信贷政策过严可能会限制销售； 周转天数表示转换为现金的时间长度； 应与企业信用规定的期限比较，以检查收款是否存在问题	应收账款周转率 = 销售收入 ÷ 平均应收账款 平均应收账款 = （期初应收账款余额 + 期末应收账款余额） ÷2 应收账款周转天数 =365 ÷ 应收账款周转率

续表

比率	描述	公式
存货周转率	周转率表示将库存产品进行销售的效率； 比率较高表示库存得到有效管理，比率较低表示需求量少或产品过时而积压了库存，但过高比率可能表明由于缺货而存在销售损失； 周转天数表明企业处置和销售单个库存周转所需天数	存货周转率 = 销售成本 ÷ 平均存货余额 平均存货余额 = （期初存货余额 + 期末存货余额） ÷2 存货周转天数 =365 ÷ 存货周转率
应付账款周转率	一年内企业账款的生成和支付次数，及时支付、维持较低比率有利于保持信誉度； 周转天数表明支付账款平均所需时间，期限增加可能表明存在现金流问题	应付账款周转率 = （销售成本 + 期末存货成本 - 期初存货成本） ÷ 平均应付账款 应付账款平均余额 = （期初应付账款余额 + 期末应付账款余额） ÷2 应付账款周转天数 =365 ÷ 应付账款周转率
现金周转周期	衡量将现金从现金流出（开始生产）转换为现金流入所需的总天数	现金周转周期 = 应收账款回款天数 + 存货周转天数 - 应付账款周转天数
固定资产周转率	衡量企业使用固定资产（工厂、设备等）产生收入的效率，数值高可能代表资产使用效率高，也可能代表资产投入不足、运转负荷大、可能需要很快替换	固定资产周转率 = 销售收入净额 ÷ 平均固定资产 平均固定资产 = （期初固定资产余额 + 期末固定资产余额） ÷2

⑥投资回报率比率。即回报与投入的比值，任何大于 1.0 的金额都表示正回报（见表 4 -8）。

表 4 -8　　投资回报比率

比率	描述	公式
资产回报率（ROA）	净利润占总资产的比例； 显示企业如何利用其资产来创造价值	资产回报率 = 净利润 ÷ 平均资产总额

⑦投资估值比率。确定在股票市场上交易的投资的价值，可以使用长期负债和股息比率。其他投资估值方法包括剩余收益和经济增加值（EVA）（见表 4 -9）。CIA 考试里仅介绍与股票、股权相关的部分。

表 4 -9　　投资估值比率

比率	描述	公式
股息收益率	每个时期内一股股票的回报率，显示的是当期作为股息返还的股票价值百分比	股息收益率 = 每股年股息 ÷ 每股购买价
股利支付率	以股息形式支付的企业收益的比率	股利支付率 = 每股股利 ÷ 每股收益
市盈率（P/E）	反映股票价格与收益的比值； 如为下降趋势，可能表明增长潜力不佳	市盈率 = 股票价格 ÷ 每股收益

续表

比率	描述	公式
普通股每股账面价值	清算时资产负债表中所列全部资产中归属于股东的部分	普通股每股账面价值 = 普通股股东权益 ÷ 已发行普通股数

(3) 比率分析的局限性

在财务分析的各种方法中，比率分析用途最广，但也有其局限性，具体表现在：

- 财务报表的局限性导致针对财务报表的比率分析不一定有用；
- 比率不应作为唯一的决策要素，而应与非财务数据（例如考虑战略或管理人才）相结合；
- 管理人员跟踪比率本身，可能通过开展某些交易事项来让比率值更贴近理想情况，但这些交易事项可能不会改变任何经济实质，或不符合企业的长期利益；
- 由于同行业中的企业也可能存在巨大差异，选择基准来对比率进行比较有一定困难；
- 跨国报表存在语言翻译和货币转换难度；
- 比率本身的计算可能变化，如公式中可能使用期初数、平均数或期末数，比较时需要重新计算，使得每组比率基于同一假设。

4.1.6 日常营运管理

营运管理是对营运过程的计划、组织、实施和控制。一个典型的制造业企业，其短期经营活动涵盖以下事项和决策：

- 原材料需求——订购多少存货；
- 支付购货款——现金方式还是信贷方式；
- 生产产品——选择什么样的生产技术；
- 销售产品——是否要给客户提供信用；
- 收款——如何收款。

CIA 考试中要求掌握一定的供应链管理知识，尤其是存货管理和资产管理，并涉及收入的确认。尽管固定资产不在流动资产范围内，但其管理好坏也会对短期经营活动产生影响。

(1) 收入确认

营业收入确认是公认的会计原则之一，不恰当的收入确认最终会高估（如记录虚假的收入和应收账款）或低估（如在后期不恰当地确认收入）营业收入。在评估财务报告内部控制（ICFR）时，内部审计师需要对这一重要领域进行考虑。

①收入确认方法。营业收入通常在销售时点（即交付时）确认，因为只有在这时才会变现，或视为“可变现”和“已赚取”的状态。某些情况下可以在其他时间确认，包括交货后确认和交货前确认。

销售点确认：在销售点确认收入是收取确认中最简便的一种方式，当满足下列条件时，可以采用销售点确认：

- 销售不是寄售。
- 价格很容易确定。
- 客户付款义务不得因产品盗窃或损失而撤销。
- 不属于转移支付的一部分。
- 可以估计回报水平。

存在几种例外情况，使得收入无法在销售点得到确认：

- 寄售。指货主（寄售人或委托人）先将货物运往寄售地，委托国外当地的代销人（受托人）按寄售协议规定的条件，由代销人代替货主进行销售，货物出售后，再由代销人向货主结算货款的一种贸易方式。寄售能够降低货主的高库存成本风险，但不应纳入代销人的库存当中。货物的所有权在寄售地出售之前仍属货主，货物的风险也全部是由货主承担。
- 回购协议价格超过临时客户付款成本。回购协议是指在销售产品或库存的同时达成在未来回购商品的协议。如果回购协议设定的价格涵盖了临时买方付出的总成本，那么售出存货和相应的责任仍归属于卖方。
- 贸易超载或渠道超载（渠道填塞）。是生产商诱使批发商持有超出合理销售量的库存的做法。这种做法以牺牲未来利润为代价来夸大当期利润，属于对收入确认的错误使用，需要及时被制止。
- 零售商退货率高。由于退货率高，发生销售之后往往会推迟确认收入，直到所有的退货保证都过期。他们可能会记录销售情况，针对退货设置折扣，或直接记录退货。

交货后确认：如果无法合理保证现金收入等丁销售价格，则在交货后确认营业收入。延迟确认收入的两种方法为分期收款销货法和成本回收法。

- 分期收款销货法。分期付款销售方法下，卖方对货物的所有权一直持有，直到收到买方最终付款为止。卖方只确认销售成本加上其他直接费用（销售和行政）作为收入，但余额或毛利润将被递延，直到收到全部货款。对分期付款销售交易，必须为分期付款销售的毛利润以及每年的递延毛利设置特别账户。
- 成本回收法。当没有合理基础来估算货款的可收回性时，使用成本回收方法。这种方法延迟对利润的确认，直到现金收款超过销售成本（COGS）为止。在销售时，报告总收入和销售成本，并通过日记账分录记录递延毛利。在现金收入超过成本的期间，使用单独的账户，记录实现的毛利润。

交货前确认：某些长期建筑合同情况跨越多年，需要在每一会计期间内确认一定收入，即涉及提前确认部分收入。确认方法包括完成合同法和完工百分比法。

• 完成合同法。完成合同法仅在项目完成时确认营业收入和毛利润。其中，累计建设成本计入“在建工程”的存货账户，结算收款账单计入“在建工程结算”的存货备抵账户，而损益表相关的账户不会产生金额。只有当完工百分比法不适用时，例如大多数合同是短期合同或无法合理估算完工百分比的情形，才使用完成合同法。

• 完工百分比法。完工百分比法根据履约期间的项目建设进度确认营业收入和毛利润。其中，累计建设成本、累计确认的毛利润计入“在建工程”的存货账户，结算收款账单计入“在建工程结算”的存货备抵账户。当合同双方都拥有可执行的权利，并且双方都可以履行其义务时，这种方法是适当的。常见的确认完工进度方式是以成本为基础的，公式如下：

$$完工百分比 = 累计已发生成本/预计总成本 \times 100\%$$

用此百分比数乘以合同总收入，以计算到目前为止应确认的收入金额，再减去以前期间已确认的收入，得出当期收入。

(2) 收入循环和审计

业务循环指的是处理某一类经济业务的工作程序及其先后顺序的总称。如销售与收款循环、采购与付款循环、生产与存货循环、人力资源与工薪循环、投资与筹资循环等。采购发生支出、生产产生存货、销售创造收入，这三项是企业价值链的重要组成部分。

①收入循环。销售与收款循环又称收入循环，是从销售人员、客户服务人员或下单客户开始启动的一个流程。流程开始后会生成销售订单，如果客户不采用现金支付，企业通常需要对其信用进行审核。在客户通过信用审核或企业收到现金后，产品、服务会以运输或其他方式交给客户。最后，企业将发票寄送给客户，将该笔销售形成会计记录（见图 4－1）。

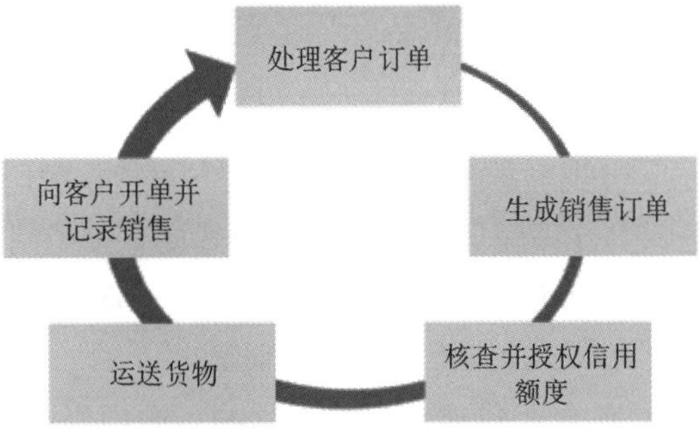

图 4－1　收入循环

②审计目标和程序。内部审计人员检查记录到会计分录、销售日记账和应收账款明细账的销售额，并确定关键控制是否有效运行。关键控制通过基于风险的方法确定，这种方法形成了审计目标的基础。

• 收入循环的关键控制可能包括适当的职责分离、适当的授权、使用适当的预先编号文件以及使用适当的内部审核程序。

• 由于大多数销售和收款活动都是使用电子系统完成的，因此关键审计目标通常是确定信息技术一般控制是否有效运行。如果一般控制（例如访问控制或软件更改控制）存在弱点，则很难依赖于特定的应用控制。

• 虽然销售和收款循环中的大多数控制涉及交易而非特定账户余额，因此，对于已被证明能够有效运行的控制，通常可以减少相关的详细测试，从而在不牺牲审计质量的情况下降低审计成本；检查任何异常交易，确保它们得到批准和报告。

• 在企业资源规划系统或为销售和收款执行类似功能的系统中，内部审计人员还会在进行比较时，检查客户主文件和交易历史文件。

③实质性测试。销售和收款循环审计包括对交易层面控制的实质性测试。对财务报表的五项认定包括存在或发生、权利和义务、完整性、估价或分摊、报告和披露。在对销售和收款循环相关业务开展实质性测试时，内部审计可以针对下列各项认定进行检查和评价：

• 存在和发生测试。确认销售发票具有配套的提货单。

• 完整性测试。检查运输凭证、销售发票及对应的收入和应收账户，以确认所有销售业务均已登记入账。

• 估价或分摊测试。内部审计师需要考虑准确性、分类、时间、过账汇总。例如：测试准确性可以将销售订单与经批准的价格表比较，确保价格匹配；测试分类可以验证费用账户是否正确，是否将费用资本化，作为资产反映；测试过账汇总可以通过检查对账。

存在和发生、完整性、估值和分配是多数内部审计业务关注的重要领域。另外两项权利和义务、报告和披露在各项业务中较少使用。

④测试范围。在开展审计测试时，应包括以下类型的特定测试：

• 销售。销售循环生成的文件包括销售订单、信用申请、出库单、提货单或其他装运文件、发票和汇票通知、现金收据和日记账、银行日记账和对账单等。审计人员可以持续跟踪交易，核对关联记录和账户。通过核对装运文件和销售分录，可能发现虚假或重复销售。审计人员可能需要通过进一步测试来确定是否向虚构客户发货，必要时对客户是否存在进行独立验证。

• 收入。内部审计师关注收到客户付款、将款项存入银行账户、在会计记录中正确记录交易的内部控制，通过审查收入记录和日记账，测试内部控制的充分性和效果时。在各项收发活动、处理现金收入和记录会计分录之间应该有适当的职责分离，内部审计师可以通过观察来验证员工对这些流程和控制点的理解。内部审计师还可以检查汇票通知、存款单、银行对账单、现金收入日记账和应收账款分类账的过账。

• 退回、折让。当客户退回商品时，企业收取商品并向应收账款发放贷项通知单。除了检查这些贷项通知单外，内部审计师还可以检查销货退回与折让日记账。内部审计师可以确保单独跟踪退货并将退货记录在相应的总分类账账户（销货退回与折让）中，而不仅仅是减少销售总额。

• 坏账准备。坏账准备属于资产的备抵账户，是基于管理层对下一会计年度应收账款坏账金额的估计。管理层应该采用合适的方法计算并记录估计的坏账金额。这种方法可能基于应收账款账龄分析表、管理层对客户财务状况的了解、经济趋势和监管影响等。内部审计师应评估管理层估计坏账准备流程的充分性和合理性。

• 坏账冲销。当应收账款被视为坏账时，可以将其低价出售给第三方收款机构，根据合同条款的不同，如果无法收取账款，第三方机构可能具有也可能不具有追索权。组织将未收回的应收账款金额冲销，用于减少坏账准备。内部审计师可以验证合同条款是否合规，以及收款机构的任何付款是否都已正确记录。内部审计师还应验证应收账款的冲销是否得到适当授权，并将其与贷项通知单分开处理。

(3) 资产折旧

折旧是在预期使用期间内分摊有形资产成本的方法，以显示资产价值随时间递减的情况。新增一项固定资产时体现为原值，然后根据可折旧基础、使用寿命，选择一定的折旧方法计提折旧。折旧基础是资产的原值减去其残值。残值是指资产在折旧期或使用寿命结束时进行出售的估计价值，残值可以为零。资产的使用寿命与其功能寿命不同，使用寿命不仅包括磨损，还包括由于过时而导致的资产的经济可行性。企业会计人员应该选择最接近资产使用模式和使用寿命的折旧方法，可以选用直线法、作业方法、年数总和法或余额递减法。

①直线法。直线法又称年限平均法，假设资产每年的使用情况、维护成本都保持一致，这种假设可能不现实，但由于方法简单而被广泛使用，即直接除以预期使用寿命得出每年、每月折旧额。其计算公式为：

每期折旧额 = 可折旧基础 ÷ 预计使用年限

其中：可折旧基础 = 资产原值 − 残值

②作业方法。作业方法又称工作量法。与基于时间推移计提折旧的直线法相比，作业方法是基于资产的生产率衡量指标来计提折旧。衡量指标可以是输出单位（生产的产品）或输入单位（消耗的人力物力），例如员工或机器工作小时数。其计算公式为：

每期折旧额 = 可折旧基础 × 期间单位 ÷ 根据使用年限预计的总单位数

③年数总和法。年数总和法是一种加速折旧方法。加速折旧指的是在资产的前期计提更多折旧，折旧费用逐年抵减，可能与资产的使用模式更加匹配。年数总和法的计算公式为：

每期折旧额 = 可折旧基础 × 剩余使用年限（期初） ÷ 年数总和

以预计使用年限 4 年为例，年数总和 = 1 + 2 + 3 + 4 = 10（年）。

④余额递减法。余额递减法是另一种加速折旧方法。通常采用 1.5 倍余额或双倍余额，即直线法折旧率的 1.5 倍或 2 倍计算应计提的折旧。其计算公式为：

每期折旧额 = 年初资产账面价值 × 倍数 ÷ 预计使用年限

最后一年折旧额 = 年初资产账面价值 - 残值

余额递减法与其他方法的主要区别为：

- 用年初资产账面价值计算（第一年用资产原值），不是用可折旧基础；
- 最后一期才考虑残值，通过倒挤得出当期折旧额。

（4）资产处置

资产可以通过出售、交换或非自愿转换（报废）等进行处置。处置时点该资产的账面价值为原值减去已计提折旧。由于折旧主要是一种成本分摊的方法，残值是过去的估计，因此处置时资产的账面价值并不总是等于其处置价值，其差额形成处置收益或损失，影响当期损益表的的净利润。如果被处置的是业务部门，则需要在单独的账户中报告持续经营和终止经营的结果。如果符合标准，非自愿转换产生的损失可能会作为特殊项目进行报告。

（5）存货管理

存货管理的重点是在不牺牲客户服务的前提下，降低库存的持有和运输成本。成功的存货管理离不开系统的方法和准确的记录。在所有运营阶段，包括采购、生产、分销和销售，改善存货管理和控制都很重要。

企业持有存货的原因包括：

- 满足未来需求。包括生产需求和销售需求等。
- 应对供需波动。安全库存可作为缓冲来应对对时间或数量的误算。
- 填补库存渠道。渠道或运输库存涵盖了新库存到达目的地所需的运输时间。
- 管理价格波动。如在采购价格有利时增加库存，在价格不利时持有库存。
- 实现规模经济。大量采购可能会获得折扣，能抵销持有或存储库存的额外成本。

①存货 KPI。存货有两个关键绩效指标（KPI）：

- 减少存货成本，包括持有、采购和运输的原材料、物资和产成品等。
- 实现与产品和服务质量、可用性、按时交付有关的客户满意度目标。

②存货类型。存货类型主要包括原材料、半成品（WIP）、产成品以及维护/维修/运行（MRO）物料。

- 原材料。用于生产产品，可以在正式生产时间之前购入并持有一段时间。
- 半成品。包括仅部分转化为产成品状态的原材料，或尚未安装或连接的组成部分。出于会计目的，半成品是一个存放所有正在生产但截至资产负债表日尚未完成的存货的账户。
- 产成品。现成的、立即可使用的、等待被购买的产品。
- 维护/维修/运行物料。包括维修和维护机器设备、计算机等所需的耗材。

③存货成本。

- 采购成本。是从供应商处购买存货的成本。
- 订购成本。是在订购更多存货时产生的，包括订单处理、办公用品、文书工作等涉及的所有材料和人工成本。
- 储存成本。也称持有成本，是存放库存的成本，包括租金、折旧、税款、保险、物料处理、人工等成本。
- 缺货成本。在客户要求的特定存货短缺时发生，可能导致延期交货、销售损失、声誉受损以及客户流失。
- 生产准备成本。在准备投入生产以完成订单的流程中产生，其中包括清洁和调试机器的劳动力成本。

④经济订货批量。经济订货批量，需要从外部购进材料，经过一定的生产或加工程序后向市场出售的组织，在购买、运输以及储存材料的过程中，都需要占用组织的资金。如果每次采购的材料越多，虽然可以节省订货的成本，但由于采购的材料并非能一下子进入到生产环节和销售环节，会导致组织的现金流被大量占用。但如果每次采购材料不足或多次小批量采购，也一样会导致组织产生因材料不足的停工，或由于频繁的采购使得采购成本增加，组织亦有损失。因此，在采购批量、采购周期、采购成本以及适当库存占用的成本之间，需要确定一个平衡点。这个平衡关系就是经济订货批量的模型，公式如下：

$$Q=\sqrt{\frac{2DS}{C}}$$

其中：Q = 经济订货批量；D = 商品年需求量；S = 每次订货成本；C = 单位商品年保管费用。求解经济订货批量时，一般需要用到微积分求出订货成本和最小的订货量。

⑤影响订货点的因素。通过制定经济订货批量，就使存货建立在经济合理的基础上，但是由于生产不断进行，产品不断销售，就必然使存货不断减少，所以必须确定在什么时候订货最为适宜，也就是要确定“订货点”。影响订货点的主要因素除了经济订货批量以外，还有“正常消耗量”“提前期”“安全储备量”等。正常消耗量是指产品在正常生产消耗过程中预计的每天或每周材料的正常消耗量；提前期是指从提出订货到收到订货的时间间隔；安全储备量是指为了预防临时用量增大而多储备的存货量，其计算公式：

安全储备量 =（预计每日最大消耗量 - 平均每日正常消耗量）× 提前期天数

安全储备量加上提前期内正常消耗量，成为订货点。其计算公式：

订货点 = 平均每日正常消耗量 × 提前期 + 安全储备量

安全库存通常是组织为了预防订货过程中出现意外或者是需求高峰时有足够的库存以保证不发生短缺成本的一种库存技术。安全库存是以满足生产或销售为主要目的，因此它的存货成本相对比其他库存更高。

⑥实时存货管理。实时存货管理也叫适时制（JIT），是一种通过有效安排和控制生

产与存货，从而有效缩减存货及生产成本的管理制度。其目的在于取消等待时间和存货准备，以实现生产及供应成本最大限度地节约。实行适时制生产的组织，好处是显而易见的，由于材料可以直接运送到生产者那里，减少了组织的收货验货部门，并且在任一时点都将收到较少的材料，平均存货将减少，导致储存成本降低。但与此同时，缺货的可能性加大，从而导致缺货成本增加。因此，适时制主要的薄弱点就是因为没有安全库存，在发生意外的情况下，如供货方发生停工、恶劣天气造成运输中断等，都会使物料无法准时到达，从而导致组织发生工作中断而造成损失。

（6）存货评估

存货评估包括对材料、低值易耗品、在产品、产成品和库存商品的评估。存货核算包括永续盘存制、定期盘存制。CIA 考试中主要掌握发出存货成本的计量。存货有时候需要被调整，主要的原因是“缩水”。

①永续盘存制。在永续盘存制下，原材料和商品采购借记存货，每次销售都包括借记销售成本账户和贷记库存。折扣、进货运费、退货和折让都包括在存货账户中。大多数电算化系统采用的是永续盘存制，因为系统能够瞬间反映出销售成本账户、库存控制账户、所有的库存明细分类账账户的变化。

永续盘存制下的每一种存货成本流转假设都有其不同的计算期末存货和销售成本的方法。举例来说，假设6月，一个组织没有期初存货，采购和销售数据为：

6月7日：采购6 000个单位，单价20美元，剩余6 000个。

6月14日：采购18 000个单位，单价22美元，剩余24 000个。

6月20日：销售12 000个，剩余12 000个。

6月21日：采购6 000个单位，单价23.75美元，剩余18 000个。

组织的可供销售的商品成本是期初存货（0美元）加上本期所有的采购，等于658 500美元。

先进先出法：先进先出法（FIFO）是一种会计假设，即最早期的存货被首先使用或销售，期末存货是由最近的采购构成，这也就意味着这种方法下，所持有的存货是最接近当前成本的。而当期的收入将会匹配较早期的成本，这就违背了配比原则，并可能歪曲了净收入和毛利。但当货物的实际流动遵循了会计方法（不是必须的）的时候，这种方法是适当的。在这种核算方式下，如果遵循了适当的方法，收入就不可能被操纵。

在上述例子中，采用先进先出法时，有关数据如表4-10所示：

后进先出法：后进先出法（LIFO）也是一种会计假设，即最新的采购库存被首先使用或销售，期末存货由最早期的采购构成，也有可能还包括很多年以前的。因此，在通货膨胀的假设情况下，这种方法会低估所持有的存货。国际财务报告准则（IFRS）不允许使用后进先出法，但是公认会计准则（GAAP）是允许使用的。

表 4－10　先进先出法

日期	交易（USD）	成本（USD）	余额计算（USD）	余额（USD）
6 月 7 日	采购 6 000 × 20	= 120 000	6 000 × 20	= 120 000
6 月 14 日	采购 18 000 × 22	= 396 000	（6 000 × 20）+（18 000 × 22）	= 516 000
6 月 20 日	销售（6 000 × 20）+（6 000 × 22）	=（252 000）	12 000 × 22	= 264 000
6 月 21 日	采购 6 000 × 23.75	= 142 500	（12 000 × 22）+（6 000 × 23.75）	= 406 500
可供销售的商品成本－期末存货＝销售成本				
658 500－406 500＝252 000				

在上述例子中，采用后进先出法时，有关数据如表 4－11 所示：

表 4－11　后进先出法

日期	交易（USD）	成本（USD）	余额计算（USD）	余额（USD）
6 月 7 日	采购 6 000 × 20	= 120 000	6 000 × 20	= 120 000
6 月 14 日	采购 18 000 × 22	= 396 000	（6 000 × 20）+（18 000 × 22）	= 516 000
6 月 20 日	销售 12 000 × 22	=（264 000）	（6 000 × 20）+（6 000 × 22）	= 252 000
6 月 21 日	采购 6 000 × 23.75	= 142 500	（6 000 × 20）+（6 000 × 22）+（6 000 × 23.75）	= 394 500
可供销售的商品成本－期末存货＝销售成本				
658 500－394 500＝264 000				

移动加权平均法：在永续盘存制下，平均成本法被称为“移动”平均，以“期间”为权重来平均。移动平均成本法是简单的，使用这种成本方法时，收益也不能被操纵。因为很难具体确定每一个存货的流动，所以就必须运用平均值。使用移动平均法时，每发生一次采购，就会计算一次平均值。平均值运用于任何一笔销售并直至下一笔采购之前（见表 4－12）。

表 4－12　移动加权平均法

日期	交易（USD）	成本（USD）	单位余额	平均成本（USD）	余额（USD）
6 月 7 日	采购 6 000 × 20	= 120 000	6 000	× 20.00	= 120 000
6 月 14 日	采购 18 000 × 22	= 396 000	24 000	× 21.50	= 516 000
6 月 20 日	销售 12 000 × 21.5	=（258 000）	12 000	× 21.50	= 258 000
6 月 21 日	采购 6 000 × 23.75	= 142 500	18 000	× 22.25	= 400 500
平均成本＝（120 000＋396 000）/24 000＝21.50，这是购买新存货之前应用于销售的金额					
新的平均成本＝（258 000＋142 500）/18 000＝22.25					
可供销售的商品成本－期末存货＝销售成本					
658 500－400 500＝258 000					

个别计价法：在个别计价法下，每一项持有的存货或销售都会被单独追踪。这种方法常用于特殊订单，或者低产量，高成本的存货。个别计价法的成本流程和存货的实物

流转是相匹配的。它可以用来操纵净收益，因为卖方可从其他很多相同的库存中选择最高或最低的成本，进而影响期末存货和销售成本。同时，间接成本，如存储或折扣也不易辨认。

假设18 000件期末库存由前两次购买库存中的一半，和6月21日的购买的全部库存组成（意味着6月20日的销售个别鉴定了前两个购买批次中每批次的一半），如表4-13所示。

表4-13 个别计价法

日期	购买件数	成本（USD）	总额（USD）
6月7日	采购3 000	20.00	60 000
6月14日	采购9 000	22.00	198 000
6月21日	采购6 000	23.75	142 500
期末库存	采购18 000		400 500
可供销售的商品成本-期末存货=销售成本			
658 500-400 500=258 000			

②定期盘存制。在定期盘存制下，采购借记采购账户，期初库存成本加上采购账户之和等于可供销售的商品成本。期末存货由期末实物盘点确定，只有这样才能从可供销售的商品成本中减去期末存货计算出产品销售成本。

③调整存货。当因盗窃、错误或故意虚报库存而导致实际的库存数量低于会计数量时，存货就需要被调整。相反时，则表明会计差错或故意掩饰。

当存货由于废旧或其他原因而导致存货价值减损时，就不再以原始成本计价了。相反，它采用成本与市价孰低原则（LCM），成本是指原始成本，而市价是指由市场决定的重置成本或替代成本，低者将成为新的存货价值。

（7）供应链管理

供应链是围绕组织核心，通过对信息流、物流、资金流的控制，从采购原材料开始，制成中间产品以及最终产品，最后由销售网络把产品送到消费者手中的过程。它将供应商、制造商、分销商、零售商直到最终用户连成一个整体的功能网链结构。供应链管理的目标是为客户和其他关键利益相关者创造价值，并有效管理供应链风险，包括供应商本身的可用性或质量水平、供应商提供的产品和服务的风险以及向客户准确提供产品和服务的风险。

①供应链基本要素。以生产企业为例，供应链由供应商、生产商和客户三个实体组成，并由产品流、反向产品流、现金流和信息流四个流程来连接不同实体（见图4-2），具体体现为：

- 供应商提供原材料和服务给生产商，生产商提供产成品和服务给客户，即产品流是正向流动，沿着供应链方向。

• 当原材料或产品涉及维修、回收或处置时，产品流是逆向流动，又称为反向产品流。

• 客户付款给生产商，生产商付款给供应商，即现金流是逆向流动。

• 信息在供应链的不同实体中传递，沿着供应链来回流动。

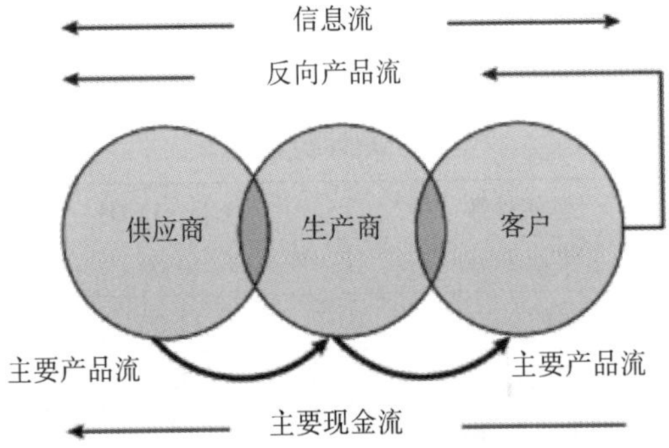

图4－2 供应链流程

②供应链管理关键流程。供应链管理流程用于有效地计划、设计、执行、监控和集成供应链中的每个环节，以便在正确的时间、正确的地点以正确的数量生产和分配产品和服务，最大限度地减少系统范围内的成本，同时满足不同客户的需求。在供应链管理体系中，跨职能和跨组织进行合作的关键流程包括：

客户关系管理：客户关系管理（CRM）流程包括旨在定位客户、评估客户潜在需求以及确定构建和维护忠诚客户群所需产品和服务的活动。建立客户关系管理流程相关的跨职能团队，除了业务人员，可能还包括产品设计、运营、财务和其他领域的代表。团队与内外部客户合作，以确定他们的产品和服务需求，并制定定义这些关系性质的产品服务协议。团队还可以与客户合作，改善订单和交付流程，减少不可预测的需求变化。

供应商关系管理：供应商关系管理（SRM）是一项关键的风险管理活动，因为供应商的行为和道德可能会影响组织的声誉风险和其他风险。寻找可靠和值得信赖的供应商，并确保他们按照完善的治理、风险管理、控制框架和道德规范运营，是供应商关系管理的关键方面。

客户服务管理：客户服务管理涉及在CRM流程中制定的产品/服务协议相关的详细信息。这个流程的核心任务是使客户保持满意度和忠诚度，从而降低市场份额流失的风险。

需求管理：需求管理的目标是保持供需平衡，避免不必要的库存累积或库存短缺风险。一般通过需求预测和跟踪技术来实现管理。

订单完成度：订单完成度不仅涉及组织在正确的时间以正确的数量交付正确的产品或服务，还涉及确定客户需求的能力以及建造寻找、制造和交付产品所需基础设施的能力。客户满意度在很大程度上取决于能否以高质量水平确保订单完成度，同时保持成本效益。

制造流程管理：制造流程管理有助于按时按质量生产所有必需的产品。物流团队要确保在需要时能从供应商处得到供货。销售和运营团队必须制订符合销售和生产需求的计划，并与可用产能保持一致。

产品开发和商业化：产品开发和商业化涉及成功开发新产品或服务，然后进行营销。这取决于与供应商和客户的良好关系。CRM 团队负责确定客户的需求，SRM 团队负责与能够可靠地交付优质材料和零部件的供应商建立关系。研发团队根据制造、物流、采购和销售的需求设计产品或服务。

③供应链管理类型。供应链管理的两个主要模式是纵向一体化（或垂直一体化）和横向一体化（或水平一体化）。

纵向一体化战略是指企业沿着产品或业务链，向前或向后延伸和扩展企业现有业务的战略。从理论上分析，企业采用纵向一体化战略有利于节约与上、下游企业在市场上进行购买或销售的交易成本，控制稀缺资源，保证关键投入的质量或者获得新客户。

不过，企业一体化也会增加企业的内部管理成本，企业规模并不是越大越好。纵向一体化战略可以分为前向一体化战略和后向一体化战略（如图 4 -3 所示）。

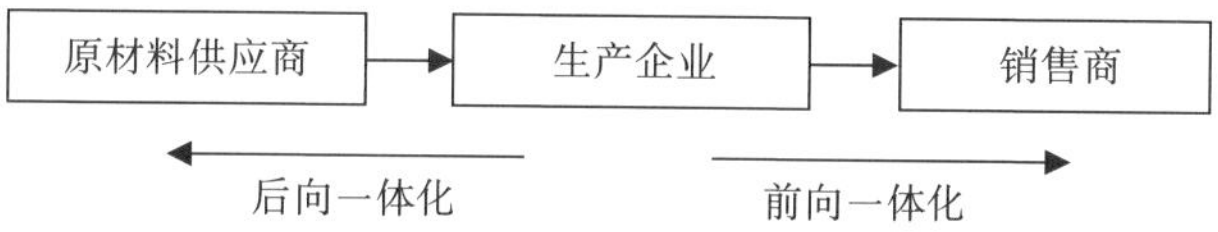

图 4 -3　一体化

横向一体化战略是指企业收购、兼并或联合竞争企业的战略。企业用横向一体化战略的主要目的是减少竞争压力、实现规模经济和增强自身实力以获取竞争优势。

横向一体化战略主要通过以下几种途径实现：

- 购买，即一家实力占据优势的企业收购与之相竞争的另一家企业；
- 合并，即两家相互竞争而实力和规模较为接近的企业合并为一个新的企业；
- 联合，即两个或两个以上相互竞争的企业在某一个业务领域进行联合投资、开发和经营。

（8）战略营销和供应链管理

供应链管理的一个重要组成部分是在国内和全球制定有效的推广和发布战略。这取决于组织能否成功告知客户他们提供的产品和服务，并说服买家、分销渠道商和广大公众选择他们的品牌。

①营销传播组合。营销传播组合是组织用来与其客户、经销商和其他相关受众进行沟通的活动。战略营销是由客户需求驱动的，营销人员通常需要考虑 4C 营销理论的各项要素：

- 客户（customer）。首要关注点是客户的需求。
- 成本（cost）。涉及客户的购买成本，必须考虑客户购买前考虑的所有问题。

• 便利（convenience）。与成本、价值相互关联。例如提供在线订购选项，使购买产品和服务更加方便。

• 沟通（communication）。与客户进行对话。组织必须通过客户的行动和语言了解其需求，而不是直接告知客户需求。

②分销渠道和系统。分销渠道是指某种产品或服务在从生产者向消费者转移过程中，负责传递产品或服务，使其送达最终用户处的，相互关联的组织和个人（见图4-4）。分销渠道包括：生产商、客户、机构买方、营销中介、零售商、批发商（将散装产品拆分成较小的包装以供零售商转售）、代理商（主要存在于国际市场，他们获得生产商的订单，保证订单安全，然后收取佣金）、经销商、直销（从生产商到用户，无须中介）、邮购（因特网和电话）。

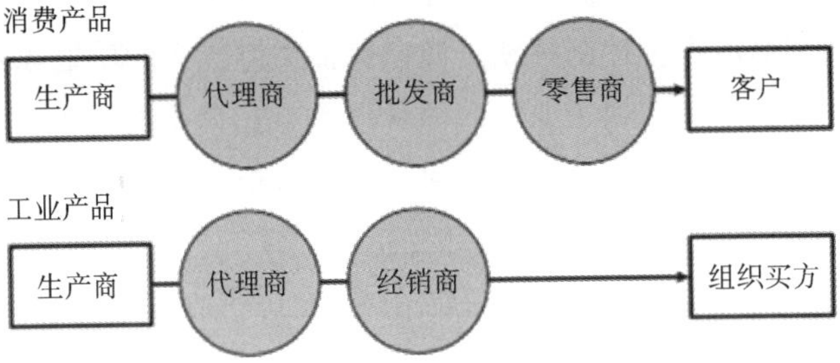

图4-4　常见分销渠道

分销渠道主要包含以下职能：

• 营销中介——减少生产者和最终用户的交易数量。

• 产品库存——帮助满足买方的购买时间和品种偏好。

• 运输——消除买方和卖方之间的地理/位置差距。

• 融资——为货币兑换功能提供便利。

• 加工和存储——将大批量交易分成单独的订单；维护库存和整理订单，以便发货。

• 广告和推广——沟通产品的可用性、位置、功能和优势。

• 定价——建立买卖双方交换的基础。

• 降低风险——提供保险、退货政策和期货交易等机制。

• 个人销售——提供销售、产品信息和支持服务。

• 服务和维修——提供必要的客户支持和服务。

③渠道类型和结构。营销渠道系统是指商品从生产领域转移到消费领域所经过的各个环节和营运通道紧密联合的有机组织体系。组织通常在下列几种分销渠道策略中进行选择：

• 传统营销渠道系统。由生产商、批发商和零售商组成。在进行产品分销的过程中，每个成员作为一个独立的企业实体追求自身利润的最大化。在这个系统中没有一个渠道成员对其他成员拥有控制权。最终导致渠道效率降低，产品销售不畅。

• 垂直营销渠道系统（VMS）。由生产商、批发商和零售商组成的一个联合体。在这个联合体中，某个渠道成员拥有其他成员的产权，或者是一种特许经营关系，或者这个渠道成员拥有相当实力，其他成员愿意合作。VMS 的主导是零售业，在商业、工业和服务领域也越来越受欢迎。

• 水平营销渠道系统。由两个或两个以上没有关联的企业联合起来，共同开发新的营销机会，通过合作，各企业将资产、生产能力或者营销资源结合起来，以达到单一企业不可能达到的经营成果。

• 营销多渠道系统。对同一个或不同的细分市场，采用多种渠道的分销体系，能够增加市场覆盖率，赢得机会调整产品和服务以满足各种消费者细分市场的需要，同时也加大了渠道管理难度。

④影响渠道设计的因素。渠道类型会影响渠道中包含的组织层级数量以及具体的中介类型。在开展渠道设计时，应考虑以下因素：

• 终端用户偏好（客户想要购买产品或服务的地方）。

• 产品或服务特征（复杂性、特征、服务要求等）。

• 生产商的核心能力和资源（较小的生产商有更多的渠道限制）。

• 所需职能（将产品或服务从生产商转移到客户所需的职能，例如存储、运输和维修）。

• 中介的可用性、经验和技能。

拥有不同产品或服务的组织可能会为不同类别的产品选择不同的分销渠道，拥有不同类型客户的组织可能会为不同的客户群体选择不同的分销渠道。这意味着组织拥有多个供应链，每个供应链根据客户的需求和上面列出的其他因素进行设计。

4.1.7 财务管理和筹划

资本结构、资本预算、基本税收制度和转移定价都是对组织有着重大影响的财务、运营事项。本节内容涉及了组织的债务和权益融资决策、重大资产投资和长期发展以及全球税务安排等战略。

(1) 资本结构

资本结构是指企业各种资本来源的构成比例关系，它主要详述了企业通过将现金、权益和债务组合起来为其资产融资的方式。企业可以从两个来源获得资金，即所有者（包括外部投资者）和债权人（包括向企业提供信贷的供应商）。所有者和投资者的资金称为股权融资，例如普通股、优先股和留存收益。借入资金称为债务融资，例如银行贷款或债券，是企业必须偿还的资金，通常包含利息，而不授予所有权权益。

组织通过债务融资的比例越大，其负债率和杠杆率就越高。杠杆率为债务融资占总融资的比率。通常情况下，当货币市场出现问题时，债务融资占比重更大的组织会遇到更多问题，因为它们很难再为资产提供资金。不同类型的资本会为组织带来不同类型的风险。因此，资本结构会影响组织的价值，需要进行大量的分析来确定最优资本结构。

(2) 资本预算

有效的预算体系在组织中起着两个主要作用：规划和控制。预算是一个详细的计划，可以帮助组织应对不确定性和未来挑战。预算必须与组织的战略保持一致，从而实现组织的短期和长期目标。资本投资决策对组织的影响是长远和重大的，而组织的资源是有限的，因此，资本预算在组织的预算体系中显得尤为重要。

①总预算。总预算是整个组织的全面财务计划，它设定一年、一个运营期或更短的时间段内销售、生产、融资等活动的具体目标，通常以现金预算、预算损益表和预算资产负债表为结果。总预算为所有业务制定了量化目标，包括为长期和短期投资筹集必要资本的详细计划。总预算有三个部分：

- 营业预算。明确运营业所需的资源，并关注通过购买或制造方式获取这些资源。
- 财务预算。将资金来源与资金用途相匹配，以实现组织目标。包括现金流入、现金流出、财务状况和营业收入的预算。
- 资本预算。评估和选择需要大量资金并能为组织提供长远利益的项目，是对现金预算和其他财务预算的补充。通常认为资本预算独立于总预算，但一个组织的不同预算都是一个相互关联的系统。

②资本预算过程。管理人员使用资本预算过程来规划组织长期项目的重大支出，这个过程包括三个连续的步骤：

- 确定并定义潜在项目，明确投资项目的界限，了解项目要做什么以及不做什么。
- 评估并选择项目，分析项目在整个生命周期的收益（包括财务和非财务）、成本和现金流。
- 审查和监控所选项目，并根据新进展情况进行调整。

③投资评估分析。为了做出资本投资决策，管理者必须估计现金流的数量和时间，评估投资风险，并考虑项目对组织利润的影响。资本投资决策模型分为非贴现模型（包括回收期法和会计回报率法）和贴现模型（包括净现值法和内含报酬率法），可以指导管理者接受或拒绝潜在的投资。

回收期法：回收期是收回投资所需的时间。对于现金流量保持不变的项目，回收期的计算公式为：

回收期 = 投资额/年现金流量

企业通常对所有投资项目设定一个最大回收期，凡是低于最大回收期的项目才予以考虑。一般来说，回收期越长，未来现金的流量越难以预测，意味着风险越大。

回收期法易于理解和使用，可以帮助经理人：

- 控制与未来现金流量的不确定性有关的风险；
- 最大限度地减小投资对企业的流动性的影响；

- 控制投资项目的过时风险；
- 控制投资对业绩指标的影响。

回收期法的缺点有：

- 忽略了项目生命周期中回收期之后的现金流；
- 忽略了资金的时间价值。

会计回报率法：会计回报率（ARR）是以利润来衡量投资回报，而不是现金流量。公式为：

会计回报率=平均利润/投资额（或平均投资额）

其中：平均利润=年利润合计/总年数

平均投资额=（投资额+残值）/2

通常，企业对外借款时会签订借款合同，借款人为了保证借款的安全，都会在合同中要求企业保持某些财务比率在一定范围以内或某个水平之上，比如利润率、资产负债率等，而这些指标正好受到利润和长期资产水平的影响，因此，ARR 可以帮助经理人过滤投资项目。另外，一般来说，经理人的奖金是与利润挂钩的，他们自然会选择那些 ARR 最高的项目。ARR 考虑到了项目的整个生命周期的利润（现金流），但是仍然忽略了资金的时间价值。

净现值法：净现值（NPV）是现金流入量的现值与现金流出量的现值之差。净现值衡量一个投资项目的赢利能力。当 NPV 是正数时，表明投资项目可以增加企业的财富。

将未来现金折成现值的系数叫做折现率。在净现值法中的折现率是投资所需的回报率，即最低可接受的回报率，也叫折现系数或资本成本。

当净现值为正数时，表明：

- 初始投资被收回了；
- 所需的回报率实现了；
- 获取了超过初始投资和所需的回报率之上的回报。

内含报酬率法：内含报酬率（IRR）是使净现值为零的折现率。内含报酬率是被最广泛采用的一种资本投资评价工具。通常用试算法求得该报酬率，也可以借助电子表软件，如 Excel 中的工具计算。使用 IRR 的一个假设是，每期获得的现金可以以内含报酬率进行再投资，而这一假设在现实中往往是不易达到的。

（3）税收基础

税收政策是指一国政府为实现一定历史时期的任务，选择确立税收分配活动的指导思想和原则，是经济政策的重要组成部分。其主要目的可以概括为：

- 支持自身的运转；
- 影响宏观经济的运行（如利用财政政策）；
- 履行政府职能（如国防和政府服务）；

• 在个人之间或社会阶层之间再分配资源（历史上，富人是由穷人的纳税来支持的，现代社会保险体系是为了用富人的纳税来支持穷人）；

• 调整消费形态或就业（如通过使某类交易更有利可图）。

①税基和税率。纳税人拥有、赚取、花费或继承的收入或财产统称为税基。税收通常按税基的百分比征收。这个百分比称为税率。税率是征税额与征税对象之间的数量关系或比例关系，是指征收的尺度，一般有以下几种：

• 累进税率。按征税对象数额的大小，划分若干等级，每个等级由低到高规定相应的税率，征税对象数额越大税率越高，数额越小税率越低。累进税体系中，税金总额和收入中用来纳税的平均税率都是随着收入增加而增加的。

• 累退税率。与累进税率相反，征税对象数额越大税率越低。因此尽管纳税总额可能上升，但平均税率随着收入的增加而降低。在累退税率下，当收入增加时，税额占收入的比例会更小。

• 比例税率。对同一征税对象不论数额大小，都按同一比例征税。

另外还需要区分边际税率和实际税率。实际税率是纳税总额除以应纳税所得额的总和。边际税率是收入的最后一元（货币单位）的税率。按照累进税率，高收入者的税率越来越高，是其最后一元的收入让其进入了更高的纳税等级。因此，边际税率体现具有纳税等级的累进制度。与此相反，实际税率也被称为平均税率，如果纳税人要缴纳的税是按固定税率而不是按累进税率计算，那么就应该按其交税。

②税收的种类。不同国家的税种及其名称可能不尽相同。常见的税种有：

• 工资和薪金所得税。通常是累进税，税率随着所得而递增。一般采用直接扣缴方式，比如雇主代扣雇员工资收入的所得税。

• 公司所得税。以公司、企业法人取得的生产经营所得和其他所得为征税对象而征收的一种所得税。

• 消费税。一般是针对特定产品或服务征收，如酒、烟、汽车、金银珠宝、高消费的娱乐休闲活动等。

• 销售税。由最终消费者承担的针对货物销售征收的税项，一般由商品销售者代政府向最终消费者征收。并非所有商品都会被征收销售税，大部分基本生活用品是免税的，而贫困阶层收入的大部分正用于这类支出，因此他们所纳的销售税比例较富人更小。

• 增值税。是对创造价值的每个经营活动征收，以投入和产出之间的差额来衡量，相当于销售税的一种。

• 财产税。通常对拥有的财产价值征收，如房地产。可以周期性征收，或在特定事件发生时征收。

• 资本利得税。针对资产出售所得的收益征收。

• 使用税。为特定需求而征收的税，如为保养道路而征收的汽油税。

③税负最小化。在全球经济中，税负最小化策略尤为重要。常用的策略包括：

• 利用所在国税收政策。包括进口、出口、加速折旧及各种税收优惠政策。

• 使用转移定价。在组织内部、不同的境内外公司之间恰当地转移产品或服务，减轻组织整体税负。

• 调整组织结构。包括重组、合并和分拆，以提高组织效率。

• 跨境税收管理。包括跨境重组、并购、合资、外包等手段，实现全球税收最小化，同时充分运用境外融资等手段协助。

(4) 转移定价

大多数组织都具有分散结构的特点，由各个单元（部门、责任中心、跨国机构的分、子公司等）组成一个整体的组织。这些组织在不同单元之间转移商品或服务，通常不是按照市场买卖规则和市场价格进行交易，因此需要考虑转移的商品或服务如何估值的问题。

转移定价是在同一组织内，为不同单元之间转移的产品或服务定价的一套体系。在组织的两个部分之间转移的商品或服务称为中间产品。转移价格影响销售单元（转让方）的收入和购买单元（受让方）的成本，因此在评价不同单元的业绩时需要将转移价格因素一并考虑。转移定价可以在税收筹划中发挥作用，因为它允许组织将收入和利润转移到在低税率的国家或地区的单元，目的是减少组织在全球的总体税负。组织在设定转移价格方面有一定的自由裁量权，但也受到现行税收法律和条约的约束。

①转移价格设定。在设定转移价格时需要考虑三个主要因素：控制、分散规划决策和国际问题。

控制：在一个被划分为多个责任中心的分散型组织中，管理绩效和薪酬通常与责任中心的盈利能力相关联。转移定价是用来为不同责任中心的管理者提供激励和绩效衡量标准，以确保将成本分配给负责成本的业务单元管理者，并确保这些管理者不受其他责任中心管理者使用的转移价格的消极或积极影响。

分散规划决策：组织所使用的转移定价方法应鼓励管理者做出与组织总体目标一致的，购买内部和外部提供产品和服务的决定。“最佳”转移价格的选择会考虑对销售和购买部门激励的影响。转移定价：

• 应向每个业务单元提供必要的相关信息，以确定组织成本和收入之间的最佳权衡。

• 有助于衡量单个业务单元的经济绩效。

• 应简单易懂，易于管理。

国际问题：对于跨国组织而言，转移定价变得更加复杂。转移定价应：

• 尽量减少纳税义务。在两个拥有不同税率的国家之间转移产品或服务时，重要的是确定转移价格，以使总纳税义务最小化。

• 尽量减少征用风险。当一国政府获得外国投资者在该国投资资产的所有权和控制权时，必须采取措施（如限制新的投资和确定转移价格），以便资金尽快撤出该国。

- 尽量减少税收、关税和货币限制。这些内容和其他政治因素将影响跨国组织的运营地点，以及转移定价方法的选择。
- 如果设定转移价格的目的是最大程度地减少税收，则可以结合其他绩效衡量标准。将绩效衡量标准与收入、生产成本和市场份额而不是会计利润联系起来，来激励管理者。
- 遵守所有国家法律法规。

设定转移价格的基础目标是激励管理者以组织整体的最佳利益行事。组织可以选择最适合其结构、目标和长期战略的转移定价方法，综合考虑上述三项因素，从而来平衡该基础目标。

②转移定价模型。组织设定内部单元之间“买入”和“出售”产品和服务的转移价格时，使用的是以下四种常见的转移定价模型：

市场定价模型：市场定价以当前的市场价格确定产品或服务的内部转让价格，是真正的公平交易价格。只有产品或服务存在完全竞争的外部市场时，才可以使用此定价模型，中间产品可能没有市场价格。市场价格有助于各业务单元保持独立自主，迫使销售单元与外部供应商竞争，并且符合税收标准，受税务机关认可。使用此模型的组织应考虑价格调整，以反映减少的销售费用和取消的佣金等支出。

完全成本模型：完全成本模型以销售方的可变成本为起点，然后将固定成本分配到产品或服务的价格当中。在产能过剩的情况下，使用完全成本模型定价会带来高回报。增加固定成本相对容易实施和公平，但是它会改变业务单元的决策过程。即，虽然在内部或外部购买的决策中不应考虑固定成本，但管理者通常会购买成本较低的外部产品或服务，即使内部固定成本仍然会发生。相比可变成本模型，完全成本模型更能被税务机关所接受。

可变成本模型：可变成本模型将转移价格设定为单位的变动成本，或产品或服务的实际成本减去所有固定成本。由于价格低廉，这种方法会降低销售单元的利润、增加购买单元的利润。如果销售单元产能过剩，或者在采购单元可以外购但组织鼓励在内部购买，使用可变成本模型来定价是有利的。税务机关不太支持组织使用这种方法，因为降低利润可能导致低报应纳税所得。

谈判定价模型：谈判定价模型是通过该购买方和销售方（不同业务单元）管理者之间的谈判来设定转移价格。当不同的业务单元存在重大冲突时，可能需要进行谈判甚至仲裁，以使整个组织有效运作。谈判价格迫使购买方和销售方相互谈判来降低双方的自主性，并且受双方各自的谈判能力、信息掌握程度等影响，可能被认为缺乏公平性。该定价模型确定的转移价格可能有潜在的税收问题。

转移定价模型的选择取决于特定组织的具体情况。要考虑的关键因素有：

- 是否有外部供应商？如果没有，也就没有市场价格，则最佳转移价格基于成本或谈判价格。
- 销售方转让产品或服务的变动成本是否低于市场价格？如果不是，则其成本可能太高，购买方更有可能选择从外部采购。

- 销售方是否满负荷运转？即内部购买方的购买行为会不会导致销售单元需要拒绝其他销售机会。如果否，则销售方应以介于变动成本和市场价格之间的转移价格向内部购买方提供产品或服务。

4.2 管理会计

企业会计是一个复杂的信息系统，这个信息系统包括财务会计和管理会计两大领域。在上一节中，我们介绍了有关财务会计方面的基本概念，了解了财务会计通过定期提供财务报告的方式，主要为企业外部的利益相关方服务。而管理会计侧重于为企业的经营管理服务，主要向企业管理者提供与经营决策相关的资料。这种侧重点的不同，是财务会计与管理会计的主要区别。

现代管理会计以现金流动为研究对象，主要运用成本性态分析、本量利分析、边际分析、成本效益分析、折现现金流量分析等一系列专门的分析方法，建立起相应的经济数量模型，为企业决策提供客观的、科学的依据。现代管理会计的主要作用可以概括为：解析过去、控制现在、筹划未来。

4.2.1 成本概念和分类

要了解管理会计，首先需要熟悉成本的基本概念，要注意的是，不同成本的术语以及这些成本的分类和计量方式因组织而异。成本的基本用途有：用于编制外部报告、预测成本行为、为成本对象分配成本以及制定决策等，管理者根据成本不同的使用方式对成本进行分类。

(1) 基本概念

成本是为了达到某种目的而必须放弃的任何资源。成本可以是为购买商品或服务、增加新的负债或放弃资产而支付的钱。它们包括实际（历史）成本和预算（预测）成本。成本对象是任何可以对其应用成本概念，并可运用于确认特定事物或活动成本的对象。包括产品、服务、客户、项目、部门和活动。成本动因（也称为分配基数）指任何与成本有因果关系的因素，例如销售量的增加会影响销售佣金的增加。

(2) 按可辨认性分类

按照成本的发生与特定归集对象之间的联系，可将成本分为直接成本和间接成本两大类。区分直接成本和间接成本的目的，在于将成本分配给其计算对象。

①直接成本。直接成本是指可以明确地追溯到特定归集对象的成本。一个制造业公

司产品的直接成本通常包括直接人工和直接材料成本。服务公司的直接成本可能是提供服务的专业人员的人工成本。

②间接成本。间接成本是指与特定归集对象无直接联系，或者不能判断其归属的成本。一个制造业公司产品的间接成本机械设备的维护成本、公共设施成本以及管理人员的工资。服务公司的间接成本包括其办公设施和隔间的成本。这些间接成本通过合理的估算来分配给成本对象。

（3）按可盘存性分类

按照一定时期内所发生的成本能否计入产品成本，并作为资产结转到下期，可将成本分为产品成本和期间费用两大类。

①产品成本。产品成本是指与制造产品或提供服务直接相关的成本。这些成本被分配到产品中，在产品售出前属于一项资产，在销售时结转至营业成本，反映在利润表上。产品成本可以分为主要成本和转换成本两类。

- 主要成本。是直接人工和直接材料的成本组合。其中直接材料是形成产成品重要部分，且物理上可以进行追溯的材料，直接人工是指容易追溯到单个产品单位的成本。

- 转换成本。包括直接人工和因将材料转化为产成品而发生的制造费用。制造费用包括工厂设备和建筑物折旧、设备维护和维修、公共设施成本、财产税、监工费用以及与生产设施的运营相关的其他费用。

生产商、销售商和服务提供商的产品成本各不相同。对于生产商，只考虑完成产品所需的成本，直接材料、直接人工和制造费用即构成产品成本。销售商购买的商品都是成品，产品成本是为购买产品支付的任何费用。服务公司一般很少或没有存货，如有则根据存货是生产还是直接购进，分别按生产商和销售商的方式处理。

②期间费用。期间费用是指由于无法提供可衡量的未来收益，因而不能被计入产品成本，必须在发生期间内计入费用的所有支出。期间费用包括市场营销或销售费用以及行政性费用。

- 市场营销或销售费用。指确保客户订单和将产品交到客户手中所需的所有费用。包括广告、运输、销售佣金和运输仓库的储存费用。

- 行政性费用。指与整个组织的一般性管理有关的所有执行、组织和文书等费用。例如高管人员薪酬、公共关系费用和秘书费用。

不管是制造企业还是服务企业，对期间费用的管控都有助于组织产生可观的成本节约。

（4）按性态分类

成本性态是指成本总额的变动与业务量之间的依存关系，又称为成本习性。按照成本与产量的依存关系，可以将成本分为固定成本、变动成本和混合成本等。这三种成本模式在大多数组织中都存在。成本性态只在特定的期间、特定的业务量范围内保持稳定。

①固定成本。固定成本是指在一定的产量范围内，其数额不随业务量的变化而发生改变的那一部分成本，是总成本中保持不变的部分。一般包括房屋及设备租赁费、折旧费、保险费、广告费、不动产税、管理人员和行政人员薪酬等。固定成本的特点是相关范围内总额的固定性，如果业务活动发生足够大的改变，超出范围，大多数成本都会产生变化。如对产量的需求超过了现有设备的产能，就需要增加设备，从而增加了固定成本。由于总额固定，单位固定成本会随业务的增加而相应减少。

②变动成本。变动成本是指在相关范围内，其总额随业务量的增减而成比例增减的那一部分成本。一般包括直接材料、直接人工、制造费用中随产量成正比例变动的费用（如物料消耗、燃料支出、动力费等）、以销售量（额）成正比例变化的费用（如销售佣金、装运费、包装费等）。变动成本的特点是，相关范围内，变动成本总额与业务量成正比例变化，单位变动成本在业务量变化时保持不变。存在两种极端情况，在低水平的生产中，很多资源可能没有得到充分或最有效的利用；在高生产水平下，收益递减会导致变动成本加速增长。

③混合成本。混合成本是指其性态介乎固定成本和变动成本之间，数额随业务量变动而变动，但又不成比例变动的那一部分成本。其特点是同时包含变动成本和固定成本双重性态，且成本总额随业务量变动但不成比例变动，具有跳跃性、延期性等。

(5) 完全成本法和变动成本法

国际上在计算产品或存货成本时，并存着两种方法，即变动成本法和完全成本法。变动成本法是管理会计中广泛应用的成本计算方法，又称直接成本法。完全成本法是传统的成本计算方法，目前仍有一些国家（如美国等）在使用。

①完全成本法。完全成本法又称吸收成本法，强调的是制造成本和非制造成本的差异。制造成本由直接材料、直接人工、变动制造费用和固定制造费用组成，制造成本最终会结转到产品成本。因此，存货“吸收”了所有的制造成本。非制造成本由销售费用、管理费用和财务费用组成，作为期间费用直接计入当期损益。

采用完全成本法时，所有制造费用都被列入存货的成本，存货成本在已售产品、库存的产成品和在产品之间分配，因此期末库存产成品和在产品存货中均包含了变动制造费用和固定制造费用，导致这部分存货计价更高。当本期生产量大于销售量（即库存增加）时，按完全成本法确定的净收益要大于按变动成本法确定的净收益，因为在完全成本法下，固定制造费用大量保留在期末库存中，未能结转至当期销售成本，能够递减当期销售收入的部分也就更少，从而导致了更多的净收益。

完全成本法的优点是：

- 可以鼓励企业提高生产积极性。因为产量越大，单位产品所分摊的固定成本就越少，使得单位产品的成本随之降低。

- 大部分会计师认为它能更好地将成本与收入相匹配。

完全成本法的局限性在于：

- 给了管理者仅通过增加产量来操纵营业收益的空间。
- 如果奖金或其他激励与收益挂钩，将进一步刺激管理层增加库存，即使不存在额外需求。
- 鼓励管理者生产能够吸收最高固定制造费用的产品，而不是对公司最有利的产品。

②变动成本法。变动成本法又称可变成本法，强调的是变动成本和固定成本的差异。将直接材料、直接人工和变动制造费用最终结转到产品成本。固定制造费用、销售费用、管理费用和财务费用作为期间费用直接计入当期损益。

采用变动成本法时，仅变动制造费用被列入存货的成本，存货成本在已售产品、库存的产成品和在产品之间分配，因此期末库存产成品和在产品存货中仅包含变动制造费用，未包含固定制造费用，导致这部分存货计价更低。当本期生产量小于销售量（即库存减少）时，按变动成本法确定的净收益要大于按完全成本法确定的净收益，因为在变动成本法下，随着更多的存货出售和结转成本，由于成本中不包含固定制造费用，其结转的成本少于按完全成本法结转的成本，导致了更多的净收益。

变动成本法的优点是：

- 降低管理者在产品生产种类方面的决策自由度；
- 纠正不恰当的管理激励措施，抑制库存累积；
- 更容易估计产品、客户和其他业务细分领域的盈利能力；
- 更好地与各种成本控制方法配合，如标准成本和弹性预算。

变动成本法的局限性在于：

- 不符合传统成本概念的要求；
- 所确定的成本数据不符合通用财务报表编制的要求；
- 所提供的成本资料较难适应长期决策需要。

目前，在企业内部大多采用变动成本法计算产品成本，编制内部报表，为企业管理部门进行预测、决策、规划和控制提供资料。但向企业外部的利益相关方披露财务信息时，一些国家（如美国和其他西方国家等）对存货的计价和收益的计算仍然以完全成本法为基础，并按照 IFRS 和 GAAP 编制财务报表。因此，企业会计为更好地履行对内、对外两方面职能，对这两种方法可以同时使用、互为补充。

4.2.2 成本计量和分配

成本计量（分配）系统将成本应用于适当的产品、工作或服务。计量和分配成本的方法有实际成本法、正常成本法和标准成本法（见表 4 - 14）。

表4-14 不同方法的成本项目计量比较

成本计量（分配）方法	直接材料	直接人工	制造费用
实际成本法	实际	实际	实际
正常成本法	实际	实际	预算
标准成本法	标准	标准	标准

(1) 实际成本法

实际成本法按产品消耗的实际直接材料、直接人工和间接费用计量和分配成本，需要等到会计期末，根据记录的各项实际金额来确定成本。实际成本法的好处是精确，但这种过于严格的方法很少被使用，因为其局限性远大于好处：

- 无法及时提供准确的单位成本信息。实务中某些单据、发票要跨月份甚至跨年度之后才收集齐。
- 在间接费用的分配上存在困难。产生间接费用的项目（财产税、组织员工的工资、保险费等）与直接材料、直接人工无法产生直接联系。
- 由于每一期生产（或提供服务）的单位数量不同，但固定成本不随这些变化而变化，因此实际成本计算法使每一期间相同的产品的单位成本不同。

(2) 正常成本法

正常成本法按产品消耗的实际直接材料、直接人工，并按设计能力计算的预计间接费用计量和分配成本。与实际成本法相比，采用正常成本法有助于组织及时了解产品成本，即通过分配率计算间接成本后，与实际材料和人工成本汇总，可快速确定项目成本；也有助于组织减少间接费用率的波动，使不同期间相同产品的单位成本比较稳定。具体方式为：

- 全年分配间接费用。预计间接费用 =（预算年度间接费用/预算活动量）×实际活动量。
- 年末比较实际与分配的间接费用。如差异不大，可以直接调整当期销货成本；如差异重大，需要将差额在本期在产品、产成品、销售成本之间按比例分摊。

(3) 标准成本法

标准成本法按产品消耗的直接材料、直接人工和间接费用的定额标准计量和分配成本。标准成本是特定成本对象的预期成本或目标成本。在标准成本法中，数量标准是每单位产出所需要的投入量，价格标准是与所使用投入量对应支付的金额。单位标准成本的计算方法是将这些标准相乘，即：

单位标准成本 = 数量标准 × 价格标准

制定标准是组织运营、采购、人事和会计等职能的共同责任。可以参考历史数据、组织政策、市场预期、战略、时间和动态研究以及活动分析来设定标准。标准是衡量绩效的基准或规范，可以设定在组织目前可达到的水平，或设定一个更理想的水平，以鼓励更高水平的业绩表现。

标准成本法的优点包括：

- 简化产品成本计算，大大提高效率。
- 可以通过比较标准成本与实际成本，计算和分析成本差异，揭示成本差异动因，进而实施成本控制，评价经济业绩。
- 可以根据新数据及时调整变化。

标准成本法的局限性包括：

- 标准的设置不一定合理。
- 一般适用于产品及生产条件相对稳定，或生产流程与工艺标准化程度较高的组织。

4.2.3 成本核算

对企业来讲，成本通常可概括为达到特定目的所耗用或放弃的资源。企业成本管理是经营管理的核心内容之一，加强成本控制、强化成本管理对于提升企业实力、防范经营风险、提高市场竞争力等具有重大意义。通过本节的介绍，我们应能了解产品成本分配过程、掌握主要的成本计算方法，熟悉作业成本管理和成本控制的相关概念。

(1) 产品成本分配

成本核算是指对企业实际发生的各种费用进行归集和处理的过程。以制造业企业为例，成本核算过程中需要将基本生产费用和辅助生产费用进行归集和分配，确认当期发生的各项生产费用（与期间费用作出区分），并将生产费用和期初的在产品进行汇总，将其在当期完工产品和期末在产品之间进行分配。

①基本生产费用的归集和分配。在企业的生产活动中，需要耗用大量人力物力。消耗的材料有的用于产品生产，有的用于构建和维护资产设备、组织和管理生产等，其中应计入产品成本的生产用料，需要按照成本项目对材料费用进行归集。直接从事产品生产的员工，其职工薪酬需要计入产品成本的直接人工项目。外购的动力费用（如电力、蒸汽等），也应分别按用途和使用部门分配。

企业各生产部门为组织和管理生产而发生的各项间接费用，包括工资、折旧、修理、办公费等，按其用途和发生地点，先归集到制造费用项目，再采用合理的分配方法计入各种产品生产成本。

②辅助生产费用的归集和分配。组织的部门可以分为生产部门和支持部门，将支持部门中与生产有关的成本费用分配到适当的生产部门和产品，通常采用以下三种分配方法：

• 直接分配法。直接将各支持部门发生的费用分配给支持部门以外的各受益部门和产品。变动成本按受益部门使用的服务成本占支持部门全部服务成本的比例分配，固定成本则按受益部门常规或可用生产能力分配。

• 顺序分配法。这种方法认为支持部门之间存在相互提供服务的情况，人为地将提供服务的部门划分层次，从上层到下层逐步分配服务成本，直到最终分配给生产部门。

• 交互分配法。这种方法认为支持部门之间存在相互提供服务的情况，因此需要进行两次分配。即，先在各支持部门之间进行一次交互分配，计入各支持部门总成本，再将一次分配后的支持部门总成本按各生产部门使用服务的情况分配给相应的生产部门。

③完工产品和在产品的成本分配。期末时，生产费用在完工产品和在产品之间分配。分配方法包括约当产量法、定额比例法、定额成本法等。其中约当产量法适用范围较为广泛，当期末在产品数量较大，且各期数量变化也较大，不宜采用其他方法时，适合采用约当产量法。约当产量法具体分为加权平均法和先进先出法。

• 加权平均法。加权平均方法计算部门生产的约当产量，使用的是转移到下一个部门或产成品的单位数加上该部门期末在产品库存中的约当产量。上一期间结转的工作和成本按属于本期工作和成本来计算。将期初与当期库存相关工作和成本合并，计算平均单位成本，并将其应用于转出存货和期末留存的存货。在这种方法下，产品生产何时开始并不重要。所有在同一期间完工的产品或期末在产品均按相同方式处理。加权平均法只考虑一个期间结束时产品的状况。具体公式如下：

在产品约当产量 = 在产品数量 × 完工程度

$$单位成本（分配率）=\frac{月初在产品成本+本月发生的生产费用}{本月完工实际产量+月末在产品约当产量}$$

完工产品成本 = 本月完工实际产量 × 单位成本

月末在产品成本 = 月末在产品约当产量 × 单位成本

加权平均法将上期工作和成本与当期工作和成本相结合。这种方法更容易使用，其计算过程更简单，适合库存和制造成本较为稳定的情况下使用。但在计算当期产出的单位成本和期初在产品的单位时准确性较低。

• 先进先出法。先进先出法只使用当前期间发生的成本和完成的工作来计算单位成本。这种方法将期初库存存货作为与同一时期内投入并完工的存货区分开来的一批货物，并假定在产品库存都在本期结束前先完成。先进先出法单独核算上期开始的单位成本，这项成本通过期初在产品库存计入本期。与加权平均法不同的是，先进先出法关注期初和期末的产品状态。根据定义，期初在产品库存将始终处于部分完成状态，否则它会被转移到下一个部门。因此，先进先出法的目标是获得该期间内完成项目以及期末时在产品库存中剩余项目的正确成本。具体公式如下：

月初在产品约当产量 = 月初在产品数量 ×（1 - 已投料比例或已完工程度）

本月投入本月完工产品数量 = 本月全部完工产品数量 - 月初在产品本月完工数量

月末在产品约当产量 = 月末在产品数量 × 本月投料比例或完工程度

本月生产约当产量 = 月初在产品约当产量 + 本月投入本月完工产品数量 + 月末产品约当产量

$$单位成本（分配率） = \frac{本月发生的生产费用}{本月生产约当产量}$$

完工产品成本 = 月初在产品成本 + 月初在产品约当产量 × 单位成本 + 本月投入本月完工产品数量 × 单位成本

月末在产品成本 = 月末在产品约当产量 × 单位成本

在先进先出法中，当产量和单位成本仅与当期完成的工作有关，将前期和当期单独区分开来。如果从一个期间到下一个期间，材料、人工、制造费用等投入价格发生变化，则产生更新的单位成本。这种方法与持续改进工作更紧密地联系在一起，使管理层能够更好地控制成本和开展绩效评估。缺点是计算生产约当产量的公式比加权平均法更复杂。

（2）产品成本计算方法

生产成本归集和分配，应当按照成本的计算对象编制成本计算单，并选择一定的成本计算方法计算出各种产品的总成本和单位成本。企业可以根据自身生产经营的特点、组织类型和管理要求，确定成本计算方法。产品成本计算的基本方法有品种法、分批法和分步法。

①品种法。品种法是指以产品品种为成本计算对象，计算成本的方法，在产品成本计算中是最基础的一种方法和程序。品种法适用于两种类型的企业：一种是大量大批的单步骤生产企业，无法从生产技术上划分步骤，从原材料投入到产出产品的全过程都只在一个车间内完成；另一种是按流水线组织的生产、管理上不要求按生产步骤计算产品成本的多步骤生产企业。常见例子有发电、供水、采掘、玻璃制品和水泥生产等。

品种法下的成本计算期与会计核算报告期保持一致。如果企业只生产一种产品，全部生产费用直接计入该产品成本项目；如果生产多种产品，则需要对间接费用采用适当方法分配到各成本计算对象。如果月末有在产品，还要将生产费用在完工产品和在产品之间进行分配。

②分批法。分批法又称订单法，是指以产品批别为成本计算对象，计算产品成本的方法。分批法主要适用于单件小批生产类型的成本计算，产品通常按照客户的特殊订单生产，产品之间的差异大，成本被分配到一件具体的产品或一小批产品上，按每一批订单来单独归集成本数据。常见例子有造船、重型机械、精密仪器、新产品试制、设备修理等。

分批法下的成本计算期与特定的产品生产周期（从投产到完工）基本一致，而与会计核算报告期不一致。使用以下步骤为各个批次或各个订单分配成本：

- 通过唯一代码或其他特定日期的参考方法来识别订单；
- 追踪订单的直接成本；
- 确定与订单相关的间接费用；
- 选择用于为订单分配间接费用的成本分配基础（成本动因）；
- 计算每个成本分配基础的每单位费率；
- 添加所有直接和间接费用为成本对象分配成本。

分批法一般不涉及完工产品和在产品之间分配费用的问题，但如果出现同一批产品跨月陆续完工的情形时，为了提供月末完工产品成本，需要将归集的生产费用分配计入完工产品和期末在产品成本。

③分步法。分步法是指按照产品的生产工序、生产步骤计算产品成本的方法。分步法适用于大量大批的多步骤生产类型的成本计算，多步骤的含义是技术上可以划分为若干个生产步骤，且管理上要求按照生产步骤计算成本。采用分步法的企业产品之间差异不大，产品比较普通，产品生产按工序来组织，每个生产工序的成本单独归集并汇总，如食品生产、石油精炼、纺织、冶金等企业。

分步法下的成本计算期与会计核算报告期保持一致，月末要在完工产品和在产品之间分配生产成本。分步成本核算的关键是编制生产报告，具体步骤如下：

- 分析生产单位的实物流程。确定期初在产品库存、当期进入生产部门的所有生产单位、已完成并从部门转出的单位、期末处于在产品库存的单位。
- 确定当期总生产支出。通过计算直接材料、直接人工和制造费用的约当产量来衡量。
- 确定要计算的总成本。包括当期发生的生产成本、期初在产品库存中各单位的成本。
- 计算单位成本（分配率）。根据总成本、直接材料、直接人工和制造费用进行计算。
- 分配总成本。将成本分配给当期完成和转出以及期末的在产品单位。

（3）作业成本法（ABC）

随着技术的进步和管理水平的提高，传统的成本会计逐渐难以适应新形势的要求。以产量或工时为基础的传统分配方法，导致产品间接费用和辅助费用的分配越来越不准确。为解决类似问题，理论界和实务界共同推出了作业成本法。

作业成本法是指通过对所有作业活动进行追踪，将所发生的成本费用按成本动因归集和分配的一种成本计算和管理方法。作业成本法的基本思路是：作业消耗资源、产品（或服务）消耗作业。这样，作业成本法就以作业成本的核算追踪了产品形成和成本积累的过程。和传统成本法相比，在作业成本法下，间接成本（如制造费用等）首先分配到有关作业，计算出作业成本，然后再将每一作业成本分配到有关产品。这样可以尽量减少不准确的分配，提供更加真实、准确的成本信息。作业成本法可与品种法、分批法和分步法结合起来运用，一般适用于制造费用在产品成本中占比较大，且产品多样化程度高的组织。

①作业成本相关概念。作业成本法中涉及的相关概念如下：

作业：指企业中特定组织（如成本中心、部门或产品线）重复执行的任务或活动。例如材料采购合同签订、材料运输、材料检验、入库保存等。每一项作业，都是针对加工或服务对象重复执行特定的活标准化的活动。

作业中心：指执行某一特定作业的单位，是由若干个相互关联的具体作业组成的作业集合。例如对材料进行质量检验的质检中心。

资源：指作业耗费的人工、材料和实物资产（设备和厂房等）。执行任何一项作业都需要耗费一定的资源。

资源成本动因：是引起作业成本增加的驱动因素，用来衡量一项作业的资源消耗量。根据资源成本动因，可以将资源成本分配给各有关作业。例如，在材料移动作业中，资源成本动因是搬运次数、搬运距离和材料重量。

作业成本动因：是衡量一个成本对象（产品或服务）需要的作业量，是产品成本的驱动因素。作业成本动因计量各成本对象耗用作业的情况，并被用来作为作业成本的分配基础。

②作业成本法原理。根据“作业消耗资源、产品（或服务）消耗作业”的基本思路，作业成本法把成本计算过程划分为两个阶段：第一阶段，将作业执行中耗费的资源分配到作业，包括资源动因追溯和间接分配，计算作业的成本；第二阶段，将第一阶段计算出的作业成本分配到各有关成本对象，包括作业动因追溯和分配（见图 4 – 5）。

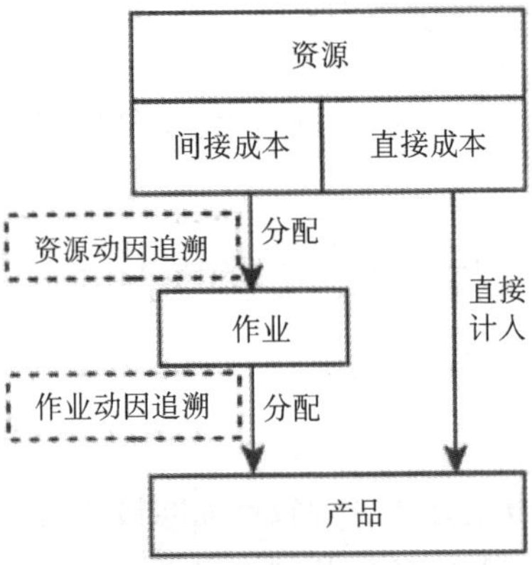

图 4 – 5　作业成本法

③作业成本法过程。实施作业成本法有三个关键步骤：

第一步：确定作业和资源成本。通过作业分析确定每项作业执行的工作，并将其组织到作业中心和各作业成本库。常见的作业成本库如表 4 – 15 所示：

表 4 - 15　作业成本库

种类	说明	举例
单位级作业成本库	基于数量和单位	直接材料、直接人工
批次级作业成本库	同时服务于每批产品的作业	成批采购、产品检验
品种级作业成本库	服务于某种型号或样式产品	产品设计、工艺改造等
生产维持级作业成本库	服务于整个工厂	行政管理、安保、维修等

第二步：为作业分配资源成本。资源成本借助资源成本动因分配到各项作业的前提是资源成本动因和作业之间一定要存在因果关系。常见的资源成本动因如表 4 - 16 所示：

表 4 - 16　资源成本动因

作业	资源成本动因
一般和行政作业	增值
清洁作业	平方米
生产订单作业	订单数量
机器运作作业	机器时间
安装作业	安装小时

第三步：将作业成本分配给成本对象。确定作业成本后，先根据作业成本动因计算单位作业成本。常见的作业成本动因有业务动因，持续动因和强度动因。业务动因是以执行的次数作为作业动因；持续动因是以执行一项作业所需的时间标准作为作业动因；强度动因是将作业执行中全部资源单独归集，并将其直接计入特定产品。再根据作业成本量计算成本对象负担的作业成本。公式为：

单独作业成本 = 本期作业成本库归集总成本 ÷ 作业量。

④优点和局限性。成本作业法的优点包括：

- 成本计算更准确，减少传统成本分配方法造成的扭曲；
- 成本控制与成本管理更有效，有效消除非增值作业（如对不合格产品进行返工等），提高增值作业效率（如为生产产品购买材料等）。

成本作业法的局限性包括：

- 成本动因数量越多，开发和维护费用越高；
- 作业成本法计算出的产品成本包含了部分非制造费用，不符合对外财务报告要求；
- 确定成本动因比较困难，因为间接成本并非都与特定的成本动因相联系。

（4）其他成本核算方法

在传统成本核算和作业成本核算中间，还有其他强调成本核算过程不同方面的方法。其中两项是营业成本核算和生命周期成本核算。

①营业成本核算。营业成本核算方法是包含了分批法和分步法要素的混合成本核算方法。这种方法是为每个批次或组别分配直接材料，并以类似于分步法的方式分配直接人工和间接费用。对于需要大批量作业的相似流程，且需要为不同订单或批次使用不同材料的组织，营业成本核算非常有用。例如服装、珠宝、家具、鞋子和电子产品。

②生命周期成本核算。生命周期成本核算考虑产品或服务的整个成本生命周期，将总成本分为三个阶段：

- 上游成本。如研发和设计（原型、测试和工程）。
- 制造成本。如采购成本、其他直接和间接制造成本。
- 下游成本。如营销、配送、服务和保修成本。

生命周期成本核算将战略重点放在改善所有三个阶段的成本上，使管理者能够更全面地了解和降低产品或服务的总成本，而不是将分析限制在制造成本中。管理者在早期阶段积极主动介入，改进上游阶段，有助于避免在下游阶段产生更不利的影响。

4.2.4 成本分析

企业领导者使用成本效益和本量利分析来帮助做出关键决策。然而，每一种分析都有特定的目的，并有助于规划和管理决策的不同方面。在正确的时间使用正确的分析方法可以对运营的效率和效果产生巨大的影响。

(1) 成本效益分析

成本效益分析包括定量和定性因素，是一种制定业务决策的管理分析方法，它评估拟议行动的积极和消极后果，量化所有的积极因素（收益）并减去所有的消极因素（成本），两者之间的差异表明计划的行动是否可取。当大部分成本和收益都可以用财务术语来表示时，通常效果最好，因为这样就更容易进行比较。成本效益分析成功的关键是确保涵盖所有的成本和收益，并正确地进行量化。

这种类型的分析试图预测一次行动的财务影响和其他业务后果，它可以识别以下内容：

- 有形收益；
- 无形收益；
- 成本规避（消除未来成本）。

总体来说，成本效益分析是用于在具体行动的收益和成本之间找到一个平衡点。

(2) 本量利分析

本量利分析是成本—业务量（产量或销售量）—利润依存关系分析的简称，它以变动成本计算为基础，研究固定成本、变动成本、销售量、单价、利润等因素之间的内在规律性的联系，为会计预测决策和规划提供必要的财务信息的一种定量分析方法，同时也为企业改善经营管理，进行经营决策提供参考。

①基本模型。本量利分析以收入、成本和利润三种因素之间的关系模型为基础，它以一种可预测的方式跟踪这几项因素如何随着业务量的变化而变化。具体的公式推导如下：

营业利润 = 营业收入 - 总成本

= 营业收入 - 变动成本 - 固定成本

= 单价 × 销量 - 单位变动成本 × 销量 - 固定成本

②相关假设。本量利分析需要以下基本假定为前提条件，才能方便地使用简单的数学模型或图形来揭示成本、业务量和利润等因素之间相互依存的规律性：

- 总体假设。企业的全部成本可以合理地或比较准确地分解为固定成本和变动成本。
- 相关范围假设。对特定期间范围内以及一定业务量范围内，各项因素变化的分析和计量。
- 线性假设。固定成本不变；变动成本与生产量呈完全线性关系，单位变动成本不会发生变化；销售收入与销售数量呈完全线性关系，单价不会发生变化。
- 产销平衡假设。企业生产的产品总能销售出去，即生产量等于销售量。
- 品种结构不变假设。拥有多种产品的情况下，销售组合（销售产品相对比例）不变。

③边际贡献及相关分析。边际贡献又称贡献毛益，是指产品销售收入扣除变动成本后的余额。与边际贡献相关的数学表达式包括：

营业利润 = 边际贡献 - 固定成本

边际贡献 = 营业收入 - 变动成本

= 销量 × （单价 - 单位变动成本）

= 销量 × 单位边际贡献

= 销售收入 × 边际贡献率

边际贡献率 = 边际贡献 ÷ 销售收入 = 单位边际贡献 ÷ 销售单价

变动成本率 = 变动成本 ÷ 销售收入 = 单位变动成本 ÷ 销售单价

边际贡献率 + 变动成本率 = 1

从以上公式可以发现，边际贡献首先应当用于补偿固定成本，之后还有剩余的方能为企业提供利润，如果边际贡献不足以补偿固定成本，企业将发生亏损。边际贡献取决于销售单价与单位变动成本的高低，提高边际贡献的途径需提高销售单价，降低单位变动成本。边际贡献率与变动成本率是互补的，边际贡献率高的企业，变动成本率就低，创利能力强；相反，边际贡献率低的企业，变动成本率就高，创利能力弱。

④盈亏临界点。盈亏平衡分析的关键是确定盈亏临界点，在盈亏临界点的销量下，企业的销售收入与销售成本相等，不盈利也不亏损。当销量高于盈亏临界点销量时，企

业将获得盈利；而销量低于盈亏临界点销量时，企业将发生亏损。所以，盈亏临界点实际上就是企业的保本点。可以通过基本模型公式或边际贡献相关公式计算确定盈亏临界点：

营业收入－变动成本－固定成本＝0

即：（单价－单位变动成本）×销量－固定成本＝0

可得：

盈亏临界点销量＝固定成本÷（单价－单位变动成本）

＝固定成本÷单位边际贡献

盈亏临界点销售额＝盈亏临界点销量×销售单价

＝固定成本÷单位边际贡献×销售单价

＝固定成本÷边际贡献率

盈亏临界点及本量利关系图有两种呈现方式，一种是基本的本量利关系图（见图4－6），另一种是边际贡献式本量利关系图（见图4－7）：

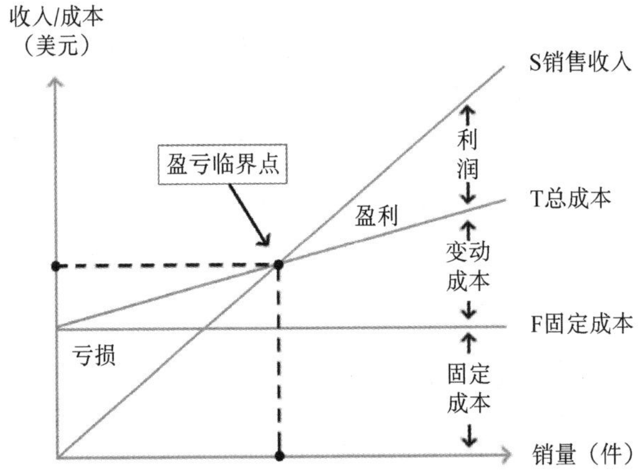

图4－6　基本的本量利关系图

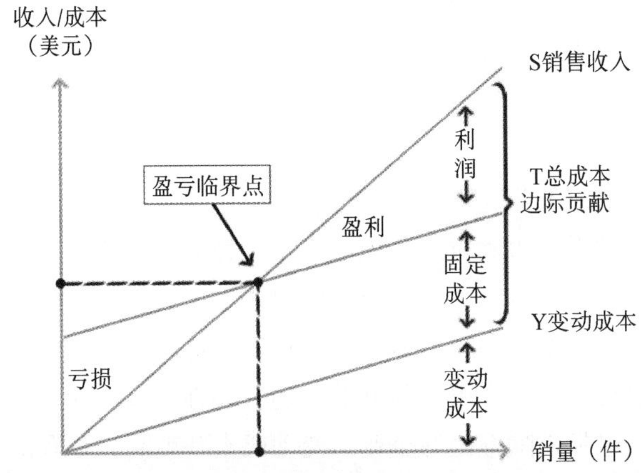

图4－7　边际贡献式本量利关系图

⑤本量利分析其他应用。本量利分析有多种决策应用场景，包括为产品和服务定

价、引入新产品或服务、更换设备、决定是否生产或购买特定产品或服务，以及执行战略性的假设分析。其他用途包括：

- 确定必须卖出多少产品才能达到目标营业收入或目标利润水平；
- 确定利润对成本或产量潜在变化的敏感性；
- 使用加权平均边际贡献计算两个或两个以上产品的盈亏平衡点。

4.2.5 成本决策

成本决策属于企业的短期经营决策，是指依据掌握的各种决策成本及相关数据，对各种备选方案进行分析比较，从中选出最佳方案的过程。管理人员需要区分相关和不相关的成本，并正确运用相关成本来分析备选方案，提高成本决策的准确性。

(1) 成本决策相关概念

成本决策需要运用一系列独特的成本概念，来分析和评价有关经济方案的效益，其中运用的成本概念有：

①相关成本。相关成本是指与决策相关的成本，其随着决策的变化而变化，在分析评价决策时必须加以考虑。相关成本在各个备选方案之间应该有所不同，所有备选方案中，同样发生的那部分成本或者收益对决策不会产生任何影响，不应考虑。决策是面向未来的，而不是过去。与之相关的成本，也只能是未来将要发生的成本。常见的相关成本有：差别成本、机会成本、边际成本、重置成本、专属成本等。

差别成本：又称差量成本和差额成本，指可供选择的决策备选方案之间预期成本的差额。不同备选方案的经济效益，一般可通过差量成本的计算明显地反映出来。

机会成本：指在经济决策过程中，因选取某一方案而放弃另一方案所付出的代价或丧失潜在的利益。机会成本并非实际的支出，但在决策时应作为一种选择成本加以考虑和决策。

边际成本：边际成本是指增加或减少一单位的产量而发生的成本变动量。在经营决策中，边际成本用来判断产量的增减在经济上是否可行。一般来讲，当企业有剩余的生产能力时，只要增加产量的销售单价高于单位边际成本，对企业来讲就是有利的。

重置成本：重置成本是指按照当前市场条件，重新取得已拥有的某项资产所需要付出的代价。在企业进行定价决策时，必须考虑重置成本，以便在经济决策时谨慎选择对企业最为有利的方案。

专属成本：可以明确归属于某个产品种类、某个批次或某部门的固定成本。例如专门为了生产某种零件而建造的产房、购置的机器等。

②不相关成本。不相关成本指与成本决策没有关联的成本。不相关成本或者是过去已经发生的成本，或者是虽未发生，但因与各种替代方案数额相同而对未来决策没有影响，在决策时不考虑。常见的有沉没成本，不可避免成本等。

沉没成本：指在过去发生的，现在和未来决策无法改变的成本。沉没成本不是相关成本，在制定业务决策时应该忽略。

不可避免成本：指某项决策无论其是否做出均无法改变其数额的成本。比如在一定的生产能力范围内，机器的折旧费用是固定不变的，所以是不可避免的支出。

(2) 成本在生产决策的应用

生产决策主要针对企业短期内是否生产、生产什么、怎样组织生产等问题进行相关的决策。典型的生产决策包括零部件自制还是外购的决策、特殊订单是否接受的决策、半成品是直接销售还是进一步深加工后再出售的决策、亏损产品是否需要停产的决策等。

①自制或外购决策。零部件是自制还是外购，需要比较两种方案的相关成本，选择成本较低的方案。在决策时，还需考虑企业是否有剩余生产能力。若是，只需考虑变动成本即可；若否，需要追加设备投资，则新增加的专属成本也属于相关成本，同时还需考虑剩余生产能力的机会成本等。以下为三种常见的情形分析：

a. 有足够的剩余生产能力，无须追加专属成本，且剩余生产能力无法转移：自制的变动成本 < 外购的相关成本，则选择自制。

b. 剩余生产能力可以转移，其他条件同 a：自制的变动成本 + 剩余生产能力的机会成本 < 外购的相关成本，则选择自制。

c. 剩余生产能力不足，且需追加专属成本，其他条件同 a：

- 若自制与外购只能选择其中一项：自制的变动成本 + 专属成本 < 外购的相关成本，则选择自制。
- 若自制与外购可以相结合：自制的变动成本 < 外购的相关成本，先将剩余生产能力用于自制，剩下的再比较决策。

②特殊订单决策。特殊订单的价格有时会低于市场价格，甚至低于平均单位成本。在决策时，需要考虑该订单提供的边际贡献能否覆盖订单产生的相关成本。只要能够覆盖相关成本，则可以接受该特殊订单。以下为四种常见情形分析：

a. 剩余生产能力可以完成特殊订单，无须追加专属成本，且剩余生产能力无法转移：当特殊订单单价 > 该产品的单位变动成本，则可以接受该特殊订单。

b. 相关剩余生产能力可以转移，其他条件同 a：应将转移剩余生产能力的可能收益作为特殊订单的机会成本予以考虑，当边际贡献 > 机会成本，则可以接受特殊订单。

c. 特殊订单需追加专属成本，其他条件同 a：当边际贡献 > 追加的专属成本，就可以接受特殊订单。

d. 剩余生产能力不能完成特殊订单，其他条件同 a：应将减少的正常边际贡献作为特殊订单的机会成本予以考虑，当边际贡献 > 机会成本，则可以接受特殊订单。

③销售或进一步深加工决策。进一步深加工前的半成品发生的成本，属于沉没成本，是不相关成本。因为无论是否进一步深加工，这些成本都已经发生而无法改变。相

关成本只应包括进一步深加工所需的追加成本，相关收入为加工后出售和半成品直接出售的收入之差。只要相关收入能覆盖相关成本，即差额利润大于0，则选择进一步深加工决策；否则，选择直接销售决策。

④保留或放弃决策。对于亏损的产品或者部门，是选择保留还是放弃，取决于该产品或部门能否给企业带来正的边际贡献。如果企业的亏损产品能够提供正的边际贡献，就应该选择保留；否则，选择放弃决策。

4.2.6 责任会计

随着现代企业规模不断扩大，组织结构和管理层级日趋庞大和复杂，传统的集权制管理已难以跟上企业的发展步伐。为了适应外部市场变化和内部沟通的需要，管理模式逐渐向分权制转变。公司实施分权管理体制，必须建立和健全有效的业绩评价和考核制度。公司整体的业绩目标需要落实到内部各部门和单位，成为内部单位业绩评价的依据，责任会计便应运而生。责任会计是企业的一种内部管理制度，也是管理会计的一个子系统。责任会计是以企业内部的责任中心为主体，以责、权、利相统一的机制为基础，通过对信息的生成、加工和反馈，进行责任预算、控制和业绩考核的管理信息系统。

根据内部单位职责范围和权限大小，可以将责任中心分为成本中心、收入中心、利润中心和投资中心。由于收入中心较为简单，且实务中比较少见，本节主要介绍成本中心、利润中心和投资中心。不同责任中心之间的转移定价已在财务会计部分介绍。

(1) 成本中心

成本中心是指只对其成本或费用承担经济责任，并负责控制和报告成本或费用的责任中心。成本中心没有收入，或者有少量收入但不成为主要的考核内容。成本中心的责任最少，任何发生成本的责任领域都可以确定为成本中心，比如数据处理、人力资源、会计和客户服务等部门。

成本中心考核的主要内容是责任成本，责任成本控制的结果可以通过成本中心实际发生的责任成本与责任预算进行比较后得出。管理层获得成本中心的业绩考核信息后，要组织相关部门和人员分析差异的产生原因，并对责任中心实施奖惩。成本中心的考核指标一般包括成本变动额（即差异分析）和成本变动率等。其计算公式为：

成本变动额 = 成本预算额 − 实际责任成本

成本变动率 = 成本变动额 ÷ 成本预算额 × 100%

成本变动额和成本变动率是考核成本中心的两个基本指标。但对标准成本中心来讲，这两个指标不能全面评价其业绩，还需加入质量标准和时间标准，作为考核产品质量和按期完成生产任务情况的指标。

（2）利润中心

利润中心是指对利润负责的责任中心。由于利润等于收入减去成本或费用，所以利润中心是对收入、成本和费用都要承担责任的责任中心。比如销售部门、银行分行、餐馆、零售店等。

利润中心的基本评价指标就是利润，可以通过实际利润与责任预算相比较，来衡量利润指标是否完成。但是仅用利润指标来衡量利润中心的业绩还远远不够，一般应考虑将利润中心的生产率、市场占有率、产品质量等指标作为考核其业绩的辅助指标。利润指标按照考核的侧重点不同，主要有以下三个：

- 边际贡献 = 销售收入 − 变动成本。

式中的变动成本是指利润中心可以控制的成本。该指标作为业绩评价不够全面，因为利润中心经理至少可以控制某些固定成本，并且在固定成本和变动成本的划分上有一定的选择余地。该指标会导致利润中心经理尽可能多支出固定成本以减少变动成本的支出，因此业绩评价时，至少要考虑可控的固定成本。

- 可控边际贡献 = 边际贡献 − 可控固定成本。

式中的可控固定成本是指利润中心可以控制的固定成本。该指标可能是作为业绩评价依据的最佳选择，因为它反映了利润中心经理在其权限和控制范围内有效使用资源的能力。

- 税前经营利润 = 可控边际贡献 − 不可控固定成本。

式中的不可控固定成本是指对利润中心来说不能控制的固定成本。该指标可能更适合评价该分中心对公司利润和管理费用的贡献，而不适合评价部门经理。

（3）投资中心

投资中心，是指既能控制成本、收入和利润，又能对投入的资金进行控制的责任中心。投资中心的职责包括审查和批准资本预算和研发等其他投资、对各项短期和长期投资进行资本维护以获得投资回报、进行战略投资以增加产能、开发新产品、进行地域扩张等。

基于投资中心控制权的广泛性，在进行业绩评价时，不仅要使用利润指标，还需要考核投资的成本效益，辅以投资报酬率（ROI）、剩余收益等指标，才能对投资中心的业绩作出合理的、全面的评价。相关考核指标的计算公式如下：

- 投资报酬率 = 部门税前经营利润 ÷ 部门平均净经营资产。

式中的营业利润是指扣除利息费用和所得税之前的利润，部门平均净经营资产是指平均经营资产减去平均经营负债后的值。该指标能够反映出投资中心的销售利润水平，便于综合地评价投资中心的资产使用效果。但使用该指标的一个最大的缺点是追求局部利益最大化而损害整体利益最大化目标。例如，部门会放弃高于公司要求的报酬率而低于目前部门投资报酬率的机会，或者减少现有的报酬率较低但高于公司要求的报酬率的某些资产，这虽使得部门的业绩获得较好评价，但却损害了公司整体利益。因此，在引导投资中心做出与企业整体利益一致的决策来看，投资报酬率不是一个理想的指标。

- 剩余收益 = 部门税前经营利润 - 部门平均净经营资产 × 要求的税前投资报酬率。

式中要求的税前投资报酬率一般采用投资中心的资金成本，或者整个企业的平均利润率。将该指标作为评价投资中心业绩评价指标，可以使业绩评价与部门目标协调一致，引导部门经理采纳高于企业报酬率的决策，这很好弥补了投资报酬率的不足。但由于剩余收益是一个绝对数，无法用于不同投资规模的投资中心进行业绩比较，因此在使用剩余收益指标时，要注意投资规模。

在业绩评价时，剩余收益通常优于投资报酬率，这是因为剩余收益强调超过最低报酬率的收入的绝对金额，而投资报酬率更强调报酬率。

4.2.7 预算编制

企业为落实资本决策和短期经营决策所确立的长期和短期目标，需要通过预算来进行详细的规划。预算是通过企业内外部环境的分析，在预测与决策的基础上，调配相应的资源，对企业未来一定时期的经营和财务等作出一系列具体计划。预算既是一种管理工具，又是一套系统的管理方法。预算主要包括营业预算、资本预算和财务预算，本节内容需要掌握的是营业预算及预算编制方法。

(1) 营业预算项目

运营预算，也称业务预算，是对企业日常经营业务进行的预算，涉及购产销等各个环节及其业务。它主要包括销售预算、生产预算、商品采购预算、直接材料预算、直接人工预算、间接费用预算、产品销售成本预算和销售管理费用预算等。营业预算的最终结果形成预算的财务报表。

①销售预算。销售预算，是针对预算期销售数量、销售价格和销售收入编制的预算。销售预算是整个预算编制的起点，也是其他预算编制的基础。在企业生产和销售多种产品的情况下，应区别不同的产品分别编制具体的销售预算。同样，在企业存在不同的销售市场分区或营销人员分工等情况下，也应分别不同的销售市场或营销人员编制具体的销售预算。便于对预算执行情况进行准确的分析和考核。分预算编制完成后，还应汇总编制企业全部销售预算。销售预算中的销售数量一般是根据市场预测、销售合同和生产能力等因素分析确定的，销售单价依靠根据供求关系的竞争战略等因素来确定，而销售收入则是由销售数量和销售单价计算出来的。

②生产预算。生产预算，是关于预算期产品数量、期初和期末成品存货和生产数量的预算。生产预算是在销售预算的基础上，结合预算期期初、期末成品存货量编制的。在企业存在不同的产品类别和生产车间的情况下，应当按照产品类别和生产车间分别编制具体的生产预算，并最终汇总编制企业的全部生产预算。一般情况下，企业的生产和

销售很难做到“同步同量”，因此需要设置一定的产成品存货，确保能在发生意外需求时按时供货，减少因赶工产生的额外支出。在编制生产预算时，期末成品存货量一般按下期销售数量的一定比例来确定。企业在管理生产和销售业务过程中，编制生产预算不仅要以销售预算为基础，还要结合生产能力和仓库容量等条件，同时考虑成本费用因素。当某些产品的生产和销售存在季节性或周期性时，需要合理安排进度，并体现在生产预算中。

③商品采购预算。零售企业不进行生产，因此没有生产预算，取而代之的是商品采购预算。商品采购预算显示了企业预算期内需要采购的商品。其基本格式与生产预算相同。商品采购预算表中的最后一栏是采购预算，而不是生产预算的单位。零售企业将为库存中的每个项目编制库存采购预算。

④直接材料预算。直接材料预算，是关于预算期内直接材料耗用和采购的预算。直接材料预算以生产预算为编制基础，同时需考虑预算期期初、期末材料存量。生产预算仅指定了要生产的单位数量，而直接材料用量预算指定了材料部件和这些材料的成本。产品的生产需耗用多种原材料时，应按照原材料的品类分别编制具体的直接材料预算，并最终汇总编制企业的全部直接材料预算。年初和年末材料的存量应根据当前情况和长期销售预测来估计。各期的预计材料采购量的计算公式为：预计材料采购量 =（预计生产需用量 + 预计期末材料存量）－预计期初材料存量。公式中的预计期末材料存量是根据下期生产需用量的一定比例来确定；预计期初材料存量是上期的预计期末存货。

⑤直接人工预算。直接人工预算可以帮助组织规划生产过程，以平稳生产并保持全年员工规模稳定。直接人工预算，是对预算期内因生产而预计耗费的直接人工工时和工资而编制的预算，它是以生产预算为基础编制的、关于预算期生产产品直接耗用的人工及费用的预算。企业存在不同的产品品类和生产车间时，应当按照产品类别和生产车间分别编制具体的直接人工预算，并最终汇总编制企业的全部直接人工预算。

⑥间接费用预算。间接费用预算，又称为制造费用预算，指为预算期内除直接材料和直接人工预算外的其他预计的生产费用水平而编制的预算。企业存在不同的产品种类和基本生产车间、辅助生产车间时，应当按照产品类别和生产车间分别编制具体的制造费用预算，并最终汇总编制企业的全部制造费用预算。制造费用预算分为变动和固定项目，固定部分通常与本期产量无关；变动部分因生产水平而异，需要预测要生产的单位数量、使用的生产方法以及其他外部因素。

⑦产品成本预算。产品成本预算，是关于预算期产品生产成本的预算，包括具体期间内编入预算的总生产成本和每单位生产成本。产品成本预算需要在生产、直接材料、直接人工和间接费用预算形成之后编制，因为它是这几项预算的汇总。该期间生产成本可以与期初库存成本预算加总，得出可用于出售的成本预算，再根据估计的销售情况得出该期间销售成本和期末库存成本。

⑧销售和管理费用预算。销售费用预算以销售预算为基础，对销售收入、销售利润和销售费用的关系进行分析后编制的。销售费用的安排，要结合本量利分析方法和成本

效益原则，并对以往销售费用支出的必要性和效果进行研究后作出。管理费用预算要结合企业的业绩和经济状况来编制。因为管理费用预算多属于固定成本，所以一般以过去的实际开支为基础，按预算期的可预见变化予以调整，但必须充分考察每项费用是否必要，确保费用的合理性和有效性。

(2) 预算编制方法

企业预算的构成比较复杂，不同企业的情况千差万别，因此在编制预算时，企业应当根据自身的实际情况，选择适当的方法来进行。常用的预算编制方法有以下几种：

①增量预算和零基预算。增量预算是以历史期实际经济活动及其预算为基础，分析预算期业务量水平及有关影响因素的变动情况，通过调整有关项目而编制预算的方法。这种方法的优点是简便、易操作。缺点是以前期实际结果为基础，当预算期的情况发生变化，容易受到基期不合理因素的干扰，可能导致预算的不准确，且不利于调动各部门达成预算目标的积极性。

零基预算，全称为“以零为基础编制计划和预算的方法”，指不考虑以往期间所发生的费用项目和费用数额，从零开始，根据预算期的需要和可能，分析预算项目和费用数额的合理性，综合平衡后编制预算。零基预算不受现有项目和预算水平的限制，能调动各部门主动参与预算编制、降低费用的积极性。但是，零基预算也存在严重缺陷：编制工作量大，费用相对较高；管理者为避免下一个预算周期内分配的资源减少，会在预算期间耗尽所有资源，这导致了大量浪费和不必要的购买等。

②定期预算和滚动预算。定期预算指以固定不变的会计期间（如月度、季度、年度等）作为预算期间的预算编制方法。预算期间是指预算体系的期间跨度，最常见的预算期间是与组织的会计期间相对应的，分成年度、季度、月度预算。这样可以保证预算期间与会计期间在时间上相配比，便于管理者定期比较实际数据和预算数据，考核和评价预算的执行结果。但不利于前后各个期间预算的衔接，不适应连续性业务的预算管理。

滚动预算又称连续预算或永续预算，是指根据上期预算的完成情况，调整和编制下期预算，并将预算期间逐期连续滚动向前推移，使预算总是保持一定的时间跨度。滚动预算可逐月、逐季或逐年进行滚动。滚动预算的优点是：能保持预算的完整性和连续性，有利于考虑未来的业务活动；预算随时间的推进不断得以调整和修订，能使预算与实际情况更相适应，有利于充分发挥预算的指导和控制作用。滚动预算方法适用于规模较大、时间较长的工程类或大型设备采购项目。

③固定预算和弹性预算。固定预算又称静态预算，是指根据预算期内正常的、可实现的某固定业务量（如生产量、销售量）水平来编制预算的方法。通常适用于业务量较为稳定的生产和销售业务的成本费用预算的编制，如直接材料、直接人工和制造费用预算等。其缺点是机械呆板、可比性差。

弹性预算又称动态预算，是指在成本性态分析的基础上，根据本量利之间的联动关系，以预算期内可能发生的一系列业务量（如生产量、销售量、人工工时等）水平为计算依据，编制出不同业务量下的预算方法。该方法适用于各项随业务量变化而变化的项目预算，如成本费用预算、利润预算等。

④其他预算方法。项目预算以单个独立的项目为单位，这脱离了会计期间（月度、季度、年度）的约束，同时也便于成本控制。比如道路、飞机的建造。

作业导向预算以作业成本法为基础，实际运用中，基于作业的成本动因，例如流程或操作中设置的作业数量，以在资源消耗和输出之间建立联系，而非使用产量（或生产相关的业务量）动因作为衡量工具。这使管理者可以了解所提供产品、产品设计、制造流程、市场份额和客户群的变化如何影响资源需求。

持续改进预算，又称改进法预算，通过关注未来运营流程，来对当前运营实践进行持续地改进。持续改进预算以定位改进领域为起始点，并确定实现目标改进所需的预期变化。根据改进后的做法或程序进行预算编制，这样做通常会产生更高效、更低成本的预算。

(3) 预算相关问题

在传统预算中，企业往往基于一些假设的基础进行编制，对于预期的预测都是基于以往年度展开的，当实际情况发生变化时，有关预算指标的实际数与预期数将丧失可比性。

如果是涉及多个国家或地区的跨国公司，由于不同国家、地区政治经济文化等环境存在不同，在编制预算时，需要考虑文化差异、汇率波动、当地经济发展状况、当地的政治和法律环境、通货膨胀率差异、相关的政府政策等因素。管理者必须意识到，在一个国家或地区可接受的预算程序在另一个国家或地区可能是不可接受的。必须根据特定的运营环境，对预算进行调整，才能更好发挥预算的作用。比如，若组织在通货膨胀率较高的国家或地区运营，应根据当地所经历的实际通货膨胀，缩短预算周期并提高预算修改频率。

4.3 典型模拟试题

1. 公司当年的净收入为 120 000 美元，当年支付优先股股息 5 000 美元，普通股股息 20 000 美元。本年度发行在外普通股的加权平均数是 1 500，发行在外优先股的加权平均数为 2 500。该公司当年的每股收益是?

A. 60 美元。　　B. 66.67 美元。

C. 76.67 美元。　　D. 80 美元。

2. 一位内部审计师在对部门运营分析性复核时有了一系列发现，审计师记录以下问题，流动比率在升高，速动比率在降低，销售额和流动负债保持不变，存货的销售天数在增加。从这些数据中审计师应得出什么结论？

A. 现金或应收账款有所减少。

B. 该部门今年生产的商品比前些年少。

C. 毛利润减少了。

D. 产品销售速度更快，但有些时期没有销售。

3. 通过使得原材料和零部件在使用前送达，以最小化存货的数量的存货计划方法是？

A. 安全存货计划系统。　　B. 经济订货批量模型。

C. 准时制库存系统。　　D. 主预算系统。

4. 对于单位售价为30美元、单位可变成本为14美元、固定成本为200万美元的产品，单位数量代表的盈亏平衡点是多少？

A. 75 000单位。　　B. 100 000单位。

C. 125 000单位。　　D. 150 000单位。

5. 以下哪种类型的预算可用来确定一个大学建设一个期待已久的新生服务中心的财务影响？

A. 资本预算。　　B. 现金流量预算。

C. 增量预算。　　D. 弹性预算。

4.4 典型模拟试题参考答案及解题思路

1. 参考答案：C

解题思路：

A. 不正确，参照题解C。

B. 不正确，参照题解C。

C. 正确，每股收益表示的是由每股普通股赚取的收益。分子是普通股股东的收益，分母是在该会计期间内发行在外普通股的加权平均数。每股收益＝（净收入－优先股股息）/发行在外普通股的加权平均数＝（120 000－5 000）/1 500＝76.67（美元）。

D. 不正确，参照题解C。

2. 参考答案：A

解题思路：

A. 正确，速动比率 = 速动资产/流动负债，速动资产由现金、应收账款和有价证券构成。在流动负债不变的情况下，速动比率在变小，说明是分子速动资产减少所致，因此可以判断是现金、应收账款或有价证券在减少。

B. 不正确，由于今年的销售量不变，因此公司今年产品产量不会比去年少。另外，已知存货的销售天数增加，因此可判断今年产品的产量应当比去年多。另外，在流动比率增高，同时速动比率又变小的情况下，也可分析出是存货的增加引起了流动比率增高，而不是现金、应收账款或有价证券引起的。

C. 不正确，题中所给的信息与毛利润的计算无关。

D. 不正确，见题解 A。

3. 参考答案：C

解题思路：

A. 不正确，安全库存，通常是组织为了预防订货过程中出现意外或者是需求高峰时有足够的库存以保证不发生短缺成本的一种库存技术。安全库存是以满足生产或销售为主要目的，因此他的存货成本相对比其他的要高。

B. 不正确，经济订货批量模型是一种有名的采用数学方式推导最优订货数量的方法。它是在涉及订货与保管问题的四种费用中寻求一种平衡。这四种费用是：采购费用（采购价格加运输费用减折扣）；订货费用（文书工作、附加工作、货物检查及其他处理费用）；保管费用（与库存、存储、保险、税收等有关的费用）；缺货费用（因缺货失去订单引起的利润损失、信誉费用及其他催促迟到货物的费用）。EOQ 模型的目标，是使四种费用中的两种费用总和达到最小，即订货费用和保管费用之和最小。

C. 正确，JIT 系统是一种在生产过程需要时存货才到达，而不是将货物存放在仓库中的系统。它的最终目标是通过精确地协调生产和供应。消除原材料的库存。当系统按设计的方式运行时，可以对制造商产生大量积极的效益，如：降低库存量；减少设置时间；更好的作业流；轻短的制造时间；较小的空间占用；甚至更高的质量。

D. 不正确，主预算系统是将所有的预算结合并协调在一起。可以看作“预算的预算”。它包括企业的所有活动。

4. 参考答案：C

解题思路：

A. 不正确，参照题解 C。

B. 不正确，参照题解 C。

C. 正确，计算单位盈亏平衡点（通过求解未知变量数量）的公式为：（单位售价 × 数量）－（单位可变成本 × 数量）－固定成本 = 营业收入，用 Q 表示数量，将营业收入设为0，即：（ $30×Q） －（ $14×Q） － $2 000 000＝0，计算得出Q＝125 000个单位。

D. 不正确，参照题解C。

5. 参考答案：A

解题思路：

A. 正确，资本预算是用来确定、评估和选择那些需要大量的资本投资和提供长期收益的未来项目。为了能够作出投资决策，管理者必须顾及现金流量的数量和时间，评估投资的风险，并考虑项目对企业收益的影响。

B. 不正确，现金流量预算是根据销售、生产和期间费用等现金的流入和流出做的预算。

C. 不正确，增量预算一般是以当年的实际数字为基准来调整来年的每项预算内容的预算。

D. 不正确，弹性预算是一种强有力的控制工具，是针对某一范围内的多种作业水平编制的预算。

读书笔记

>>附录1

考 试 大 纲

附录1 考 试 大 纲

Part 3 – Business Knowledge for Internal Auditing 内部审计业务知识

100 questions | 2.0 Hours (120 minutes)

题量：100个问题，答题时间：2.0小时（120分钟）

I. Business Acumen (35%) **业务敏锐度（35%）**		
1. Organizational Objectives, Behavior, and Performance **组织目标、行为和绩效**		
A	Describe the strategic planning process and key activities (objective setting, globalization and competitive considerations, alignment to the organization's mission and values, etc.) 描述战略规划程序和主要活动（设定目标、全球化和竞争、与组织使命和价值保持一致等）	**Basic** **基础**
B	Examine common performance measures (financial, operational, qualitative vs. quantitative, productivity, quality, efficiency, effectiveness, etc.) 检查常见的绩效指标（包括财务、运营、定性与定量、生产率、质量、效率、效果等）	**Proficient** **精通**
C	Explain organizational behavior (individuals in organizations, groups, and how organizations behave, etc.) and different performance management techniques (traits, organizational politics, motivation, job design, rewards, work schedules, etc.) 阐述组织行为（组织内的个人、团体、组织的行为方式等）和不同的绩效管理技术（能力特征、组织政治、组织动力、岗位设计、奖励机制、工作安排等）	**Basic** **基础**
D	Describe management's effectiveness to lead, mentor, guide people, build organizational commitment, and demonstrate entrepreneurial ability 描述管理层领导、指导、引导员工；履行组织承诺；展示企业经营能力的效果	**Basic** **基础**

续表

2. Organizational Structure and Business Processes **组织结构和业务流程**		
A	Appraise the risk and control implications of different organizational configuration structures (centralized vs. decentralized, flat structure vs. traditional, etc.) 评估不同组织结构（集权与分权、扁平结构与传统结构等）对风险和控制的影响	**Basic** **基础**
B	Examine the risk and control implications of common business processes (human resources, procurement, product development, sales, marketing, logistics, management of outsourced processes, etc.) 检查一般业务流程（人力资源、采购、产品开发、销售、市场营销、物流、外包业务管理等）对风险和控制的影响	**Proficient** **精通**
C	Identify project management techniques (project plan and scope, time/team/resources/cost management, change management, etc.) 确定项目管理技能（项目规划和范围、时间/团队/资源/成本管理、变革管理等）	**Basic** **基础**
D	Recognize the various forms and elements of contracts (formality, consideration, unilateral, bilateral, etc.) 了解合同的不同形式和要素（正式程度、相关考虑因素、单务合同、双务合同等）	**Basic** **基础**
3. Data Analytics **数据分析**		
A	Describe data analytics, data types, data governance, and the value of using data analytics in internal auditing 描述内部审计业务中的数据分析、数据种类、数据管理以及运用数据分析的价值	**Basic** **基础**
B	Explain the data analytics process (define questions, obtain relevant data, clean/normalize data, analyze data, communicate results) 阐释数据分析程序（确定问题、获取相关数据、清洗数据、分析数据、通报结果）	**Basic** **基础**
C	Recognize the application of data analytics methods in internal auditing (anomaly detection, diagnostic analysis, predictive analysis, network analysis, text analysis, etc.) 了解在内部审计中对数据分析方法的运用（异常检测、诊断分析、预测分析、网络分析、文本分析等）	**Basic** **基础**

续表

II. Information Security（25%） 信息安全（25%）		
A	Differentiate types of common physical security controls（cards，keys，biometrics，etc.） 区分常见物理安全控制措施（卡、钥匙、生物识别等）	**Basic** **基础**
B	Differentiate the various forms of user authentication and authorization controls（password，two－level authentication，biometrics，digital signatures，etc.）and identify potential risks 区分用户身份验证和授权控制的各类形式（密码、两级验证、生物识别、电子签名等），并确定可能出现的风险	**Basic** **基础**
C	Explain the purpose and use of various information security controls（encryption，firewalls，antivirus，etc.） 阐释各类信息安全措施（数据加密、防火墙、杀毒软件等）的目的和作用	**Basic** **基础**
D	Recognize data privacy laws and their potential impact on data security policies and practices 了解数据隐私法规及其可能对数据安全政策和实务产生的影响	**Basic** **基础**
E	Recognize emerging technology practices and their impact on security（bring your own device［BYOD］，smart devices，internet of things［IoT］，etc.） 了解新兴技术及其对安全问题的影响（自带办公设备［BYOD］、智能设备、物联网等）	**Basic** **基础**
F	Recognize existing and emerging cybersecurity risks（hacking，piracy，tampering，ransomware attacks，phishing attacks，etc.） 了解现有的和新兴的网络安全风险（黑客攻击、盗版行为、篡改、勒索软件攻击、网络钓鱼攻击等）	**Basic** **基础**
G	Describe cybersecurity and information security－related policies 描述网络安全和信息安全相关政策	**Basic** **基础**

续表

III. Information Technology（20%） 信息技术（20%）		
1. Application and System Software **应用和系统软件**		
A	Recognize core activities in the systems development lifecycle and delivery（requirements definition，design，developing，testing，debugging，deployment，maintenance，etc.）and the importance of change controls throughout the process 了解系统开发周期和交付过程中的核心活动（需求定义、设计、开发、测试、debug、配置、维护等）以及在过程中对变更进行控制的重要性	**Basic** **基础**
B	Explain basic database terms（data，database，record，object，field，schema，etc.）and internet terms（HTML，HTTP，URL，domain name，browser，click－through，electronic data interchange［EDI］，cookies，etc.） 理解基本的数据库术语（数据、数据库、记录、对象、域、schema 等）以及网络术语（HTML、HTTP、URL、域名、浏览器、点击、电子数据交互［EDI］、cookies 等）	**Basic** **基础**
C	Identify key characteristics of software systems（customer relationship management［CRM］systems；enterprise resource planning［ERP］systems；and governance，risk，and compliance［GRC］systems；etc.） 确定软件系统（客户关系管理［CRM］系统；企业资源计划［ERP］系统；治理、风险和合规［GRC］系统等）的主要特征	**Basic** **基础**
2. IT Infrastructure and IT Control Frameworks **IT 基础设施和 IT 控制框架**		
A	Explain basic IT infrastructure and network concepts（server，mainframe，client－server configuration，gateways，routers，LAN，WAN，VPN，etc.）and identify potential risks 解释基本的 IT 基础设施和网络概念（服务器、主机、客户端－服务器配置、网关、路由器、LAN、WAN、VPN 等），并识别潜在的风险	**Basic** **基础**
B	Define the operational roles of a network administrator，database administrator，and help desk 确定网络管理员、数据库管理员和咨询台在运营中的职责	**Basic** **基础**
C	Recognize the purpose and applications of IT control frameworks（COBIT，ISO 27000，ITIL，etc.）and basic IT controls 了解 IT 控制框架（COBIT、ISO 27000、ITIL 等）以及基本 IT 控制的目的和应用	**Basic** **基础**

续表

3. Disaster Recovery **灾难恢复**		
A	Explain disaster recovery planning site concepts (hot, warm, cold, etc.) 阐释灾难恢复规划地址的相关情况(热站、温站、冷站等)	**Basic** **基础**
B	Explain the purpose of systems and data backup 阐释系统和数据备份的目的	**Basic** **基础**
C	Explain the purpose of systems and data recovery procedures 阐释系统以及数据恢复程序的目的	**Basic** **基础**
	IV. Financial Management (20%) **财务管理(20%)**	
1. Financial Accounting and Finance **财务会计和财务**		
A	Identify concepts and underlying principles of financial accounting (types of financial statements and terminologies such as bonds, leases, pensions, intangible assets, research and development, etc.) 了解财务会计的概念和基本原则(不同种类的财务报表和专业术语,如债券、租赁、退休金、无形资产、研究 开发等)	**Basic** **基础**
B	Recognize advanced and emerging financial accounting concepts (consolidation, investments, fair value, partnerships, foreign currency transactions, etc.) 了解先进的和新的财务会计概念(新设合并、投资、合伙经营、外汇交易等)	**Basic** **基础**
C	Interpret financial analysis (horizontal and vertical analysis and ratios related to activity, profitability, liquidity, leverage, etc.) 解读财务分析的结果(纵横向分析以及有关业务活动、收益、流动性、借贷等情况的比率分析)	**Proficient** **精通**
D	Describe revenue cycle, current asset management activities and accounting, and supply chain management (including inventory valuation and accounts payable) 描述收入周期、当前的资产管理活动和会计、供应链管理(包括存货价值和应付账款)情况	**Basic** **基础**
E	Describe capital budgeting, capital structure, basic taxation, and transfer pricing 描述资金预算、资金结构、基础税务和转移定价	**Basic** **基础**

续表

2. Managerial Accounting 管理会计		
A	Explain general concepts of managerial accounting (cost – volume – profit analysis, budgeting, expense allocation, cost – benefit analysis, etc.) 解释管理会计的一般概念（成本—产量—利润分析、预算、费用分配、成本—效益分析等）	**Basic** 基础
B	Differentiate costing systems (absorption, variable, fixed, activity – based, standard, etc.) 区分各类成本核算系统（完全成本、变动成本、固定成本、作业成本、标准成本等）	**Basic** 基础
C	Distinguish various costs (relevant and irrelevant costs, incremental costs, etc.) and their use in decision making 区分各类成本（相关和无关成本、增量成本等），以及它们对决策的影响	**Basic** 基础

附录 2

CIA 考试全球最高分学生奖获得者

——中审网校学员汪洋谈备考心得

附录2 CIA考试全球最高分学生奖获得者

——中审网校学员汪洋谈备考心得

我是来自四川的一名普通学生，在首次参加国际注册内部审计师（CIA）考试中，欣喜地实现了全科通过。与此同时，还获得了一份意料之外的惊喜，那就是我获得了Glenn Sumners全球最高分学生奖，并受邀到美国佛罗里达州奥兰多参加全球国际内部审计会议。会议上，国际注册内部审计协会（IIA）在现场为我颁发格伦·萨纳姆博士学生奖奖章（The Dr. Glenn Sumners Student Award Medal）。

回忆当初，接到中国内部审计协会的电话通知时，我激动万分，最先想到的是我的导师——邱老师，也就是中审网校的“审审老师”，并将这个好消息与他分享。审审老师说：“这是你自身努力的结果。”但是，我心里非常清楚，如果没有中审网校，我不可能取得这么好的成绩。下面就这次考试简单谈一下我的心得体会。

CIA是国际内部审计领域专家的标志，也是国际审计界唯一公认的职业资格，自1974年在美国第一次开考以来已经有40年的历史，足以突显其生命力和权威性，对于从事或准备从事内部审计及相关行业的朋友来说，这个证书的重要性不言而喻。对我这类毕业生来说，更是切身体会到通过了CIA考试后对我应聘工作的帮助。

考试通过有偶然性和必然性。偶然性简单来说就是运气，但没人会把通过考试的希望押在运气上，所以必然性才是起决定作用的，我们必须具备能力，找对方法认真准备。我在复习开始的时候并没有报读任何辅导机构，想着自己随便在网上找一些资料看看，一些题目做做就可以了，但是当我看到CIA的一些题目后，我感到非常的茫然，因为CIA的题目非常的灵活和具有实务性，且涉及的知识点也很多，选项模棱两可，和国内考试差别真的很大，虽说读了几年的财务管理专业，但发现自己应对CIA考试时仍然束手无策。后来，在一位通过考试的师兄的推荐下，报了中审网校的课程，并在老师的建议之下一次全科报考，从以全球最高分的成绩一次通过考试的成果来看，我深深地感受到作为一名普通考生，正确选择培训机构和学习方法是为自己找到通关捷径的关键。

（1）选择有效的学习途径

虽然CIA考试难度不大，但是知识面非常广，涵盖多个学科，对于很多人来说都没有足够的时间和精力来研读众多书籍，也没有传统国内考试所谓的教材。报了课程后，我在整个学习过程中完全遵照审审老师在讲座中建议的方法来完成学习，通过讲座认识到 CIA 所强调的价值标准和思维方式，正如审审老师总结的“正直、诚实、重视信用；重视法律的力量、关注社会公共利益、环境意识强烈；利益冲突时先后顺序为：国家、社会公众（法律）、职业团体（职业准则）、企业（企业内部规章）、个人（公德意识）；崇尚民主、平等；重视团队合作等”，在解题时很有价值。IIA 倡导内部审计活动作为治理和控制活动的一部分应为实现组织目标服务，为组织增加价值并提高组织的运作效率、减少运作成本。内部审计师要学会从总体上、全局上考虑问题，要充分了解组织的财务、会计、管理、技术、商业、安全等活动，要充分考虑组织面临的风险，要学会考虑组织的内部控制制度是否建立、是否适当、是否有效执行，要学会找到内部控制的关键控制点，然后寻找控制的薄弱环节。这需要内部审计人员具备敏锐的洞察力、宽阔的视野、丰富的知识和经验积累以及非常强的人际交往能力和协调沟通能力，这也是 CIA 考试对考生的要求。

根据 CIA 考试的特点，在考试用书方面我仅仅使用了中审网校的配套辅导书——《红皮书精要解读》和《CIA 考试应试指南》，辅导书主要对我起到了建立和熟悉整个 CIA 考试知识体系的作用。CIA 考试是采取题库抽题的方式命题，通过试题库可以保障复习面，网校以此为核心开展培训活动是非常有效的。可以跟大家分享的是，一开始做题是比较慢的，很难适应，但是网校一直鼓励我们说，只要跟着他们的学习方法来复习，慢慢就会顺畅了。果然，随着做题数量的增加，题感越来越好，做题的速度也越来越快，我知道，跟着网校走是没有错的，最后的结果也印证了这一点。

（2）复习进度安排

因为我报名比较早，所以前面花了较长的时间看书，理论知识比较扎实。有了理论基础后我就开始做题，按照网校的试题更新进度认真学习，凡是做错的题都收纳在“试题收藏夹”中。这个模块非常好用，因为有大量的题需要做，不可能会记住每一道题目，所以把错题单独收录，最后冲刺的时候可以系统复习。有了试题的实务经验，很多第一回不清楚的内容都明晰了，最后阶段依旧是疯狂练习试题，全科共计约 5 000 道题目，我前后系统地做了 4 遍，收藏的试题和最后的模拟考场更是做了无数遍。网校的试题很有针对性，对于想尽快通过考试的考生来说是一条捷径。越临近考试，做题越有效，当我们做题有困难时，通过 QQ 群将授课老师、辅导员和学员联系在一起，可以即时讨论很多问题。值得一提的是，在学员 QQ 群里面，有学员、有老师，你抢我答，很有激情，能让自己主动地、快乐地参与学习。能理解的题目我建议努力去理解，不能理解的也可以取巧靠记忆。最后一周我白天除了睡觉、吃饭，几乎所有时间都在做题。

（3）坚持做正确的事

为什么说坚持做正确的事呢？中审网校有一句名言说得非常好——“方法不对，

努力白费”。是的，坚持错误的方法只会让自己更失望。在找到正确道路之后一定要坚持下去。CIA 考试也是一样，我选择了中审网校并一直坚持下去。我承认，最后阶段是很疲惫，但是全科通过后觉得一切努力都是值得的，而且取得了这么优秀的成绩。俗话说：师傅领进门，修行在个人。网校给学员提供了丰富的学习资源，如果学员能好好利用，去努力学习，去坚持做题，那么我相信广大考生一定会取得自己满意的成绩。

考前一个月，老师们在 QQ 群中的辅导可以说是我们考生在冲刺阶段的一个很好的强化剂。奋战的几个月中，与网校的老师以及群里的学友们一起学习，一起成长，虽然艰辛，但总能感觉到集体的力量在身边，自己在 CIA 领域的知识面上也获得了极大的提升。我觉得网校的捷径式学习这种方式看似像应试，但是对于我们考生来说，参加考试的首要目的不就是为了先通过吗？先通过才是硬道理！

“梅花香自苦寒来”。当我看到试卷的那一刻，满眼都是熟悉的题目，紧张的心情顿时放松了，那一刻内心真的是无比的踏实。第一科考试我只用了 40 多分钟就出考场了，信心很足，即便如此，我仍然没想到自己获得了全球最高分学生奖，真是一个很大的惊喜！

上面是我自己的一些心得体会，总的来说，我准备的时间比较充分，又选对了培训机构和老师。当然，每个人的学习特点、工作经历和体验都有所不同，适合自己的才是最好的，在此，与大家分享我的经验，希望对各位考生有所借鉴。上述这些也仅仅是我通过考试的方法，要成为合格的内部审计师并有所作为，我还要不断地在实践中磨练自己，积累实战经验。

衷心感谢中审网校对我的培养，感谢所有老师。希望我的这些琐语能为广大考生备考带来帮助，也祝愿所有参加 CIA 考试的朋友能顺利通过考试。

汪　洋

主要参考文献

[1] IIA 协会 . www. theiia. org. 美国 .

[2] 中国内部审计协会 . www. ciia. com. cn.

[3] 中审网校 . www. auditcn. com.

[4] 中国内部审计协会译 . 国际内部审计专业实务框架 . 北京：中国财政经济出版社 . 2017.

[5] 邱银河、陈哲编著 .《国际内部审计专业实务框架》精要解读——国际注册内部审计师 CIA 考试红皮书 . 北京：中国财政经济出版社 . 2019.

[6]（美）劳伦斯·B. 索耶编著，杨峻、沈征译 . 索耶内部审计师指南 . 北京：中国财政经济出版社 . 2014.

[7] 北京兆泰投资顾问有限公司编著 . CIA 考试指定辅导用书 . 北京：西苑出版社 . 2014.

[8] 石贵泉、王凡林编著 . 现代内部审计理论与实务 . 山东：山东人民出版社 . 2005.

[9] 邱银河、木南编著 . 计算机审计实务操作 . 北京：人民邮电出版社 . 2006.

[10] 中国会计学会编著 . 会计基础 . 北京：经济科学出版社 . 2009.

[11] 杨为编著 . 管理会计学 . 上海：立信会计出版社 . 2008.

[12]（美）S. 拉奥·瓦莱布哈内尼编著，张庆龙译 . CIA 考试指南/Wiley CIA 考试用书系列 . 北京：电子工业出版社 . 2016.

[13]（美）小威廉·F. 梅西尔编著，刘明辉译 . 审计与保证服务：一种系统的方法 . 北京：经济科学出版社 . 2008.

[14] 姚瑞马编著 . 审计学 . 江苏：江苏大学出版社 . 2008.